陕西人文社会科学文库

范祖禹生平与史著研究

高叶青　著

科学出版社

北　京

内 容 简 介

　　本书分上下篇，分别对北宋著名史学家范祖禹的生平及史学著作进行了较为系统的论述。上篇综合各种相关记载，将范祖禹的生平划分为成长奋斗期、修书蓄积期、政治生涯期三个阶段，重点对以往研究中被忽略的问题进行了合理的梳理，尤其重视对其在各个时期的交游以及心理活动的研究。下篇重点对范祖禹参与修纂《资治通鉴》以及自修《唐鉴》的原因、过程进行了研究。附录包括《范祖禹年谱相关》以及《范祖禹著作诸家著录序跋题识》两部分。

　　本书可供中国古代史、文献学等领域的学者及学生阅读与参考。

图书在版编目(CIP)数据

范祖禹生平与史著研究 / 高叶青著. —北京：科学出版社，2018.9

ISBN 978-7-03-058744-2

　Ⅰ. ①范⋯　Ⅱ. ①高⋯　Ⅲ. ①范祖禹（1041–1098）–生平事迹
②范祖禹（1041—1098）–史学–研究　Ⅳ. ①K825.81 ②K0

中国版本图书馆 CIP 数据核字（2018）第 206548 号

责任编辑：范鹏伟/责任校对：张小霞
责任印制：张克忠/封面设计：西安墨轩
编辑部电话：010-64011837
E-mail:yangjing@mail.sciencep.com

科 学 出 版 社 出版
北京东黄城根北街 16 号
邮政编码：100717
http://www.sciencep.com

三河市荣展印务有限公司 印刷
科学出版社发行　各地新华书店经销
*
2018 年 9 月第 一 版　开本：720 × 1000　1/16
2018 年 9 月第一次印刷　印张：14 1/2
字数：240 000
定价：88.00 元
（如有印装质量问题，我社负责调换）

序

  高叶青君结束博士学业，转瞬已过去整整 10 年了。我还清楚记得叶青君入学之初，因我当时承担了北京大学《儒藏》编纂与研究中心一个项目——整理宋人范祖禹的文集，于是与她商量，建议她能够参与这项工作，博士论文亦以此为选题。叶青君硕士阶段本来专攻秦汉历史文献，如此之大的专业跨度与转换，我担心她会有所顾虑。出乎预料，她没有流露出任何畏难情绪，十分欣然地接受了这一任务。

  范祖禹为北宋一代名臣兼史家，以入局协助司马光纂修《资治通鉴》而著称于世，其本人更以撰成《唐鉴》博得盛名，时誉之为"唐鉴公"。然其文集流布未广，今所见传本无宋元明旧刻，唯有清抄本若干行世。乾隆时清廷修《四库全书》，即以汪启淑家藏抄本收入。诸清抄本应出一源，皆多有讹夺，《四库》本虽于文字有所勘正，然以所谓违碍字句之禁忌，时有改窜，且格于体例，通书不出校，亦难称善本。缘此，此书校勘洵非易事。范集在宋人别集中，虽说不上鸿编巨制，然亦绝非毫无分量，全书 55 卷，约 50 万字，其中大量讲论理学和政论的文字，如无一定基础遑论点校，即使阅读理解都会有一定困难。应该说，这是一项相当繁难也极富挑战性的任务。由于叶青君在硕士阶段受到了良好的专业训练，加之聪颖灵慧，复异常勤奋用功，3 年之内，在学业学习的同时，不仅完成了校勘整理《太史范公文集》的主体工作（2014 年北京大学出版社出版），撰写并刊发了若干相关研究成果，并如期撰成博士学位论文，顺利地通过了答辩。叶青君认真吸取了论文审读专家的评阅意见、答辩专家质询和评议时所指出的若干不足，进行了进一步的修改完善，历 10 年的积淀，终于即将付之枣梨，诚为一件令人高兴的事情。

  范祖禹作为一代史学大家，为后世所重。近代以来得到学人的较多关注，关于其人及其著作已有若干研究成果。但仍颇多疏罅漏略，于其生平及著述尚有若干的空白和不足有待填补和深入。我一贯主张，博士论文须有新义，言之有物，抓住重点深入开掘，而不必贪多求全，过多袭用前人已有成果，做面面俱到的一般性泛论。因此，与她反复商议后确定，以范祖禹生平和史学著作的考订论述作为论文的主旨。由于叶青君参与全面系统地整理了范集，对范氏其人其文已有相当深入的了解和掌握，在整理范集过程中又搜集了丰富的相关资料，因而为学位论文的撰写奠定了坚实的基础。叶青君又对其研究成果进行修订，形成了现在这部《范祖禹生平与史著研究》。

我认为这部书稿具有以下特点：

其一，有重点地爬梳了范祖禹的生平事迹，其做法是对于前人着墨较多的内容仅略作涉及，而尤为重视以往研究中关注不够的交游情况，对其与司马光、吕公著、富弼、邵雍、程颐、程颢、苏轼、黄庭坚等其时名宦耆儒的交往，以及诸师友对其人生的影响等方面着力甚多，由此不仅对其人生的几个重大转折做出了颇有说服力的解释，而且对其史学及其他方面的成就的取得，也做出了有内在联系的若干推论。

其二，注意就其心理状态进行考察，对其幼时失怙、少年受学、科场得第、出知龙水、助修《通鉴》等几个重要人生转折过程的心理变化以及性格形成，进行了入情入理的分析，加深了对其成长过程、仕宦生涯及治学经历的认识。

其三，范祖禹以史学名世，书稿中对前人已有较多关注的助修《通鉴》问题，进一步考察了若干细节，深化了对其这一重要贡献的认识，又以较大篇幅深入探析了有关《唐鉴》诸多方面，同时对前人甚少关注的《帝学》、《仁皇宝典》等与史相关的论著予以考察，在此基础上具体分析研究范祖禹的史学思想，分别就其史学理论和史学实践做出客观全面的论述。

由于对上述各个问题的研究，均搜集利用了大量文献，特别是对其文集中的第一手材料诗、文作品的征引，由于立论于充盈的基础之上，因此，其研究结论并非泛泛之谈，而多能言之成理，这正是此书稿的主要价值所在。

叶青君毕业以后，继续从事古文献的整理研究工作，已取得多项成绩。有耕耘方有收获，叶青君正处于事业的上升期，我相信，以她的执着和努力，定会取得更多成果。

贾二强

2018 年夏日

目　　录

绪　论

范祖禹（1041—1098）是北宋著名史学家，曾参与编年体历史巨著《资治通鉴》的修撰，但提到《通鉴》这部著作的纂修者，大多数人只知道司马光，一些专门的史学研究论著也只是简单地、程序化地介绍一下参与编修的人员，很少对他们进行系统深入的研究，范祖禹即属此类编修人员。《宋史》《续资治通鉴长编》《宋会要辑稿》《名臣碑传琬琰集》等宋史研究方面的主要史料对范祖禹的记载也很简略和零碎，使我们很难得到一个全面的认识。其实，除助修《通鉴》之外，范祖禹还著有《唐鉴》《帝学》《中庸论》等多部经史著作，同时，作为一介文官，他在北宋哲宗朝元祐时期的政治中也发挥过重要的作用。但是由于重视程度不够以及史料的阙如，长期以来，史学界在这方面的研究力度和深度都很欠缺。可喜的是，近年来，这一状况有所改观，相关研究论著陆续发表，这些成果从诸多角度对范祖禹及其著作、思想、仕宦等问题进行了有益的探讨，为世人了解其人其事提供了一定的帮助。尽管如此，在研究中仍然存在不少的问题，本书正是有鉴于此而作，希望能够起到抛砖引玉的作用。为了更好地说明问题，笔者先从几个主要方面对这些论著进行分类介绍，以明了现状，为进一步研究提供借鉴。

第一，事迹生平类。在这一类目下，年谱是首先应当提及的。梁启超曾说过："（年谱）这种体裁，其好处在将生平行事首尾毕见，巨细无遗。……无论记载事业的成功，思想的改变，器物的发明，都要年谱体裁才能详细明白。所以年谱在人的专史中，位置极为重要。"①据《中国历代人物年谱考录》记载，浙江省鄞县（今浙江宁波市鄞州区）人陈宏美著有《范祖禹年谱》一部，稿本，著者自藏②。只是这个年谱现在已经难得一见了。王德毅亦撰有《范祖禹年谱》

---

① 梁启超著：《中国历史研究法（外二种）》，石家庄：河北教育出版社，2000年，第200页。
② 谢巍编撰：《中国历代人物年谱考录》正编第六卷·宋代，北京：中华书局，1992年，第169页。

二卷，六万余言，该谱对范祖禹仕历记述尤详。施懿超的《范祖禹年谱简编》在体例上采取先书事后引文的方法，将有关资料如碑铭、史传、范祖禹著述、同时代人及后人相关著作搜集整理，通过该谱，可以对范祖禹的生平事迹、学术概况及思想政论等问题有一个概要的了解①。鉴于《宋史》卷337《范祖禹传》侧重于记述范祖禹为官后所上奏疏，而对其主要生平事迹记载疏漏的缺憾，在《年谱》的基础上，施懿超另著有《范祖禹主要生平事迹编年考略》一文，以范祖禹的主要生平大事为纲，对数十种史料进行逐一的梳理和考证，以编年的形式再现了范祖禹的主要生平事迹，并对其史学成就进行了评价。该文共分两大部分，第一部分题为"生平仕历考"，对范祖禹生卒年及得名、籍贯及世族、一生所历任的官职进行了考述；第二部分题为"著述考"，简述了范祖禹参修《资治通鉴》《神宗实录》，及自著《唐鉴》《帝学》等著作的情况。胡昭曦《宋代"世显以儒"的成都范氏家族》一文从世系、仕历、史学、蜀学以及婚姻、师友等层面，运用家族史的研究方法，对宋代华阳范氏进行了较为全面的研究，从中也可以对范祖禹的行迹有一个大致的了解②。

第二，朋执交游类。刘丽丽《司马光与范祖禹交游考述》一文，分两部分对司马光和范祖禹由世契结识到著书深识的交游过程进行了阐释，再现了二人是上下级朋友、不是亲人胜似亲人的关系以及笃好史学的共同志向和《通鉴》巨著的编纂过程③。胡昭曦《宋代"世显以儒"的成都范氏家族》一文，在第五节"婚姻、师友"中，介绍了司马光一家与范氏几代人之间的交往，认为："在范氏族人的许多师友中，同司马光一家的关系历时最久、情谊最深、影响最大。范家经历了范镇、范百祉、范祖禹、范冲四辈。司马家则经历了司马光、司马康、司马植三代。"④王德毅《范祖禹的史学与政论》一文虽未以交游为题，但该文在"家世和学问德业的渊源""立朝大节"及"结论"等不同章节先后

① 施懿超：《范祖禹年谱简编》，《文献》2001年第3期，第83—104页。
② 邹重华、栗品孝：《宋代四川家族与学术论集·宋代"世显以儒"的成都范氏家族》，成都：四川大学出版社，2005年，第111—147页。
③ 刘丽丽：《司马光与范祖禹交游考述》，《华北水利水电学院学报》（社会科学版）2007年第2期，第62—64页。
④ 《宋代四川家族与学术论集·宋代"世显以儒"的成都范氏家族》，第111—147页。

对范祖禹与司马光、吕公著、范镇、苏轼、黄庭坚等人的交往情况进行了精要的叙述，是目前对范祖禹交游研究面较为深入的文章①。

第三，著述研究类。范祖禹著述宏富，但大部分已经亡佚，所以对他的著作的研究自然就集中于《资治通鉴》《唐鉴》《帝学》《古文孝经说》《中庸论》等为数不多的存世作品。研究范祖禹与《通鉴》关系的文章大多是有感于学界对范祖禹在修《通鉴》时所起的作用不够重视而做，一般都会涉及三个方面的问题，即范祖禹进书局的原因及时间、所承担的修书任务以及在此期间与司马光的书信往来。有专门研究范祖禹与《通鉴》关系的，如施懿超《范祖禹与〈资治通鉴〉》②即属于此类文章。还有一类通议性的文章，在其中一部分提及范祖禹与《通鉴》的关系，例如王曾瑜的《关于编写〈资治通鉴〉的几个问题》③、张新民的《通鉴编修与史馆制度》④、袁伯诚的《〈资治通鉴〉编修考证》⑤等。范祖禹是否参与了《五代纪》的校订是学界争议较大的问题，这实质上就是《通鉴》诸编修的分工问题，除以上列举的两类文章中有所涉及外，还有针对这一问题的专门文章，例如彭久松的《〈资治通鉴〉五代长编分修人考》⑥。姜鹏的《〈资治通鉴〉长编分修再探》一文充分吸收前人研究的成果，对分工问题进行了非常严密的推论，是一篇难得的好文章。该文从引起争议的几条材料入手，比对分析，澄清误区，尤其是对"五代"的解释，推翻了相袭已久的结论，给出了新颖而合理的解释。更为可贵的是，该文还将《通鉴》各部分长编的卷数、撰进者以及上呈时间等内容制作成表格，使长期纠缠不清的问题一目了然。⑦据记载，在修《通鉴》的过程中，司马光曾给范祖禹写过两封信，其一为《答范梦得》，但是另一封信则沉晦不彰，邬国义在元初张氏晦明轩刻本《增节入注附音司马温公资治通鉴》卷一中发现了这封信，并撰写了《新发现的司马光〈与

① 王德毅：《范祖禹的史学与政论》，《宋史研究论集》（一），台北：商务印书馆，1968年，第1—57页。
② 施懿超：《范祖禹与〈资治通鉴〉》，《史学史研究》1991年第3期，第78—80页。
③ 王曾瑜：《关于编写〈资治通鉴〉的几个问题》，《文史哲》1977年第3期，第85—91页。
④ 张新民：《〈通鉴〉编修与史馆制度》，《郑州大学学报》（哲学社会科学版）1988年第1期，第75—81页。
⑤ 袁伯诚：《〈资治通鉴〉编修考证》，《固原师专学报》1981年第2期，第77—90页。
⑥ 彭久松：《〈资治通鉴〉五代长编分修人考》，《四川师院学报》（社会科学版）1983年第1期，第54—58页。
⑦ 姜鹏：《〈资治通鉴〉长编分修再探》，《复旦学报》（社会科学版）2006年第1期，第10—15页。

范梦得内翰论修书帖〉考论》一文，对此信的写作年代及历史价值进行了研究，为研究《通鉴》提供了珍贵的史料①。张传玺《〈资治通鉴〉是怎样编写的——读司马光〈答范梦得〉书后》则是利用司马光与范祖禹的信件往来研究《通鉴》的编写原则、步骤以及分工等问题的文章②。

　　针对《唐鉴》的研究文章为数最多，总体来看有三类：第一，研究史学思想。陈勇《从〈唐鉴〉看范祖禹的史学思想》一文，将范祖禹的史学思想归总为"取鉴资治的历史鉴戒思想""注重纲常名分的封建正统思想""以民为本的重民思想""历史变异与守旧法古并存的矛盾史观"以及"以古讽今、映像现实的保守思想"五个方面③。高平《〈唐鉴〉——一部通论唐室盛衰的史学精品》一文，将《唐鉴》的精华总结为六点，即"善用历史发展观分析历史""坚持辩证观点""善用比较法剖析历史""对唐中后期宦官专权、藩镇割据、朋党之争有清醒的认识""优秀的民本思想"以及"反对迷信怪异"，认为范祖禹在《唐鉴》中所表现的史学思想是比较进步的④。陈勇、韦庆缘《〈唐鉴〉何以见重于宋室》一文，将《唐鉴》受到北宋统治者重视的重要原因归总于统率全书的封建正统思想符合了统治阶级的需要⑤。此外，温哲君、文畅平的《从〈唐鉴〉看范祖禹的史学思想》也对其史学思想进行了简单的总结⑥。还有一类文章专门研究范祖禹与司马光史学思想的分歧，例如汪高鑫《司马光范祖禹唐史观点不一致论》一文，从"唐史评判标准"和"编年系事书法"两个角度分析了二人的分歧，认为这种分歧在一定程度上反映了宋代史学在理学化倾向过程中的

① 邬国义：《新发现的司马光〈与范梦得内翰论修书帖〉考论》，《华东师范大学学报》（哲学社会科学版）1988年第1期，第117—126页。
② 张传玺：《〈资治通鉴〉是怎样编写的——读司马光〈答范梦得〉书后》，《光明日报》（史学版）1961年12月20日。
③ 陈勇：《从〈唐鉴〉看范祖禹的史学思想》，《四川师范大学学报》（社会科学版）1993年第1期，第138—141页。
④ 高平：《〈唐鉴〉——一部通论唐室盛衰的史学精品》，《北京教育学院学报》1997年第4期，第13—18页。
⑤ 陈勇、韦庆缘：《〈唐鉴〉何以见重于宋室》，《吉林师范学院学报》1994年第4期，第69—71页。
⑥ 温哲君、文畅平：《从〈唐鉴〉看范祖禹的史学思想》，《惠州大学学报》（社会科学版）1998年第3期，第48—50页。

矛盾和斗争①。牛致功先生则以"玄武门事变"为突破口，结合大量史实对《通鉴》和《唐鉴》进行分析，并得出一个重要结论，即"方法不同，目的一致，这就决定他们在历史观上的分歧，只是他们在巩固宋朝政权的方法上有所不同，并无实质性的差别"②。原瑞琴《〈唐鉴〉史论的政治思想——兼论范祖禹的国家职能观》则独辟蹊径，以一种全新的视角研究《唐鉴》，认为《唐鉴》在阐述治国安邦之道时所强调的正君心、任贤能、偃文修武等政治思想从不同角度集中反映了范祖禹的国家职能观③。第二，研究史学风格、编纂特色。张利荣《试以〈唐鉴〉析论范祖禹的史学风格》一文，认为范祖禹义理化的史学风格突出反映了两宋史风的转变④。房鑫亮《〈唐鉴〉及其在历史编纂学上的地位》一文，在第二部分对《唐鉴》的体裁、价值及影响进行了论述，认为《唐鉴》是编年、史评合一而以评论为主的新体裁，将其定性为"评述体"，并分析了这种新式体裁产生的原因以及《通鉴》与《唐鉴》语言组织特色、编纂体式⑤。宋馥香《论〈唐鉴〉的编纂特色及其历史评论特色》一文，认为《唐鉴》的编纂特点是把传统的编年体记史格式与纪传体中的"论""赞"形式相结合，形成了以历史事实或人物为评论对象，阐发史家政治见解的历史评论体裁，并模仿《春秋》笔法，表达其对正统问题的看法，认为《唐鉴》内容特点为以伦理道德为本位展开历史评论，运用理论思维的方式提出一系列有关政权建设的见解⑥。黄勇《浅论范祖禹的文献学贡献》是为数不多的专门从文献学角度研究范祖禹的文章，该文对范祖禹的著述进行了较为全面的分析，提出范祖禹在著述过程中所运用的方法、坚持的原则，值得从事文献学的研究者借鉴⑦。第三，研

---

① 汪高鑫：《司马光范祖禹唐史观点不一致论》，《安徽史学》2000 年第 1 期，第 16—20 页。

② 牛致功：《唐代史学与墓志研究·从范祖禹对玄武门之变的评论看〈唐鉴〉与〈通鉴〉的异同》，西安：三秦出版社，2006 年，第 241—251 页。

③ 原瑞琴：《〈唐鉴〉史论的政治思想——兼论范祖禹的国家职能观》，《学习与探索》2007 年第 2 期，第 210—213 页。

④ 张利荣：《试以〈唐鉴〉析论范祖禹的史学风格》，《兰州学刊》2007 年第 4 期，第 155—157 页。

⑤ 房鑫亮：《〈唐鉴〉及其在历史编纂学上的地位》，《安徽史学》1993 年第 2 期，第 7—12 页。

⑥ 宋馥香：《论〈唐鉴〉的编纂特色及其历史评论特色》，《郑州大学学报》（哲学社会科学版）2004 年第 2 期，第 73—78 页。

⑦ 黄勇：《浅论范祖禹的文献学贡献》，《前沿》2007 年第 2 期，第 223—225 页。

究版本源流。从版本方面研究《唐鉴》的文章也不多，而且多有侧重点，全面论述的很少。例如，瞿凤起《读宋刻十二卷本〈唐鉴〉书后》及徐小蛮《宋刻珍本〈唐鉴〉》两篇文章，均是着重介绍上海古籍图书馆所藏宋孝宗朝浙江所刻之十二卷本《唐鉴》[①]，后者虽也讲到南宋后期的建阳刻本及明弘治刻本等版本，但是内容非常简略。《唐鉴》在宋徽宗时期曾一度遭到禁毁，丁永玲《〈唐鉴〉与禁书试析》结合当时的社会背景，分析了其中的深层次原因[②]。

舒大刚《试论大足石刻范祖禹书〈古文孝经〉的重要价值》[③]一文，从《孝经》的版本源流、上石年代、历代著录情况、石刻本面貌及其在经学史研究方面的重要价值等层面，对范祖禹所书、南宋所刻的大足石刻《古文孝经》进行了研究，对认识传世《古文孝经》的文献价值、考察日本流传的《古文孝经》及《孔传》之真伪，具有重要的意义。[④]关于《帝学》，仅有少数从版本学角度进行研究的文章，例如熊克《缪艺风旧藏活字本范祖禹〈帝学〉辨证》[⑤]。

以上所列举的都是对范祖禹存世著作的研究，栗品孝《朱熹对范祖禹学术的吸收》则通过对朱熹部分著作的分析，以全新的角度，将范祖禹的《论语说》《孟子解》《诗解》及《祭仪》等佚著与朱熹的著作进行了比较研究，并得出一个结论，即范祖禹学术是朱熹集大成的学术构建中重要的思想来源之一[⑥]。通过该文，我们可以对范祖禹的这几部佚著的编写体例、内容结构有一个大致的了解。非常难得的是，该文还提供了一条极有价值的研究思路，即以朱熹的

---

① 瞿凤起：《读宋刻十二卷本〈唐鉴〉书后》，《文物》1962 年第 1 期，第 37—38 页；徐小蛮：《宋刻珍本〈唐鉴〉》，《文物》1981 年第 7 期，第 80—81 页。

② 丁永玲：《〈唐鉴〉与禁书试析》，《新世纪图书馆》2004 年第 6 期，第 71—73 页。另奤彦焱亦著有《〈唐鉴〉版本述略》一文，见《上海博物馆集刊》第 8 期，上海：上海书画出版社，2000 年。

③ 舒大刚：《试论大足石刻范祖禹书〈古文孝经〉的重要价值》，《四川大学学报》（哲学社会科学版）2003 年第 1 期。第 83—93 页。舒大刚对这个问题的研究比较深入，另有《司马光指解本〈古文孝经〉的源流与演变》，《烟台师范学院学报》（哲学社会科学版）2003 年第 1 期，第 24—32 页；《〈孝经〉名义考——兼及孝经的成书年代》，《西华大学学报》（哲学社会科学版）2004 年第 1 期，第 38—42 页。

④ 类似的文章还有顾永新：《日本传本〈古文孝经〉回传中国考》，《北京大学学报》（哲学社会科学版）2004 年第 2 期，第 100—109 页；单侠：《宋代〈孝经〉学研究初探》，《聊城大学学报》（社会科学版）2007 年第 2 期，第 90—91 页。

⑤ 熊克：《缪艺风旧藏活字本范祖禹〈帝学〉辨证》，《四川文物》1990 年第 2 期，第 3—8 页。

⑥ 栗品孝著：《朱熹与宋代蜀学·朱熹与范祖禹之学》，北京：高等教育出版社，1998 年，第 101—127 页。

相关著作为基础，对范祖禹的佚著进行辑佚，用作者自己的话说就是"庶几使其失而复得，重见天日"。

从上面所讲述的研究现状来看，不难发现近年来学界对范祖禹的重视程度在不断提高，研究方法也出现了多样化的趋势，文献学、史料学、版本学及家族史学等研究方法在文章中多有运用。综合考察现有研究论著，还存在几个方面的不足：其一，对一些基本史料的理解与运用方面，有些论著不细心考察，妄加引用，例如，将范祖禹之字"淳甫"误以为名，全然不知此乃司马光为范祖禹所改之"字"而并非"名"。其二，研究对象严重失衡。目前绝大多数文章都是针对《唐鉴》《通鉴》的，侧重对其史学思想的研究，但是高质量的文章较少。当然，也有研究者发现了这一问题，从家族史、学术史的角度对范祖禹及其佚著进行了较为全面的研究，开了一个好头，值得借鉴并继续深入。《范太史文集》中所收录的诗词、奏章及墓志铭等资料对历史研究具有重要的作用，但是研究领域对其重视程度明显不够，仅有少数几篇①。其三，多从宏观入手，对微观问题关注不够。例如，诸多文献都提及范祖禹"幼孤"，大多数论著也如此引用，很少有人考证其确切时间，而这个时间的考证对于研究范祖禹幼时的成长及受教育环境乃至一生的个性形成都具有重要的价值。再如，范祖禹中进士后进论应贤良、赴龙水县途中以及任职龙水县期间的心理动态，是研究范祖禹日后著述思想形成及在朝为官政治言论倾向的重要参考资料，但是很少有人进行这方面的研究。

本书正是基于以上研究现状而作，综合运用了史料学、文献学等领域的研究方法。全书共分上下两篇，上篇研究范祖禹的生平。以上所列举的论著在叙述其生平时，多是简单引述《宋史》卷337《范祖禹传》的内容，所以难免流于简略粗疏。本书依据范祖禹一生之行迹，将其生平划分为三个大的阶段，而且在叙述时非常注意对一些前人忽略的看似"小"的问题（例如母梦邓禹、"幼

---

① 《范祖禹与〈资治通鉴〉——读〈范太史札记〉》（陈光崇）摘录文集中有关《通鉴》的材料进行研究；还有人利用文集中墓志铭中对女性形象的描写进行研究，例如《宋人墓志中的女性形象解读》（杨果：《东吴历史学报》，2004年第11期，第243—270页）、《由墓志铭看二程对妇女的书写》（邱佳慧：《东吴历史学报》2004年第12期，第249—277页）。

孤"之具体时间、改字缘起等）以及范祖禹在每个阶段的心理动态的研究。另外，在编年体式的生平中穿插进类似纪传体式的有关"交游"的内容，对与范祖禹有往来的人进行较为全面且不失重点的阐述，以期明了这些人对范祖禹各方面所产生的影响。下篇则对其史学著作尤其是现存史著进行研究，如参修之《通鉴》《神宗实录》以及自著之《唐鉴》《帝学》《仁皇训典》，重点放在前人忽略以及有争议的问题上，对于已经形成定论的问题则进行简单的介绍。例如，结合时代大环境、前人著述、个人条件以及偶然机缘等因素，对《唐鉴》的成因进行了系统深入的分析。本篇第三章"范祖禹的史学思想"则充分利用了《范太史文集》中所保存的各种史料，对范祖禹的史学及政论思想进行了贯通研究，避免了以往只注重以《唐鉴》为对象研究范祖禹史学思想的现状，有利于全面认识范祖禹的思想体系。附录包括两部分内容：一，范祖禹年谱（含族系表）；二，范祖禹著作之诸家著录序跋题识。

上篇　生平考述

　　范祖禹（1041—1098），字淳甫，一字梦得，成都华阳（今四川成都）人，仁宗嘉祐八年（1063）登进士甲科。历任资州龙水令、秘书省正字、著作郎、起居舍人、右谏议大夫、翰林学士等官职，后遭贬谪，卒于贬所化州（今广东化州市）。一生著述颇丰，尤以参修《资治通鉴》及自著《唐鉴》最为有名，有"唐鉴公"之美誉。

　　为便于研究，笔者根据史料记载①，将范祖禹的一生划分为成长奋斗期、修书蓄积期、政治生涯期三个时期，下面就以此为纲分三章进行论述。

---

① 主要是以范祖禹的各种传记资料为线索进行划分，比较重要的资料有《宋史》卷337《范镇传（附范祖禹传）》（[元]脱脱等撰，北京：中华书局，1978年）、《名臣碑传琬琰之集》下集卷19《范直讲祖禹传》（[宋]杜大珪撰，赵铁寒主编：《宋史资料萃编（第二辑）》，台北：文海出版社，1969年）、《东都事略》卷77《范祖禹传》（[宋]王称撰，《文渊阁四库全书》，第382册）、《蜀中广记》卷42《人物记第二》"范祖禹"条（[明]曹学佺撰，《文渊阁四库全书》，第591册）。

第一章　幼失怙恃　往来贤达：
范祖禹早年成长经历及交游

就像所有的孩子一样，从一出生，范祖禹的身上就承载着亲人殷切的希望，"母梦邓禹"的故事，就明显地体现了家人这种不同寻常的成才期待。早年失去双亲的不幸，同时也造就了他坚韧独立的个性以及勤奋好学的良好习惯。在季父范百禄以及叔祖范镇的抚育之下，范祖禹成长为一个智识健全、品性端正的有志青年，他广交当时京师的名人雅士，得到范镇的高度赞誉。嘉祐八年（1063），范祖禹荣登进士甲科，从此开始了人生的新征程。

第一节　范祖禹名与字小考

范祖禹生于宋仁宗康定二年（1041）的某一天①，如同许多古圣贤哲一样，他的出生也带有浓郁的传奇色彩，据《宋史》卷 337《范祖禹传》记载："其生也，母梦一伟丈夫被金甲入寝室，曰：'吾汉将军邓禹。'既寤，犹见之，遂以为名。"这个"母梦邓禹"的故事还有其他记载，《范祖禹家传》所记内容略详于《范祖禹传》②。另外，还有说此梦是范祖禹之父所做③，更有甚者，竟

---

① 按：据范祖禹自撰《祭妹文》（贾二强、高叶青、焦杰校点：《太史范公文集》卷 37，北京：北京大学出版社，2014 年）："庆历戊子（1048），大江之南，惟汝初生，后我八年"，可推知范祖禹应生于 1041 年，但是根据现存史料无法确知其出生日期。《疑年录》卷 2："范淳夫，五十八，生康定二年（1041）辛巳，卒元符元年戊寅。"康定二年十一月改元庆历元年，大多数文章及著作均将范祖禹出生时间系于庆历元年。

② 按：《家传》已佚，见［清］张英等纂：《渊鉴类函》卷 244 人部三《生子四》"金甲丈夫"条引，北京：中国书店，1985 年，第 10 册，第 2 页。

③ ［明］牛衷增修：《增修埤雅广要》，《四库全书存目丛书》（子部·小说家类，第 250 册），济南：齐鲁书社，1995 年，卷 8 人道门 "邓禹后身范祖禹"条，第 641 页。

然把这事安到了范祖禹季父范百禄的头上①。对于这件事情的真伪，宋代已经有人提出过质疑，例如，《朱子语类》卷 126《释氏》之"问轮回之说"条记载②："厚之云：'或传范淳夫是邓禹后身。'曰：'邓禹亦一好人，死许多时，如何魄识乃至今为他人！'"③此事无法考实，真相如何，只有当事人——范祖禹的母亲最清楚。或许这件事根本就是子虚乌有，或许是真的梦到了，因为范祖禹是范百祉的长子④，家人的喜悦可想而知，自然，为这个期待中的儿子取名也必定早早就开始谋划了，也必定有了大致的意向。日思夜想，母亲即便是睡觉时都在思考取名的事，临产前梦到了东汉名将邓禹⑤，这在传统的迷信社会中往往被认为是"吉兆"。就在母亲梦到邓禹的当日，范祖禹出生了⑥。新的生命往往寄托着长辈的殷切期望，而父母希望范祖禹能够像邓禹一样优秀⑦，光耀范氏门庭，这是完全合乎情理的。范氏一族传至此，属"祖"字辈，再配以单字"禹"，便有了"范祖禹"一名。又按古礼，字与名通常义相比附，以字释名，或以事释名，此名为其母梦中所得，于是便顺理成章取字"梦得"。

另据史料记载，司马光曾为范祖禹改字"淳甫"，这又是为什么呢？下面先来看一段记载：

①〔宋〕苏轼撰，〔清〕冯应榴辑注，黄任轲、朱怀春校点：《苏轼诗集合注》，上海：上海古籍出版社，2001 年。卷 35《次韵范淳父送秦少章》〔查注〕："《复斋漫录》：范淳父乃百禄之子，百禄夫人生子，梦邓太傅曰：'我邓禹也，来为尔子。'"第 1791 页。

②《朱子语类》卷 126《释氏》，第 3033 页。

③〔宋〕何薳撰，张明华点校：《春渚纪闻》卷 5《邹张邓谢后身》："范纯夫为邓仲华后身，故名祖禹。"《唐宋史料笔记丛刊》，北京：中华书局，1997 年。第 75 页。

④ 据《太史范公文集》卷 37《告先妣文》："长子……某敢昭告于先妣高平郡太君"一句可知范祖禹为长子。

⑤ 邓禹（2—58），字仲华，南阳新野（今河南省新野）人，"云台二十八将"之首。据〔刘宋〕范晔著，〔唐〕李贤等注：《后汉书》卷 16《邓寇传》记载：邓禹"年十三，能诵诗"，"内文明，笃行淳备，事母至孝"，且善谋略、骁勇善战，曾随光武帝刘秀征战南北、平定山西，功效尤著。北京：中华书局，1996 年，第599、605 页。

⑥《锦绣万花谷》前集卷 18《孕育》之"梦邓禹"条引用《家传》言"是日生"。王德毅《范祖禹的史学与政论》一文，在"家世和学问德业的渊源"一节中认为"母梦邓禹"发生在范祖禹出生前夕，这与史料记载不符。引文见王德毅：《宋史研究论集（一）·范祖禹的史学与政论》，第 4 页。

⑦ 按：因梦取名，只能说是寄托了亲人的美好愿望，并非如王德毅先生所说的"他的父母也会预料到他将为贵宦中人物"。引文见王德毅《宋史研究论集（一）·范祖禹的史学与政论》，第 4 页。

范淳父内翰之母，梦邓禹来而生淳父，故名祖禹，字梦得。温公与之帖云："按《邓仲华传》，仲华内文明，笃行淳备，辄欲更表德曰'淳备'，既协吉梦，又可止讹，且与令德相应，未审可否？"次日，复一帖云："昨夕再思，'淳备'字太显而尽，不若单字'淳'，临时配以'甫'、'子'而称之。五十则称伯、仲，亦犹子路或称季路是也。如何，如何？"①

以上引文给出了以下几点信息：

（1）从"令德"可判断出司马光是在和范祖禹本人商议改字的事。

（2）司马光前后两帖中所表露出的急切心情，足以见得二人关系非同一般。

（3）从"既协吉梦，又可止讹"可知时人对"梦得"一字之由来或有非议。这恐怕也正是司马光为范祖禹改字的重要原因。

在改字帖中，司马光申明了改字的三点原因，即"协吉梦""止讹""与令德相应"，其他两点容易理解，只"止讹"一词有些蹊跷，司马光要"止"的是什么"讹"呢？难道有人别有用心地在范祖禹"梦得"一字上做文章？对此，有人认为："'梦得'字与刘宾客（刘禹锡）同，而名又有'禹'字，当时必有以为慕刘者，故温公帖有'止讹'之语。"②对于这种解释，笔者表示怀疑。刘禹锡是唐代中期的政治改革家和哲学思想家，还是一位出色的诗人，尊仰敬慕他并据以取名取字有什么不妥？笔者认为其中必定另有原因。修《通鉴》期间，正是变法派得势之际，他们采用各种办法打击以司马光为首的反对派，范祖禹

---

① ［宋］费衮撰，金圆校点：《梁溪漫志》卷3"范淳夫字"条，《宋元笔记丛书》，上海：上海古籍出版社，1985年，第30页。按：［宋］陆游撰，李剑雄、刘德权点校：《老学庵笔记》卷10载："钱鍪字穆，范祖禹字淳，皆一字。交友以其难呼，故增'父'字，非其本也。"《唐宋史料笔记丛刊》，北京：中华书局，1997年，第132页。此说显系臆测，与史实不符。另外，有些文献记载将"淳"作"纯""醇"，"甫"作"夫""父"，于是就有纯甫、醇夫、淳夫、淳父等字。按照司马光的设想，范祖禹在活到五十岁时，就可以改字为"淳伯"或"淳仲"，不过，在各种文献中均未发现有采用这两个字的，可见自从改字后，范祖禹一直以"淳甫"一字行世。

② ［清］钱大昕撰，陈文和、孙显军校点：《十驾斋养新录》卷19《代友改字》，南京：江苏古籍出版社，2000年，第401页。

的政治立场与司马光一致，所以也在打击的范围之内，不排除他们会采用卑劣的手段在"母梦邓禹"一事上大做文章的可能性，司马光要"止"的可能就是这种"讹"。不过，还有一点令人费解，那就是司马光具有务真求实的作风，在编纂《通鉴》时，虚妄不经之事不取，但他为什么会相信范祖禹母亲妊娠前梦邓禹一事，还自发急迫地为其改字呢？可见司马光相信"母梦邓禹"确有其事。改字的时间，有文献记载为元丰末①，即 1085 年左右，是司马光去世的前一年，其时范祖禹已经 45 岁，既然司马光说"自祖禹年未二十为举人时，臣已识之"②，而且一起修《通鉴》长达 15 年，如果他觉得"梦得"这个字不妥，必定早就为其改字了，之所以要拖到元丰末，可能与上述政治局势有着密切的关系。另外，元丰七年十二月三日，《通鉴》书成，范祖禹迁秘书省正字，司马光为资政殿学士③，二人又回汴京同朝为官，有话可以当面说，按理说没有递"帖"的必要。笔者猜测可能是因为司马光处事一贯谨严，而"字"在古人眼里是具有非常意义的④，更何况"梦得"这个字范祖禹已使用多年，又怎会轻易改动？也许正是考虑到这一因素，为了郑重起见，司马光才会采用"帖"这种方式，同时也给范祖禹一定的考虑空间，避免了当面讨论的唐突。

第二节　范镇等人对范祖禹品学的影响

范祖禹出生时正值北宋王朝面临种种危机之际：西夏侵扰边境，宋军屡次战败，维持战争所需的军费开支给本已拮据的国家财政雪上加霜，繁重的赋役

---

① 《苏轼诗集合注》卷 35《次韵范淳父送秦少章》"范淳父"条注："元丰末，司马公易之以淳父。"第 1791 页。[宋] 胡仔撰集，廖德明校点：《苕溪渔隐丛话·后集》卷 22《迁叟》亦云改字在元丰末，北京：人民文学出版社，1981 年，第 157 页。

② [宋] 司马光撰：《温国文正公文集》卷 45《荐范梦得状》，《四部丛刊初编》（第 139 册），第 10—11 页。

③ [宋] 李焘撰编：《续资治通鉴长编》卷 350"元丰七年十二月戊辰"条，上海：上海古籍出版社，1986 年，第 3240 页。

④ [汉] 郑玄注，[唐] 孔颖达疏，龚抗雪整理，王文锦审定：《礼记正义》卷 61《冠义第四十三》"已冠而字之，成人之道也"句注："字，所以相尊也。"《十三经注疏》（整理本），北京：北京大学出版社，2000 年，第 1884 页。

加重了兵民负担，导致国内多次出现起义、兵变和叛乱。庆历三年（1043），宋、夏初步达成协议，边境局势稍为缓和，为了改变内外窘迫的局面，巩固统治，宋仁宗于是年八月，大胆任命范仲淹为参知政事，并起用了一批三十多岁锐意改革的年轻士大夫，开始了以整顿吏治为核心的变革行动，史称"庆历新政"，但是这场酝酿多年的政治改革运动在真正施行不到一年后就夭折了。原因是多方面的，不过，宋仁宗对"朋党"的极度敏感，可能是诸多原因中最为关键的。自北宋立国以来，宋朝历代帝王就曾下大气力防范臣僚结党，恪守祖宗家法的仁宗也不例外，他无论如何也不能容许在自己的身边有一个结党的政治集团，即便只是范仲淹所说的有别于小人"邪党"的"君子党"。庆历五年（1045）正月，仁宗罢去范仲淹、富弼、韩琦等改革派人士京职，改任地方官，"庆历新政"宣告失败。这一年范祖禹五岁，这场举国轰动的改革运动是否对他幼小的心灵产生了影响，因为缺乏史料记载，我们无从知道，但由于宋朝科举以进士科为盛，而进士所试科目又以策、论为重，诗赋次之，这种考试制度的改革引发了教育内容的转变，所以宋人普遍重视时事，关注国家的大政方针，尤其是那些有人在朝为官的家族，这方面的信息更是灵通。范祖禹之父百祉、叔祖范镇"同年登科"①，有两个在朝为官的家人，自言"某自为儿童，居公（范镇）膝下"的范祖禹②，对于周围所发生的事件，想必多少是有所耳闻的。正是在这种社会大背景下，范祖禹度过了他的童年和青少年时期。史料对范祖禹这一段成长期的记载非常少，不过在许多文献中都提到了一个问题，即说范祖禹"幼孤"，这应该怎么理解呢？

"孤"，《孟子注疏》解释为"幼而无父"③，后来凡生而无父母者均称孤④，

---

① 《太史范公文集》卷37《祭蜀公文》："昔先考大夫与公亲虽父子，义实朋友。并游太学，同年登科。"另［宋］陈思编，［元］陈世隆补：《两宋名贤小集》卷39《范蜀公集》载："（范镇）宝元元年举进士，为礼部第一。"所以范祖禹的父亲百祉应该也是这一年登科的。《文渊阁四库全书》（第1362册），第580页。

② 《太史范公文集》卷37《祭蜀公文》。

③ ［汉］赵岐注，［宋］孙奭疏，廖名春、刘佑平整理，钱逊审定：《孟子注疏》卷2上《梁惠王章句下》，《十三经注疏》（整理本），北京：北京大学出版社，2000年，第55页。

④ ［明］刘绩撰：《管子补注》卷24《轻重已第八十五》："民生而无父母谓之孤子。"《文渊阁四库全书》（第729册），第549页。

自唐《开元礼》始以孤属父，哀属母，父丧称孤子，母丧称哀子①。宋《政和礼》相承②。司马光《书仪》则称父母双亡者为孤哀子③。如果依照"孤"字词义的变化轨迹，"幼孤"在这里当指"早年丧父"无疑，那么到底是不是象推理的这样呢？《三朝名臣言行录》卷13《内翰范公》引《家传》云："公……年十三，通议、河南君皆早世。"④据此可知范祖禹在十三岁时就已经父母双亡了。此外，我们还可以得出更进一步的认识，下面先来看一段材料：

> 庆历戊子，大江之南，惟汝初生，后我八年。凤丧先妣，汝始总角，先君钟爱，怀抱鞠育。兄弟不夭，尽皆孤苦。我来京师，汝侍祖母，季父是依。（《太史范公文集》卷37《祭妹文》）

据引文可知，范祖禹的这个妹妹生于庆历八年（1048），丧母时她刚到"总角"的年龄⑤，而据"后我八年"判断，范祖禹比妹妹年长 8 岁，所以丧母时的年龄大约是十三四岁，这与上引《家传》所载正相符合。丧母时父亲百祉尚在人世，否则就不可能对幼女"钟爱"及"怀抱鞠育"了。不过，在母亲去世后不久，范祖禹的父亲也离开了人世。"我来京师"一句指向不明，因为范祖禹在中进士以前曾多次往来于京师，例如：一，"某至和之初（1054），越来京师，……嘉祐之末（1063），再来赴举。"⑥二，"及夫既冠，再至京师。"⑦这一句到底是指哪一次呢？据"季父是依"一句判断，范祖禹此次去京师时，季

---

① ［唐］萧嵩等奉敕撰：《大唐开元礼》卷 147《进引》"孤子某"句注曰："母（丧）称哀子。"北京：民族出版社，2000 年，第 708 页。
② ［宋］郑居中等：《政和五礼新仪》卷 215《成服》"孤子某"句注曰："母丧曰哀子。"《文渊阁四库全书》（第 647 册），第 882 页。
③ ［宋］司马光撰：《书仪》卷 9《丧仪五·小祥》"孝子某"句注，《文渊阁四库全书》（第 142 册），第 514 页。
④ ［宋］朱熹撰，李伟国校点：《三朝名臣言行录》，《朱子全书》（第 12 册），上海：上海古籍出版社；合肥：安徽教育出版社，2002 年，第 802 页。
⑤ ［明］胡广等撰，《诗传大全》卷 3："总角，女子未许嫁则未笄，但结发为饰也。"注曰："孔氏曰：'但结其髮为两角。'"《文渊阁四库全书》（第 78 册），第 454 页。按：古代总角的年龄约为六七岁到十三四岁，男子亦可总角，例如《太史范公文集》卷 37《祭从叔主簿文》："再来赴举，叔始总角，从师受书。"
⑥ 《太史范公文集》卷 37《祭从叔主簿文》。
⑦ 《太史范公文集》卷 37《祭蜀公文》。

父百禄在华阳，而百禄在嘉祐二年（1057）因考中进士外出做官了，所以引文中"我来京师"一句当指 1054 年这次，否则百禄就不可能在范祖禹离家期间照顾其家人了。也就是说，正因为范祖禹在将近一年的时间里先后失去了两位至亲，没有了依怙，而此时的他正是接受教育的关键时期，在京为官且学养深厚的叔祖范镇成为他最佳的投靠对象，所以他才会在至和元年（1054）前往京师。另外，据范祖禹自述"自为儿童，居公膝下，怀抱鞠育，均于所生"可知①，他此次前来在范镇家里生活了相当长一段时间，这几句话所描述的很有可能指的就是这一段时间的生活状况。不过，从"及夫既冠，再至京师"判断②，范祖禹并未一直住在范镇家里。

　　之所以花费这么多笔墨来考证丧母丧父时间这个看似细碎的问题，就是为了对范祖禹青少年时期的成长环境及受教育渊源有所了解。以父亲去世的时间为界，可以将范祖禹中进士以前的受教育情况划分为两个阶段。父亲去世以前，对范祖禹影响较大的人主要是父亲及季父百禄③。史料中关于百祉的记载极少，目前可以确知的是他与范镇"并游太学，同年登科"④，官太常博士，其他的详细情况则不清楚。从取名一事来看，范祖禹身上寄托了父母的殷切希望，因此从小父亲就非常重视对这个长子的教育。另外，百祉"深友爱（百禄）"⑤，鼓励范祖禹向其学习，如"先公……常曰：'汝季父所为皆可法。'"⑥再如"先公训言：'视尔季父。'"⑦在父亲去世之后，年仅 14 岁的范祖禹成了"孤哀子"，于是赴京投靠叔祖范镇。可以推知，范祖禹去京师一事应该不是他自己做出的决定，以其父临终遗言及百禄支持的可能性最大。父亲在世时，范祖禹已经跟随范百禄学习了较长一段时间，为了让侄子接受更好的教育，范百禄支持祖禹

①《太史范公文集》卷 37《祭蜀公文》。
②《太史范公文集》卷 37《祭蜀公文》。
③《太史范公文集》卷 37《祭资政文》："某爱自幼少，学于公所。"又卷 44《范百禄墓志铭》："祖禹少受学于公。"
④《太史范公文集》卷 37《祭蜀公文》。按：《两宋名贤小集》卷 39《范蜀公集》记载仁宗宝元元年（1038）范镇中进士，百祉既与镇"同年登科"，亦当为 1038 年。第 580 页。
⑤《太史范公文集》44《范百禄墓志铭》。
⑥《太史范公文集》44《范百禄墓志铭》。
⑦《太史范公文集》卷 37《祭资政文》。

去京师，并解决了祖禹的后顾之忧，如负责照顾其年幼的妹妹，即"我来京师，汝侍祖母，季父是依"①。范百禄比范镇小二十多岁②，年轻时也曾从范镇问学，所以可以说范祖禹在 14 岁以前也间接地受到了范镇的影响。父亲去世以后，范祖禹开始在范镇身边接受直接的熏陶与教育。

成都范氏"本家长安，唐末避乱徙蜀，为成都华阳人"③，"三世已能有立，为著姓"④，而此脉范氏真正的显达是从范镇开始的。范镇早在"时年十八"⑤，"为举子"时就已经崭露头角⑥，经大哥范镃的举荐⑦，与当时知益州的薛奎结识，薛奎"一见爱之，馆于府第"⑧，并预言范镇将来会成为"廊庙人"⑨。天圣六年（1028）薛奎还朝时，又将范镇带到了京城，并称其为"伟人"⑩。范镇果然不负所望，于宝元元年（1038）"举进士，为礼部第一"⑪。范镇在文学、史学、音乐方面均有相当高的造诣，以史学为例，"凡朝廷有大述作、大议论，（镇）未尝不与"⑫。总之，无论从学问还是品性来讲，范镇都堪称人中楷模，在这样一位长辈的"抚育"下⑬，范祖禹受到了非常好的教育。据记载，范镇在京师为官时，"门生寓馆者常十余人，［镇］退朝教诲不倦，继之以夜，

① 《太史范公文集》卷 37《祭妹文》。

② 范镇（1008—1088），范百禄（1030—1094）。

③ 《太史范公文集》44《范百禄墓志铭》。

④ ［明］杨慎辑：《全蜀艺文志》卷 53《谱·范氏》，《文渊阁四库全书》（第 1381 册），第 743 页。

⑤ ［宋］苏轼著，傅成、穆俦标点：《苏轼全集·文集》卷 14《范景仁墓志铭》，上海：上海古籍出版社，2000 年，第 934 页。

⑥ ［宋］邵伯温撰，刘德权、李剑雄点校：《邵氏闻见录》卷 8，《唐宋史料笔记丛刊》，北京：中华书局，1997 年，第 79 页。

⑦ 《苏轼全集·文集》卷 14《范景仁墓志铭》："薛奎守蜀，道遇镃，求士可客者，镃以公对。"第 934 页。

⑧ 《邵氏闻见录》卷 8，第 79 页。

⑨ 《苏轼全集·文集》卷 14《范景仁墓志铭》引薛奎语："大范恐不寿，其季廊庙人也。"第 934 页。按："大范"在这里指范镃。另《苏轼诗集合注》卷 36 苏轼云："大范忽长谣，语出月胁令人惊。小范当继之，说破星心如鸡鸣。"第 1820 页。这里的"大范"指范百禄，"小范"指范祖禹。

⑩ 《苏轼全集·文集》卷 14《范景仁墓志铭》："或问奎入蜀所得，曰：'得一伟人，当以文学名于世。'"第 934 页。

⑪ 《苏轼全集·文集》卷 14《范景仁墓志铭》第 934 页。

⑫ 《苏轼全集·文集》卷 14《范景仁墓志铭》第 938 页。

⑬ 《宋史》卷 337《范祖禹传》，第 10794 页。

子孙受学，皆有家法"①，所以范祖禹幼年时所受的教育是极严正的。范镇对于唐史的精专、严谨的修史作风以及为人处世之法必定对范祖禹产生了很深的影响。范镇对侄孙祖禹格外宠爱，"抚育教诲，均于所生"②，就像是对待自己的孩子一样，之所以会如此，除了基于血缘关系以外，还有一种惺惺相惜的感情在里面。范镇"四岁而孤，从二兄为学"③，幼年时的特殊经历很容易使他产生对父母双亡的范祖禹的同情。成都范氏家族家风纯正，亲人之间友爱有加，范镇就是在两位兄长的教育看顾下成长起来的，这种优良的传统经范镇之手被延续了下来。在范镇家生活期间，范祖禹与范镇三子百嘉、四子百岁结下了很深的情谊，就像当年范镇与侄子——祖禹之父百祉的关系一样，"亲虽父子，义实朋友"④。这一点在范祖禹多年后为两人所做墓志铭及祭文中表露无遗⑤。

至和元年（1054），范祖禹来京投靠范镇，在这里可能停留了一段时间。在"既冠"之后，范祖禹再次前往京师，结交朋友，求学探知，《宋史》卷337《范祖禹传》中所说的"既至京师，所与交游，皆一时闻人"⑥，应该指的就是范祖禹这次来京师的表现。范镇对这个侄孙非常满意，"一见称奖，延誉于公卿之间"⑦，器之曰："此儿，天下士也"⑧，并鼓励诸子曰："三郎，汝师也，当取法焉。"⑨从范祖禹此次来京师广结人缘来看，他已经从幼年丧亲的阴影里走出来了，个性也变得开朗起来。当年刚刚遭受双亲丧亡之痛时，尽管身处范镇家这样好的教育及亲情环境里，但毕竟替代不了自家的温暖及父母的呵护，所以范祖禹总是郁郁寡欢，"自以既孤，每岁时亲宾庆集，惨怛若无所容，闭门读书，未尝预人事"⑩。这种近乎自闭的生活方式对于一个年仅十四岁的

---

① 《太史范公文集》卷39《开封府太康县主簿范君墓志铭》。
② 《太史范公文集》卷37《祭蜀公文》。
③ 《苏轼全集·文集》卷14《范景仁墓志铭》第934页。
④ 《太史范公文集》卷37《祭蜀公文》。
⑤ 见《太史范公文集》卷39《承事郎范君墓志铭》《开封府太康县主簿范君墓志铭》。
⑥ 《宋史》卷337《范祖禹传》，第10794页。
⑦ 《太史范公文集》卷37《祭蜀公文》。
⑧ 《宋史》卷337《范祖禹传》，第10794页。
⑨ 《三朝名臣言行录》卷13《内翰范公》引《家传》，第802页。"三郎"，［宋］赵善璙撰：《自警编》卷5引《家传》曰："乃范祖禹第行。"《文渊阁四库全书》（第875册），第295页。
⑩ 《宋史》卷337《范祖禹传》，第10794页。

少年来说是不幸的，但客观上使他有更多的时间用来读书。据记载，范祖禹读书非常用功，"十五六时，在成都玉泉宅居厅事之西阁，昼夜观书，未尝出户。唯是冬年节出拜尊长，礼毕，复入阁，人不见其喜怒戏笑之容"①。

范镇在范祖禹的成长过程中扮演了重要的角色，他对范祖禹的教诲是不间断的，从幼年的视如己出到成年后的延誉于公卿之间，再到"从仕以来，教之忠义"②，甚至范祖禹在洛阳修书期间，范镇还"每肩舆凡五六至"③，对范祖禹进行训导。纵观范祖禹一生，无论在为人处事还是治学为官方面，都受到范镇极大的影响，同时，范祖禹的意见也受到范镇的重视，二人互引为"门内知己"④。有一件事可以充分说明这一点，"初，朝廷既相温公、申公，诏起蜀公，欲以门下侍郎处之"⑤，范镇致书范祖禹询问意见，祖禹认为"不当起"⑥，对于这个答复，范镇非常满意，"得书大喜，曰：'是吾心也。'"⑦从中可见范祖禹在范镇心目中的分量。范祖禹感念叔祖对自己多年的养育教诲扶持之恩，"平昔诲语，跬步"不忘⑧。范镇在"行年八十"之际⑨，痛丧爱子百嘉。为了抚慰老人，范祖禹上奏朝廷请求前往探视，言词中饱含担忧之情，如"臣亲叔祖……多苦腹疾，近以次子丧亡，忧伤尤甚，臣之私情，实所不安"⑩；范镇去世，范祖禹"心焉如割"⑪，请假旬日为其送葬⑫，并恳请苏轼为范镇撰写墓志铭⑬，这份叔祖与侄孙的感情至真至深。

---

① ［宋］吕祖谦撰：《少仪外传》卷上，《文渊阁四库全书》（第703册），第224页。
② 《太史范公文集》卷37《祭蜀公文》。
③ 《太史范公文集》卷37《祭蜀公文》。
④ 《太史范公文集》卷37《祭蜀公文》。
⑤ 《自警编》卷5引《家传》，第295页。
⑥ 《自警编》卷5引《家传》，第295页。
⑦ 《自警编》卷5引《家传》，第295页。
⑧ 《太史范公文集》卷37《祭蜀公文》。
⑨ 《太史范公文集》卷4《乞给假至颍昌状》。
⑩ 《太史范公文集》卷4《乞给假至颍昌状》。
⑪ 《太史范公文集》卷37《祭蜀公文》。
⑫ 《太史范公文集》卷4《请假往颍川状》。
⑬ 《苏轼全集·文集》卷50《答范纯夫十一首·七》："《忠文公碑》，固所愿托附，但平生本不为此，中间数公盖不得已，不欲卒负初心。自出都后，更不作写，已辞数家矣。"第1678页。《范景仁墓志铭》见《苏轼全集·文集》卷14，第934页。

第三节　范祖禹与苏轼等人的交游

中进士以前的这段生活经历,不仅为范祖禹日后的进取打下了坚实的知识基础,而且在范镇的引荐下范祖禹结识了一批"闻人"①,这使他很早就能够处身于一个良好的交际圈里,这些人日后在范祖禹的仕途中扮演了重要的角色,如吕公著、司马光、苏轼等人。与吕公著、司马光的交往将在下文婚姻及洛阳修书章节分别讲述,这里先来对范祖禹和苏轼之间的关系进行考述。

苏轼与范镇同为蜀人,范镇敬爱其兄弟,因此苏轼与范祖禹也"意好尤笃"②,二人情属乡谊,有"乡党从游之好,素相亲厚"③,兼为文字交,相互赏识,概括而言,苏轼服膺范祖禹之人、之文、之劝讲,认为范祖禹"清德绝识,高文博学,非独今世所无,古人亦罕有能兼者"④,并称其为"异世之宝"⑤。兹缕述于下。

范祖禹正直不苟,于师友之间不偏不倚,苏轼视其为诤友。苏轼好与人戏谑,语言或稍过,范祖禹必戒之,所以每与人戏,必定要叮嘱不可让祖禹闻知⑥。《范祖禹可著作郎制》为苏轼所代拟,既顺乎当政者的意思,也体现了苏轼的见解,此文认为只有"直亮多闻、古之所谓益友者"才有资格担任著作郎⑦,既以范祖禹与之相提并论,其实就表明苏轼对范祖禹人品及才能的肯定。范祖禹的劝讲方式亦为苏轼所推奖,"深叹其得劝讲之体"⑧,曾说:"范

---

① 《宋史》卷 337《范祖禹传》,第 10794 页。

② 《苏轼诗集合注》卷 16《答范淳甫》〔施注〕,第 822 页。

③ 《晦庵先生朱文公文集》卷 35《答吕伯恭论渊源录》。〔宋〕朱熹撰,刘永翔、朱幼文校点,朱杰人等编:《朱子全书》(第 21 册),上海:上海古籍出版社;合肥:安徽教育出版社,2002 年,第 1529 页。

④ 曾枣庄、刘琳主编:《全宋文》卷 1895 苏轼《与范元长八》,成都:巴蜀书社,1994 年,第 388 页。

⑤ 《全宋文》卷 1895 苏轼《与范元长(一二)》,第 390 页。

⑥ 〔宋〕晁说之撰:《晁氏客语》,《文渊阁四库全书》(第 863 册),第 165 页。

⑦ 《苏轼全集·文集》卷 38《制敕·范祖禹可著作郎制》,第 1373 页。

⑧ 〔宋〕邵博著,刘德权、李剑雄点校:《邵氏闻见后录》卷 5:"范淳甫内翰迩英讲礼,至'拟人必于其伦',曰:'先儒谓拟君于君之伦,拟臣于臣之伦,特其位而已。如桀、纣,人君也,谓人为桀、纣,必不肯受。孔、颜,匹夫也,谓人为孔、颜,必不敢受。'东坡深叹其得劝讲之体。"《唐宋史料笔记丛刊》,北京:中华书局,1997 年,第 39 页。

淳夫讲书，为今经筵讲官第一。言简而当，无一冗字，无一长语，义理明白，而成文粲然，乃得讲书三昧也。"①二人论谏风格迥异，范祖禹"恳恻"而苏轼"激烈"②。范祖禹所做之政论文亦为苏轼所看重，如"公之文可以经世，皆不刊之说，如某但涉猎为文耳"③。例如，元祐八年九月太皇太后高氏去世，苏轼与范祖禹"尝约各草一疏"以上哲宗④，但是在看到范祖禹所作疏之后，苏轼藏己之疏而附名其后，范祖禹再三求观也不肯出，以诗赞曰："上书挂名岂待我，独立自可当雷霆。"⑤在范祖禹这边，苏轼的分量也是极重的，认为其名仅"亚于司马光"⑥，服其文、其人。苏轼"文章为时所宗，名重海内"⑦，被范祖禹称为"天下第一"⑧。苏轼之品性及立朝大节亦深得范祖禹赞许，如"忠义许国，遇事敢言，一心不回，无所顾望。……以刚正疾恶，力排奸邪"⑨。尽管私交笃厚，立朝议论趋向也大致相同，即"元祐间在要路，志同道合，相与力持国是"⑩，例如，"元祐中苏轼在浙西，因岁大旱，次年复大水，请于朝，求所以赈荒者。臣僚乃或难之，范祖禹历诋其非，朝廷于是多从轼之请"⑪。但是范祖禹自有主张、秉持公正，绝不是事事苟同于苏轼兄弟。例如，在对待程颐的问题上，据记载："（元祐）七年三月，程颐服阕，三省拟除馆职"⑫，判检院苏辙以"颐入朝，恐不肯静"为由⑬，

---

① ［宋］李廌著，孔凡礼点校：《师友谈记·东坡言范淳夫得讲书三昧》，《唐宋史料笔记丛刊》，北京：中华书局，2002 年，第 13 页。

② 《宋史》卷 397《刘光祖传》："赵汝愚称光祖论谏激烈似苏轼，恳恻似范祖禹，世以为名言。"第 12102 页。

③ 《晁氏客语》，第 166 页。

④ 《晁氏客语》，第 165 页。

⑤ 《苏轼诗集合注》卷 36《次韵范纯父涵星砚月石风林屏诗》。奏疏具体内容见《太史范公文集》卷 25《听政札子》。

⑥ 《太史范公文集》卷 26《荐讲读官札子》。

⑦ 《太史范公文集》卷 19《荐士札子（三）》。

⑧ 《太史范公文集》卷 26《荐讲读官札子》。

⑨ 《太史范公文集》卷 19《荐士札子（三）》。

⑩ 《苏轼诗集合注》卷 16《答范淳甫》〔施注〕，第 822 页。

⑪ ［宋］佚名撰：《皇宋中兴两朝圣政》卷 52《孝宗皇帝十二》，北京：北京图书馆出版社，2007 年，第 141 页。

⑫ ［明］陈邦瞻撰：《宋史纪事本末》卷 45《洛蜀党议》，北京：中华书局，1977 年，第 441 页。

⑬ 《宋史纪事本末》卷 45《洛蜀党议》，第 441 页。

表示反对，但是范祖禹认为："颐经术行义，天下共知，司马光、吕公著岂欺罔（上）〔者〕耶！"①言语犀利，丝毫不留情面。苏轼为人疏朗开阔，深识范祖禹之为人，亦不以为怪。朝堂之外，范祖禹之谨严与苏轼之阔朗相得益彰，二人相处融洽，例如，苏轼自述"予在都下，每谒范纯夫，子孙环绕，投纸笔求作字"②；他们之间偶尔也会开开玩笑，例如，"经筵官会食资善堂，东坡盛称河豚之美。吕元明问其味。曰：'直那一死。'再会又称猪肉之美。范淳甫曰：'奈发风何？'东坡笑呼曰：'淳甫诬告猪肉。'"③二人多有诗文及书简往来，或叙近况，如"比日起居佳胜"④；或嘘寒问暖，如"春暖，起居如何？"⑤"乍寒，不审起居安否？"⑥或以物相赠，如苏轼曾以涵星砚、月石风林屏、墨及端溪砚赠范祖禹⑦，祖禹亦作诗应和⑧；或讨论诗文，如"有诗数首寄去，以发一笑"⑨。范祖禹去世，苏轼"闻讣恸绝"⑩，"痛毒之深，不可云喻"⑪，甚至时隔多日回想起来仍旧"痛裂忘生"⑫，致书数封安慰范祖禹家人⑬，并允诺为范祖禹撰写墓志铭，这实在是非常难得的事情，因为"坡于天下未尝志墓，独铭五人，皆世全德。特于淳甫，慨然不俟其请而心许之，

---

① 《宋史纪事本末》卷45《洛蜀党议》，第441页。

② 《全宋文》卷1894苏轼《答范纯夫（一一）》，第384页。

③ 《邵氏闻见后录》卷30，第237页。

④ 《全宋文》卷1894苏轼《答范纯夫（一）》，第378页。

⑤ 《全宋文》卷1894苏轼《答范纯夫（三）》，第378页。

⑥ 《全宋文》卷1911苏轼《与范梦得（五）》，第726页。

⑦ 《苏轼诗集合注》卷36苏轼自云："近以月石砚屏献子功中书公，复以涵星砚献纯父侍讲。子功有诗，纯父未也。复以月石风林屏赠之，谨和子功诗，并求纯父数句。"苏诗略曰："故将屏送两范，要使珠璧栖窗棂。大范忽长谣，语出月胁令人惊。小范当继之，说破星心如鸡鸣。床头复一月，下有风林横。急送小范家，护此涵星泓，愿从少陵博一句，山木尽与洪涛倾。"第1820页。

⑧ 《太史范公文集》卷3《子瞻尚书惠涵星砚月石风林屏作歌以送之赋十二韵以谢》《谢子瞻尚书惠墨端溪砚二首》。

⑨ 《全宋文》卷1911《与范梦得（一）》，第724页。

⑩ 《全宋文》卷1895苏轼《与范元长（一）》，第384页。

⑪ 《全宋文》卷1895苏轼《与范元长（二）》，第384页。

⑫ 《全宋文》卷1895苏轼《与范元长（八）》，第388页。

⑬ 按：《全宋文》卷1895收录有苏轼写给范冲的十三封信。

其意可见"①。

范祖禹与黄庭坚、秦观之间的情分也非同一般，其次子范温为秦观之婿，有"山抹微云女婿"之称②，又学诗于黄庭坚，著有《潜溪诗眼》③。黄庭坚、秦观为苏门学士④，范祖禹又曾为黄庭坚讲授《左传》⑤，三人之间既有姻亲又兼师友，感情非常深厚。黄庭坚曾与范祖禹共同校定《通鉴》⑥，又因同修《神宗实录》而共担荣辱⑦，二人相处豁达，于学问、于礼节均能虚心坦然处之⑧，不为小人戚戚之态。黄庭坚对于范祖禹的治学态度极为称奖，以为其"好学勇如虎，读书青出蓝；有疑必考击，无奥不穷探"⑨。范祖禹、秦观去世，

---

① 《苏轼诗集合注》卷16《答范淳甫》（施注），第822页。按：《全宋文》卷1895苏轼《与范元长（六）》（第386页）："所喻《传》，初不待君言，心许吾亡友久矣。平生不作负心事，未死要不食言，然则今不可。九死之余，忧畏百端，想蒙矜察。不即副来意，临纸哀喤。"《与范元长（一三）》（第390页）："某忽有玉局之除，可为归田之渐矣。痛哲人云忘，颂殄瘁之章，如何可言。早收拾事迹，编次著撰，相见日以见授也。"从前面所引材料来看，苏轼似乎曾答应为范祖禹做传，但因时局而搁浅，直到"有玉局之除"时才又将此事提上日程。

② "山抹微云"为秦观《满庭芳》首句，据《蜀中广记》卷104《诗话记第四》记载，范温"尝在歌舞之席，终日不言，妓有问之云：'公亦解辞曲否？'〔温〕笑答云：'吾乃"山抹微云"女婿也。'"第592册，第667页。

③ 按：又称《诗眼》，存。〔宋〕陈振孙著，徐小蛮、顾美华点校：《直斋书录解题》卷22，上海：上海古籍出版社，2005年，第648页。

④ 按：《宋史》卷444《黄庭坚秦观传》："（黄庭坚）与张耒、晁补之、秦观俱游苏轼门，天下称为四学士。"

⑤ 《晁氏客语》："纯夫子冲自岭表扶护归，过荆州，见山谷，道纯夫数事，皆所不知，纯夫在史院，报丞相上马，后为诸人讲《左传》一帙乃乃出，鲁直盖受左氏学于纯夫也。"第165页。

⑥ 《温国文正公文集》卷51《奏乞黄庭坚同校〈资治通鉴〉札子》："秘书省校书郎黄庭坚好学有文，即日在本省别无职事，欲望圣慈特差，令与范祖禹及臣男康同校定上件《资治通鉴》，所贵早得了当，取进止。"第10页。

⑦ 《续资治通鉴长编》卷456"元祐六年三月癸酉"条："诏……邓温伯，……赵彦若，……范祖禹，……曾肇，……林希各迁一官。……著作佐郎黄庭坚为起居舍人。……并以《神宗皇帝实录》书成赏功也。"第4275页。《宋史》卷18《哲宗本纪》："（绍圣元年十二月）甲午，范祖禹、赵彦若、黄庭坚坐史事，责授散官，永、丰、黔州安置。"第4275页。

⑧ 《晁氏客语》："申公薨，范纯夫托山谷草遗表，表成不用，又尝托山谷草司马公休《谢起碑楼表》，窜改正余数字以示，山谷略无忤色，但逊谢而已。"又"纯夫苦河鱼在告，彭器资、黄鲁直来问疾，欲退，纯夫揖，鲁直立户外，与器资户内立语移时，复揖，鲁直略无忤色。"第165页。

⑨ 傅璇琮、倪其心等主编：《全宋诗》卷1019黄庭坚四一《送醇父归蔡》，北京：北京大学出版社，1995年，第11629页。

黄庭坚道遇二子温、湛于长沙，以银为赙且赠诗慰勉，死生交友之义尽显①。苏轼与黄庭坚均为当时名人，而范祖禹与二人交情都不错，于是便有这样的评语："论者以为先生能驯坡、谷二人，尤同时所难。"②不过，有人并不认同这种说法，例如《庸经堂笔记》卷4："坡、谷岂悍物哉，焉容驯乎！坡、谷敬其为人，中礼而已，如何以驯而言之。"其实，二者的纠结点只在于措辞是否允当，并无实质分歧。范、苏、黄三人正是基于对彼此学问及为人的相互欣赏而结下了深厚的情谊，这一点是毋庸置疑的。

第四节　范祖禹与吕公著的交游

嘉祐八年（1063），范祖禹赴京参加科举考试③，登进士甲科④，成绩还是相当优异的，难怪司马光说："世人获甲科者绝少，而子既已在前列。"⑤范祖禹娶吕公著女为妻大概就在中进士前后，而且是在颍州（今河南许昌市）这个地方成婚的⑥。宋代有一种习尚，即达官显贵、富室豪商"求婿必欲得高第者"⑦，只要是进士就行，其他一切可以置之不顾。具体而言有榜下择婿、

---

① 黄庭坚诗略曰："昔在秦少游，许我同门友"，"范公太史僚，山立乃先达。""秦郎水江汉，范郎器鼎萧。逝者不可寻，犹喜二子在。""往时高交友，宰木已枞枞。今我二三子，事业在灯窗。"［宋］黄庭坚著，刘琳、李勇先、王蓉贵校点：《黄庭坚全集·晚泊长沙示秦处度范元实用寄明略和父韵五首》，成都：四川大学出版社，2001年，第69—70页。

② ［清］黄宗羲著，全祖望补修，陈金生、梁运华点校：《宋元学案》卷21《华阳学案·正献范华阳先生祖禹》，北京：中华书局，1986年，第847页。

③ 《太史范公文集》卷37《祭从叔主簿文》："嘉祐之末，再来赴举。"按：宋代进士科考核内容为诗、赋、策论等，因此《太史范公文集》卷1《乐通神明（御试）》《春鳟初登（锡庆院试）》，卷35《寅畏以飨福赋（御试）》《天子龙衮赋（锡庆院试）》《成败之几在察言论（御试）》《省试策问二首》均应作于此时。

④ 《宋史》卷12《仁宗本纪》："（嘉祐八年三月）甲子，御延和殿，赐进士、诸科及第同出身三百四十一人。"第250页。

⑤ ［宋］吴曾撰：《能改斋漫录》卷12《范淳父焚进论不应贤良》，第344页，《宋元笔记丛书》，上海：上海古籍出版社，1979年。

⑥ 《太史范公文集》卷37《奠申国夫人文》："某昔受室于颍。"

⑦ ［宋］程颢、程颐著，王孝鱼点校：《二程集·河南程氏文集》卷12《家世旧事》，《理学丛书》，北京：中华书局，1984年，第659页。

榜前择婿以及榜前约定，榜后成婚等方式①，其中以榜下择婿最为盛行，号称
"髹婿"②。每逢科举考试成绩揭晓之日，"金明池上路"就会出现许多"择婿
车"③，"红群争看绿衣郎"④，竞相选择新科进士做女婿，一日之间，"中东床
者十八九"⑤。依据这一特殊习俗，吕公著与范祖禹结翁婿之亲可能就在此前后。
古人关于婚龄是有讲究的⑥，范祖禹结婚的时间至迟应该不会晚于英宗治平四年
（1067），因为就在这一年，范祖禹长子范冲出生。因为没有这方面的资料支持，
只能做如是推测。另外，文献中只提及范祖禹与吕姓有姻亲关系，并未提到有
其他妻妾。至于吕公著愿意将女儿许配给范祖禹，除了受这种婚俗的影响外，
与范祖禹是范镇侄孙这个特殊的家世也不无关联，属名门望族之间的联姻。作
为岳父，吕公著也是对范祖禹影响较大的一个人，"正献公简重清净，出于天性。
冬月不附火，夏月不用扇，声色华耀，视之默然也。范公内翰淳夫祖禹，实公
之婿，性酷似公"⑦。的确，在范祖禹的身上，我们可以看到许多与吕公著相像
的地方，例如，"盛暑不袒裼，祁寒不拥炉"⑧。范祖禹对岳父的感念之情亦非

---

① 张邦炜著：《宋代婚姻家族史论·宋代的"榜下择婿"之风》，北京：人民出版社，2003 年，第 62—90 页。
② ［宋］彭乘撰，孔凡礼点校：《墨客挥犀》卷 1《髹婿》："今人于榜下择婿，号'髹婿'。"《唐宋史料笔记
　丛刊》，北京：中华书局，2002 年，第 284 页。
③ ［宋］祝穆撰：《古今事文类聚·前集》卷 27 "择婿车"条："唐进士开宴，常寄曲江亭，其日公卿家纵观，
　钿车珠鞍栉比而至，中东床者十八九，故坡诗云：'囊空不办寻春马，眼炫行看择婿车'。"《文渊阁四库全
　书》（第 925 册），第 433 页。
④ ［宋］李壁撰：《王荆公诗注》卷 47《临津》："临津艳艳花千树，夹径斜斜柳数行。却忆金明池上路，红
　裙争看绿衣郎。"注曰："此平甫诗，或误刊于公集。"《文渊阁四库全书》（第 1106 册），第 362 页。［明］
　高濂撰：《遵生八笺》卷 16《白兰甲》："有十五蕚，色碧玉，花枝开，体肤松美，颙颙昂昂，雅特闲丽，
　真兰中之魁品也。每生并蒂，花干最碧，叶绿而瘦薄，开生子蒂，如苦荬菜叶相似，俗呼为绿衣郎。"《文
　渊阁四库全书》（第 871 册），第 797 页。此处"绿衣郎"是新科进士的别称，因"着绿袍"而得名。
⑤ 《古今事文类聚·前集》卷 27 "择婿车"条，第 433 页。
⑥ 《书仪》卷 3《婚仪上》："男子年十六至三十，女子十四至二十。"第 473 页。
⑦ ［宋］吕本中撰：《童蒙训》（卷上），《文渊阁四库全书》（第 698 册），第 521 页。按：就连祖禹去世后，
　朝廷所赐予的谥号也与其岳父一样，均为"正献"。［宋］佚名编：《两朝纲目备要》卷 8："（宁宗嘉泰
　四年八月）甲辰，赐范祖禹谥曰'正献'。"《宋史资料萃编（第一辑）》，台北：文海出版社，1967 年，
　第 518 页。
⑧ 《少仪外传》卷上，第 224 页。

常深厚，既感谢当年许嫁以女，如"某辱知于公，实自早岁，取其迂拙，遂齿昏姻"①，又对其言传身教感激万分，如"仪刑师表，靡所瞻依。追惟训言，流恸何已"②，二人之感情已经超越了一般的翁婿关系，"知己义重，踰于亲爱"③。

---

① 《太史范公文集》卷37《祭吕正献公文》。
② 《太史范公文集》卷37《祭吕正献公文》。
③ 《太史范公文集》卷37《祭吕正献公文》。

第二章 宦海沉浮 潜心著述:
范祖禹坎坷仕途中的学术之路

嘉祐八年（1063）正月，范祖禹赴京参加癸卯科会试，三月放榜，荣登进士甲科，四月十一日，授试校书郎，知资州龙水县（今四川资中县西北），从此开始进入仕途。知资州龙水县任满，回京等待吏部铨选之际，迎来了一个后来改变了他终生命运的机遇，那就是经由司马光举荐补缺进入书局参与《资治通鉴》的编修。京洛两地约十五年的修书时期不仅使他的史学才能得到全面提升，还为他广结闻人达士、论学交友提供了宽松的氛围。正是这段修书蓄积期为范祖禹此后的仕途奠定了坚实的基础。

第一节 初 入 仕 途

宋朝前期，中进士者多得高官，即"宋之取才惟进士诸科，名卿巨公皆由此选"①，例如，"太平之二年，进士一百九人，吕蒙正以下四人得将作丞，余皆大理评事，充诸州通判"②。但是，由于高第之人骤增，引发了一系列问题，因此，自仁宗嘉祐三年（1058）起进行了裁抑，嘉祐四年（1059），进士"前三名始不为通判，第一人才得评事、签判，代还升通判，又任满，始除馆职"③，总体待遇与宋初相比下降了许多，而范祖禹正好赶上了这个时期。

登第甲科之后，范祖禹尝为《进论》以求应贤良，这一举动显示出年轻时的范祖禹是意气风发、对人生及仕途充满了希望的，但是他的这一举动遭到了

---

① [元]陈桱撰：《通鉴续编》卷 7 "更定科举法"条注，《文渊阁四库全书》（第 332 册），第 552 页。

② [宋]洪迈撰，孔凡礼点校：《容斋随笔·续笔》卷 13《科举恩数》，《唐宋史料笔记丛刊》，北京：中华书局，2005 年，第 374 页。

③ 《容斋随笔》卷 9《高科得人》，第 120 页。

司马光的反对，事情始末如是：范祖禹一向为司马光所奖识，可是当他把自己所做"进论"交给司马光以征求意见后，他发现"公每见有不喜之色"①，"未始有可否"②。范祖禹大惑不解，就去问司马光，司马光的回答是"以光观之，但有贪心耳"③。范祖禹一向非常推崇司马光的学识及为人，于是"焚去《进论》，不应贤良"④。年轻人追求上进，这本是件好事，司马光怎么能以自己"不喜子有贪心"而加以阻拦呢？⑤按理说这一时期的政治形势是有利的：英宗即位以后，表现出励精图治、奋发图强的迫切心情，继续任用仁宗时主张变革的重臣韩琦、欧阳修、富弼等人，力图扭转积贫积弱的国势。这场改革的思路也符合司马光的基本观念，也就是说正是司马光、范镇等与范祖禹关系密切的人得势之际，一切条件都对范祖禹继续攀升有利，所以，司马光在这个时候进行阻拦，应该不是出于政治上的考虑，主要是他所信奉的儒家思想文化影响的结果。在如何选拔人才方面，宋儒比较强调"德"，司马光认为"取士之道，当以德行为先，其次经术，其次政事，其次艺能"⑥，并按照德行的高低将人划分为四等："才德全尽谓之圣人，才德兼亡谓之愚人，德胜才谓之君子，才胜德谓之小人。"在这样的思想指导下，司马光认为范祖禹能够在"世人获甲科者绝少"的情况下考中⑦，足证其"才"之高，但是为《进论》应贤良的举动在司马光看来就是"贪心"的表现，就是无"德"，而读书人、君子本应"谦以自牧"⑧，即要有谦德。这次"焚进论"事件，是司马光对初入仕途的后辈——范祖禹的一次道德教育，希望他能够养成雍容敦朴、谦默自持的良好品性。

　　对于朝廷"知资州龙水县"的任命，范祖禹本人是怎样的心理状态呢？《太史范公文集》卷1《资州路月山亭》即为赴任途中所作，此诗既表达了他对赴

---

① 《苕溪渔隐丛话·后集》卷22《迁叟》，第157页。

② 《能改斋漫录》卷12《范淳父焚进论不应贤良》，第344页。

③ 《能改斋漫录》卷12《范淳父焚进论不应贤良》，第344页。

④ 《能改斋漫录》卷12《范淳父焚进论不应贤良》，第344页。

⑤ 《能改斋漫录》卷12《范淳父焚进论不应贤良》，第344页。

⑥ 《温国文正公文集》卷19《论举选状》，第6页。

⑦ 《能改斋漫录》卷12《范淳父焚进论不应贤良》，第344页。

⑧ ［宋］陈祥道撰：《论语全解》卷7《子路第十三》"子曰君子泰而不骄"条："君子坦荡荡而谦以自牧。"《文渊阁四库全书》（第196册），第174页。

任边远小邑的不满（如"游子怨路长，烦襟此披豁"），又流露出飒爽青年的豪情壮志（如"安得乘飞飚，人寰恣超越"），以及对山水风光的喜爱（如"兹亭虽非匹，山水颇秀发"）。赴任途中，范祖禹游览了沿途的古迹名景，如月山亭、东津寺、武侯祠等①，还随兴赋诗，其中不乏像"白鹭惊飞宿霭间，青山倒卧沧波底"这样的佳句②。这一方面表现了"不知愁滋味"的壮志青年喜好山水的自然情感，也表现了范祖禹对时局缺乏准确定位的盲目乐观。其实，在赴任途中所透露出的欢快情感是完全可以理解的，范祖禹的少年时代不像大多数孩子那样被父母的爱所包裹，他早年丧母，也没能长享严父的教管。尽管有叔祖范镇的悉心照顾及良好教育，但内心孤苦的范祖禹活得并不快乐，"自以既孤，每岁时亲宾庆集，惨怛若无所容，闭门读书，未尝预人事"③。他像个小大人那样勤奋学习、辛苦慎微地度过了本该嬉笑的少年时代。不难想象，他之所以如此，就是为了将来能够求取功名，以光耀门第，施展抱负。寒窗苦读，终遂人愿，这时的范祖禹必定是满心欢喜，终于可以畅快地做人了！尽管在接到朝廷任命后情绪有些波动，但无论如何这是自己辛苦拼搏来的成绩，是值得庆贺、值得欢欣鼓舞的，积年来的孤苦情绪终于等到了释放的时刻。所以，对委任的不满没能完全掩盖他欢快的心情，他要登临高山，歌唱秀水，他要释放自己！多年以后，他还清楚地记得当年去龙水县赴任途中的景致，即"山行水逶迤，郁屈如盘龙。绿溪夹修竹，被岭多长松"④，可见当时的心情还是不错的。尽管对龙水县这样一个"山水远县"不满⑤，但他还是以勤政为民为己任，"劝稼亲老农"⑥，"宽简爱民，尤以兴学校为首务"⑦，将龙水县治理得很好，以至

---

① 《太史范公文集》卷 1《资水》《资中八首》《资州路月山亭》《资州路东津寺》《月夜船行入资州》，《宋诗纪事补正》所收录之《资山》《龙水县斋作》等诗，均当作于赴职途中。

② 《太史范公文集》卷 1《月夜船行入资州》。

③ 《宋史》卷 337《范祖禹传》，第 10794 页。

④ 《太史范公文集》卷 3《送七主簿赴龙水》。

⑤ 《太史范公文集》卷 1《七月五日热退喜凉资中有怀二十四韵》。按：《宋史》卷 89《地理志》"宣和二年改龙水为资州"，在"龙水"之下注有"中下"二字，据此可以推知北宋中期时龙水县的级别也应该比较低。

⑥ 《太史范公文集》卷 3《送七主簿赴龙水》。

⑦ ［清］黄廷桂等纂修：《四川通志》卷 7 上《名宦·直隶资州》"范祖禹"条，《文渊阁四库全书》（第 559 册），第 319 页。

"讼庭可罗雀，铜印苍藓封"①。《太史范公文集》卷1《七月五日热退喜凉资中有怀二十四韵》一诗既表达了诗人对干旱天气给蜀地百姓所带来的旱灾的同情，同时也点明了自己将要任职之地的恶劣条件。借描写"沧浪渔父"之"超然脱羁绁"②，表达自己不愿意于"公侯间俯偻事干谒"的心情③。其实这只是一种无奈的说辞，至于说自己"平生喜林泉，潇洒爱风月"④，也许是真的，但更多的只是无奈状况下的一种自我调节罢了。试问哪个读书考取功名之人不想大展宏图，以平生所学为国家效力，建功立业、光耀门庭？对于这一点，范祖禹也有明确的表示，如"臣远方孤生，读书仕进，心非木石，岂不求荣"⑤，再如"人臣事君，谁不求宠"？⑥至于在龙水县努力作为，这一方面是出于对朝廷忠诚、对百姓负责的秉性，但也不排除他心存希冀的可能，或许他希望做出好的政绩以期待朝廷"磨勘"之际自己能够在职位上有所升迁。宋代地方官的任期，在神宗朝以前，普遍以三年为一任，哲宗朝以后，幕职州县官、京朝官任知县者仍以三年为任，而京朝官出常调者，则以满二年为任⑦。既然朝廷对知县一类官员有考核晋升的规定，按理说范祖禹只要做好本职工作，努力达到条件就可以了，可是他为什么会产生不满情绪呢？这与当时重内官、轻外官的社会风气以及转官的必备条件不无关系。

宋初，即使朝中要员出知小州，人们也不认为是贬降。但宋真宗朝以后，"朝廷重内官，轻外任，每除授牧伯，皆避命致诉，比遣外任，多是贬累之人"⑧。外官被认为是"资考应吏部之格者可以得也，朝廷以为不才而黜逐者可以得也"⑨。"仕于内者，或不惬物论，致遭弹击，往往畀以外任"⑩。又苏洵曾说：

---

① 《太史范公文集》卷3《送七主簿赴龙水》。

② 《太史范公文集》卷1《七月五日热退喜凉资中有怀二十四韵》。

③ 《太史范公文集》卷1《七月五日热退喜凉资中有怀二十四韵》。

④ 《太史范公文集》卷1《七月五日热退喜凉资中有怀二十四韵》。

⑤ 《太史范公文集》卷4《辞免除中书舍人状二》。

⑥ 《太史范公文集》卷5《辞免给事中状三》。

⑦ 苗书梅著：《宋代官员选任和管理制度》，开封：河南大学出版社，1996年，第259页。

⑧ ［明］杨士奇等撰：《历代名臣奏议》卷151《用人》，《文渊阁四库全书》（第437册），第219页。

⑨ ［宋］周行已撰：《浮沚集》卷1《上皇帝书》，《文渊阁四库全书》（第1123册），第604页。

⑩ ［宋］许应龙撰：《东涧集》卷8《均内外札子》，《文渊阁四库全书》（第1176册），第494页。

"凡人为官，稍可以纾意快志者，至京朝官始有其仿佛耳，自此以下者，皆劳筋苦骨，摧折精神，为人所役使，去仆吏无几也。"[1] 幕职州县官又称选人，虽然品秩和低级京官相仿，但其政治地位和仕宦前景却有很大的区别，只有改京官后，在仕途上才可能有较为光明的前程。但是改京官的限制条件是非常严苛的，一般选人，除了查验在任功过绩效、审核考任之外，"惟以举主应格，方得升进。若举主不足，虽老于铨调，亦无由改转"[2]。而且举主必须是现任官，如果在引对之前，"不幸举主一有差跌"[3]，则"终身无改官之望"[4]。或许正是这些因素对范祖禹的思想产生了消极的影响。对于范祖禹知龙水县任满后的考核情况，由于缺乏史料记载，我们无从得知，但以他的家世尤其是叔祖范镇的地位，必定不缺乏举主，而他的政绩据上文所载也很不错。

　　但是毕竟还年轻，范祖禹对于未来还是充满了希望的，在龙水县的日子里，他经常渴望回到京洛，如"二年隔京洛，思见亦已久。……寄我思洛诗，东风想回首"几句[5]，就形象地表达了这种思念之情。在得到返回的机会时，又是那样的喜悦和迫不及待，如"昨夜关山雪，仆夫晨起惊。挥鞭骑紫马，晓入洛阳城。……予心正浩荡，万里赴归程"[6]。这首诗气势恢宏，如"川原渺茫茫，长啸视八纮。……伊水象天河，云涛向东倾"[7]，就连旧日的洛阳城在范祖禹的眼里也似乎变得更加有魅力，如"喧然古都市，沽酒吹玉笙"[8]。此时范祖禹已经是年逾 30 岁的人了，孔子有云："三十而立"[9]，这一点对于精通儒家之道的范祖禹而言是再清楚不过了，可自己还只担任过试校书郎、知县，他内心焦急，可又能怎样呢？所以在知龙水县任满经考核合格后，他需要回到京师

① ［宋］苏洵著，曾枣庄、金成礼笺注：《嘉祐集笺注》卷 13《上韩丞相书》，《中国古典文学丛书》，上海：上海古籍出版社，2001 年，第 352 页。

② ［宋］杨仲良撰：《续资治通鉴长编纪事本末》卷 93《政迹》，北京：北京图书馆出版社，2003 年，第 2969 页。

③ ［清］徐松撰：《宋会要辑稿·职官》一一之三三，北京：中华书局，1957 年，第 2639 页。

④《宋会要辑稿·职官》一一之三三，第 2639 页。

⑤《太史范公文集》卷 1《送圣徒入京兼呈纪常子进》。

⑥《太史范公文集》卷 1《大雪入洛阳》。

⑦《太史范公文集》卷 1《大雪入洛阳》。

⑧《太史范公文集》卷 1《大雪入洛阳》。

⑨ ［魏］何晏注，［宋］邢昺疏，朱汉民整理，张岂之审定：《论语注疏》卷 2《为政第二》，《十三经注疏》（整理本），北京：北京大学出版社，2000 年，第 16 页。

重新听候差遣，这时，或许他以为几年的等待终于迎来了大展抱负的机会，不用再在那个仅可使"素志得稍豁"的"山水远县"了①，所以一路好心情也是在情理之中的。在此期间，朝廷也发生了一些变故：治平四年（1067）正月八日，宋英宗驾崩。宋神宗即位。此时北宋建国已逾百年，鼎盛期已过，早在仁宗时就已显露出来的种种弊端日益加剧：官场腐败盛行，财政危机日趋严重，百姓困苦，各种农民起义不断，辽和西夏在边境虎视眈眈。面对这种情形，神宗下定决心进行改革，所以他即位不久就召见了当年参与庆历新政的一干元老重臣以寻求对策，但是这部分人的改革锋芒早已消磨殆尽，应对之策不符合立志有所作为的神宗。在失望中，才华出众、思想敏锐、政治上颇有抱负的王安石脱颖而出，契合了神宗的心意。于是，熙宁二年（1069）二月，神宗任命王安石为参知政事，主要负责变法事宜，同时，由于对以富弼为代表的一批元老重臣的失望，神宗调整了人事安排，组成了新的执政班子，以利于新法的施行。于是，继"庆历新政"二十多年之后，一场规模更大的变法图强运动在王安石的牵头下展开了。这些新法涉及面相当广，几乎涵盖了社会的各个方面，取得了一些可喜的成就，例如，增加了国家财政收入，提高了社会生产力，城镇商品经济也取得了空前发展。但是，这场大张旗鼓的改革，尤其是有关财政制度方面的改革，触犯了一部分官僚甚至宗室、外戚的利益，因此每一项新法颁布之后，朝廷中都会出现激烈的反对。司马光、范镇、赵瞻以及在京外的韩琦、富弼等守旧派纷纷上书表示对新法的不满。范祖禹就是在变法派与守旧派激烈争斗的政治形势下回到京城汴梁的，随着这次回京，他的人生转入了另一个阶段，漫长的宦海生涯由此跌宕起伏。

第二节　《资治通鉴》同编修及与洛中诸贤的交往

经司马光举荐，范祖禹进入《通鉴》书局，担任"同编修"，协助司马光修撰《通鉴》。范祖禹能够进入书局，偶然性中也有必然性。在洛阳修书期间，

---

① 《太史范公文集》卷1《七月五日热退喜凉资中有怀二十四韵》。

范祖禹与邵雍、富弼、二程等人都有往来，这为其学问精进及仕途通坦奠定了良好的基础。

一、《资治通鉴》同编修

范祖禹能够参与编修《通鉴》带有一定的偶然性。治平三年（1066）四月，司马光进奏《通志》，英宗赞许有加，"令接所书八卷编集，俟书成取旨赐名"①，并特许设立书局，自选助手。依照司马光的设想，《通鉴》将是一部"上下贯穿千余载"的大书②，这部巨著对于司马光而言意义非同一般，再加上来自哲宗的支持，因此他非常重视助手的选拔，以保证修书的质量。设局之初，司马光"首先奏举恕同修"③，因为在他看来，"馆阁文学之士诚多，至于专精史学，臣未得而知者，唯和川令刘恕一人而已"④。赵君锡也有幸入选，但因守父丧而未赴命，司马光转而以馆阁校勘刘攽继之。熙宁三年（1070）四月二十五日，刘攽通判泰州⑤，书局因此缺人，在这种情况下，范祖禹才得以进入书局⑥。从刘攽替代赵君锡到范祖禹继刘攽之后入局，从某种程度而言，是有一定的偶然因素的。二刘在史学方面均有专长，且有论著，尤其是刘恕，"博闻强记，尤精史学"⑦，司马光评价颇高，说他的史学才能"举世少及"⑧，著有《十

---

① 《续资治通鉴长编》卷208"治平三年四月辛丑"条，第1930页。
② 《续资治通鉴长编》卷208"治平三年四月辛丑"条，第1930页。
③ 《温国文正公文集》卷53《乞官刘恕一子札子》，第11页。
④ 《温国文正公文集》卷65《刘道原十国纪年序》，第7页。
⑤ 《宋史》卷319《刘攽传》："考试开封举人，与同院王介争晷，为监察御史所劾罢，礼院廷试始用策，初，考官吕惠卿列阿时者在高等，讦直者反居下。攽覆考，悉反之。又尝诒安石书，论新法不便。安石怒摭前过，斥通判泰州。"第10388页。
⑥ 《续资治通鉴长编》卷212"熙宁三年六月戊寅"条："翰林学士司马光乞差试校书郎、前知龙水县范祖禹同修《资治通鉴》，许之。"第1973页。同书卷350，元丰七年十二月戊辰："攽在局五年，通判泰州，知资州龙水县范祖禹代之。"第3240页。按：范祖禹进入书局的时间，《续资治通鉴长编》为熙宁三年六月，《司马温公年谱》为熙宁三年九月，今从《长编》。
⑦ 《温国文正公文集》卷53《乞官刘恕一子札子》，第11页。同书卷68《刘道原十国纪年序》："前世史自太史公所记，下至周显德之末，简策极博，而于科举非所急，故近岁学者多不读，鲜有能道之者，独道原笃好之。为人强记，纪传之传，闾里所录、私记杂说，无所不览。坐听其谈，滚滚无穷，上下数千载间细大之事如指掌，皆有稽据可验。"第3—4页。
⑧ 《温国文正公文集》卷53《乞官刘恕一子札子》，第11页。

国纪年》42 卷，精于五代史。刘攽也"博记能文章，……所著书百卷，尤邃史学，作《东汉勘误》，为人所称"①。范祖禹的自身条件与二刘相比，级别显然相差很远，但他为什么能够被司马光选中呢？难道当时宋朝精于唐史的人就数范祖禹最优秀了吗？要解决这个问题，就要从当时史学界的人才构成以及范祖禹的家学渊源、政治立场、个人品质等因素入手进行剖析。

由于前述特殊的国情，宋人研究唐史的热情非常高，涌现出一批优秀的唐史专家及论著，如王沿《唐志》、石介《唐鉴》、孙甫《唐史记》等，《新唐书》的修撰者欧阳修、宋祁、范镇、吕夏卿、王畴、宋敏求、刘羲叟等人，也都是北宋时期的名家高手。如宋祁"博学能文章，天资蕴藉"②；欧阳修为唐宋八大家之一，散文为其特长；范镇文笔流畅，有《东斋纪事》等百余卷书流传于世；王畴文辞严丽，一向为世所称；宋敏求为北宋一代掌故大家，富于藏书，曾编《唐大诏令集》和《长安志》，又私撰唐武宗以下实录，对唐史十分熟悉。可以说，宋代并不缺乏唐史方面的人才，但是到熙宁三年（1070）时，上面所列举的在唐史方面有造诣的人大都已经不在人世了③，只有宋敏求、欧阳修、范镇等少数人还活着，那么司马光为什么不选择这几个人呢？首先要明确的是，司马光是在为自己找助手，而不是找合作主编，如果选择范镇等有名望之人，基于私交等各种原因，显然是很不好协调的。此外，还与三人当时的境况有关。

熙宁二年（1069）夏，王安石开始实施新法，部分官员由于持反对意见，先后遭到贬谪：欧阳修改知蔡州（今河南汝南县），并于熙宁五年（1072）闰七月卒于颍州（今属安徽省）；熙宁三年十二月，范镇落翰林学士，依前户部侍郎致仕；宋敏求也以忤王安石外迁。也就是说，当《通鉴》书局需要有人补缺修唐长编时，朝中的唐史专家不是老死就是被政治斗争缠身，人才出现了断

---

① 《宋史》卷 319《刘攽传》，第 10388 页。

② [宋] 魏泰撰，李裕民点校：《东轩笔录》，《唐宋史料笔记丛刊》，北京：中华书局，1997 年，卷 15 "宋子京" 条，第 171 页。

③ 王沿（？—1045）、王畴（1007—1065）、刘羲叟（1018—1060）、石介（1005—1045）、欧阳修（1007—1072）、宋敏求（1019—1079）、孙甫（998—1057）、宋祁（998—1062）、范镇（1007—1087）、吕夏卿（1015—1068）。

档,为了尽快完成《通鉴》,司马光只得退而求其次,选拔后起之秀。当然,除此之外,范祖禹本身所具有的特质也是他能够入选的重要原因,分述如下:

第一,在上篇中笔者已经对范祖禹中进士以前的受教育背景进行过介绍,可以说,是叔祖范镇引导范祖禹走上了唐史研究之路。范镇对于唐史的精专、严谨的修史作风对范祖禹产生了很深的影响,在他的严格训练之下,范祖禹史学才能不断长进,尤其熟悉唐代历史,司马光与范镇情同手足,往来密切,所以非常清楚这个情况。第二,范祖禹的政治立场也是他进入书局的重要因素。熙宁二年(1069),王安石开始变法,这个事件在引起社会诸多方面巨大动荡的同时,也影响了《通鉴》书局的人员构成。司马光是反对变法的,而先期进入书局的刘攽、刘恕也是站在变法的对立面的,他们在变法中都分别受到了冲击,司马光本人也因反对变法不果而于熙宁三年(1070)九月出知永兴军。这一系列的事件迫使司马光不得不对书局的人员构成进行重新调整,而他之所以选范祖禹入局接替刘攽,除了对其学识的认可之外,则缘于对其政治立场的了解。如上文所述,范镇在范祖禹的教育中扮演了极其重要的角色,而范镇与司马光的政见基本一致,"镇平生与司马光相得甚欢,议论如出一口"①,就在司马光出知永兴军之后一个月,范镇也以户部侍郎致仕,闲居汴梁。所以,深受范镇教诲的范祖禹与司马光在许多问题的看法上也应该是比较一致的。第三,范祖禹 20 岁时,在京师就已经小有名气了,"所与交游,皆一时闻人"②,镇盛赞,"延誉于公卿之间"③,并器之曰:"此儿,天下士也。"④司马光因与范镇私交甚密,所以结识范祖禹也较早,正如他所说:"自祖禹年未二十为举人时,臣已识之。"⑤此外,司马光还在范祖禹身上发现了从事史学工作所需要的优良品质。首先是踏实勤奋的学习态度,这一点很早就在范祖禹身上显现出来了。由于"幼孤"所造成的心灵创伤,"自以既孤,每岁时亲宾庆集,惨怛若

----

① 《宋史》卷 337《范镇传》,第 10790 页。
② 《宋史》卷 337《范祖禹传》,第 10794 页。
③ 《太史范公文集》卷 37《祭蜀公文》。
④ 《宋史》卷 337《范祖禹传》,第 10794 页。
⑤ 《温国文正公文集》卷 45《荐范梦得状》,第 10—11 页。

无所容，闭门读书，未尝预人事"①。而恰恰是这种不幸，造就了范祖禹勤奋务实的优秀品质，而这也是一名史学工作者所必备的条件之一。其次，范祖禹智识明敏而性行温良、好学能文而谦晦不伐、操守坚正而圭角不露的品性也是司马光非常赏识的②。

　　总之，正是基于对范祖禹学识、政治立场、品行的全面了解，司马光才会在书局缺人时首先考虑到范祖禹。家学渊源深厚，入仕途不久且年富力强，政治关系简单，尚不足以引起变法派的注意，这样就能最大限度保证工作时间，所以说，司马光选择范祖禹也是经过认真权衡的。范祖禹能够有幸参与这样一部史学巨著的修撰，偶然性中也有其必然性。

　　从最终目标来讲，王安石与司马光是一致的，都是为了改革积弊，振兴宋朝，但是两人的政治改革主张存在着严重的分歧：司马光主张温和、渐进的方式，并反复强调要以儒家的"仁政""德政"作为改革的出发点和归宿；王安石则主张采用激进、大刀阔斧的方式，而且他的思想较多源于法家，这种思想观念及立场的分歧，导致双方矛盾愈演愈烈。守旧派中以司马光的反对最激烈也最具代表性，然而他的意见不为宋神宗所支持，于是在熙宁三年（1070）九月二十六日，司马光出知永兴军，此时距离他奏请范祖禹担任助手之后约三个月；十月，范镇也奏请致仕③。一批守旧派官员也纷纷效仿，辞去京官，请求外放。另一名助手刘恕也在司马光出知永兴军之后离开了京师，在南康军酒监任内修《通鉴》④。只留下范祖禹一人继续在汴京作唐长编⑤，由司马光以书信方式进行远程指导。变法派正在得势之际，对司马光等保守派进行了不同程度的打击压制，独自一人在这"硝烟弥漫"的京城修书，这种状况恐怕是当初兴冲冲赶回京师准备大干一番的范祖禹所始料不及的吧。但圣意难违，人情难

---

①《宋史》卷337《范祖禹传》，第10794页。

②《温国文正公文集》卷45《荐范梦得状》，第11页。

③《苏轼全集·文集》卷14《范景仁墓志铭》载其举荐苏轼、孔文仲为谏官，遭谢景温、王安石弹劾，皆不报，即上言："臣言不行，无颜复立于朝，请致仕。""疏五上，……落翰林学士，以本官致仕。"第937页。

④《温国文正公文集》卷65《刘道元十国纪年序》："光出知永兴军，道原曰：'我以直道忤执政，今官长复去，我何以自安！且吾亲老，不可久留京师。'即奏乞监南康军酒，得之。"第7页。

⑤［明］马峦撰，［清］顾栋高编著，冯惠民整理：《司马光年谱》卷5："及公归洛，诏听以书局自随，而二公在官所，独祖禹在洛，公专以书局委之。"北京：中华书局，1990年，第155页。

却①，他只好安心修书，可是事情并没有这么简单，打击一件件袭来。熙宁六年（1073）三月二十四日，范祖禹因点检试卷一事遭贬②，遂由开封至洛阳书局，随司马光修书，谁知这一修就修到了元丰七年（1084），前后时间长达15年。这时的范祖禹已过了"不惑"之年，接近"知天命"的年龄了，这可能又是一个让他没有料到的事情吧，"十年京洛弄残书"一句便透露出一种别样的牢骚③。其实，元丰二年（1079）范祖禹在洛阳修书期间，曾经有过一次"改京官"的机会，但这是变法派为了打乱《通鉴》编修计划的举措，司马光识破了其险恶用心，奏请范祖禹继续留局编修④，司马光之所以如此，一方面是为了保护范祖禹这个"和不隋俗，正不忤物"的晚辈免于在政治斗争中受到伤害⑤，因为在书局这个"避世之金马门"里"以铅椠为职业"⑥，在一定程度上可以避开变法派打击的锋芒。同时也是对这个优秀编修人员的不舍，担心打乱自己的修撰计划。

二、与洛中诸贤的交往

居洛修书看似时日漫长，但客观上为范祖禹加深学问修养、广交名人贤士提供了极好的契机。尽管叔祖镇及季父百禄"植立光显"⑦，但是范祖禹也只

---

① 按：司马光对范祖禹有知遇之恩，向朝廷举荐时也是赞誉有加，对于司马光的赏识，范祖禹又怎能置之不顾呢？

② 《续资治通鉴长编》卷243"熙宁六年三月丁卯"条："诏别试所考试官馆阁校勘蒲宗孟、黄履各展磨勘三年，点检试卷官蒋夔、范祖禹并降远小处差遣，坐进士李士雍对义犯仁宗藩邸名，误以为合格故也。"第2278—2279页。

③ 《太史范公文集》卷1《送廷珍殿丞兄通判阆州》。

④ 《续资治通鉴长编》卷296"元丰二年二月壬子"条："端明殿学士兼翰林侍读学士、提举崇福宫司马光言：'同编修《资治通鉴》范祖禹已改京官罢任，乞留在局编修。'从之。"第2779页。

⑤ 邹国义：《新发现的司马光〈与范梦得内翰论修书帖〉考论》，《华东师范大学学报》（哲学社会科学版）1988年第1期，第117页。

⑥ 邹国义：《新发现的司马光〈与范梦得内翰论修书帖〉考论》，第117页。[汉]司马迁撰：《史记》卷126《东方朔传》："金马门者，宦[者]署门也，门傍有铜马，故谓之曰'金马门'。"北京：中华书局，1982年，第3205页。

⑦ [宋]魏了翁撰：《重校鹤山先生大全文集》卷53《范正献公文集序》，《四部丛刊初编》（第205册），上海：上海书店，1989年，第16页。

是"生长闻是，气质夙成"①，也就是说在进入书局追随司马光修《通鉴》以前，范祖禹的兴趣尚处于游离状态，对于史学编纂的态度尚未明朗，更谈不上实践。而由司马光举荐任《通鉴》同编修，才真正使范祖禹与史学结缘，尤其是居洛修书期间，二人朝夕相处②，司马光手把手地对范祖禹进行指导，这种与著名史学家近距离接触、寓学于实践的方式，促使范祖禹很快地成长起来，不仅圆满地完成了所承担的唐长编的编纂任务，还在此期间成就了一部不朽著作——《唐鉴》，正是这两《鉴》③，基本上奠定了范祖禹史学家的地位，也为他铺就了一条仕宦的通途。

由于时局的原因，除司马光外，"当熙、丰之际，洛中诸贤大抵家食"④，这些人或为"以清德为朝廷尊礼者"⑤，或为"好学乐善有行义者"⑥，例如吕公著、富弼、邵雍以及程颢、程颐等人，这些暂居于洛阳的学者文人兼致仕官员之言行举止、道德品性，对周围人群产生了巨大的影响，"里中后生皆知畏廉耻，欲行一事，必曰：'无为不善，恐司马端明、邵先生知。'"⑦范祖禹凭借着自己的勤学聪颖，以及镇之从孙、司马光之得意门生兼《通鉴》编修官的特殊身份，自然比一般后生有更多机会游走于这些名士之间，从而结下了深厚的情谊，所受的影响自当更大更深，试择其要，简述如下。

1. 与司马光的交往

尽管范镇终其一生对范祖禹进行教诲，但影响最多、最集中的当在范祖禹丧亲之后、中进士以前这段时间，此后则被另一个人"接替"，这个人就是司

①《重校鹤山先生大全文集》卷53《范正献公文集序》，第16页。
②［宋］刘跂撰：《学易集》卷8《田明之行状》："范翰林祖禹以编修《资治通鉴》，日诣温公。"《文渊阁四库全书》（第1121册），第620页。
③ 按：指《资治通鉴》和《唐鉴》。按：在本文中，凡未注明《唐鉴》版本者，均为上海古籍出版社所影印之十二卷本《唐鉴》，吕祖谦注二十四卷本《唐鉴》采用《金华丛书》本。另，除标明是石介所著《唐鉴》之外，文中所提到的《唐鉴》均指范祖禹所著。
④《重校鹤山先生大全文集》卷53《范正献公文集序》，第16页。
⑤［明］胡广等奉敕编：《性理大全书》卷64《总论》，《文渊阁四库全书》（第711册），第403页。
⑥《性理大全书》卷64《总论》，第403页。
⑦《性理大全书》卷64《总论》，第403页。

马光。司马光与范镇在士大夫阶层中享有相当高的声望，熙宁、元丰间被共举
为"天下贤者"①，"其道德风流足以师表当世，其议论可否足以荣辱天下"②，
二人"相得甚欢"③，在许多事件上的态度都基本一致，"其言若出一人，枢先
后如左右手"④。司马光"与二范公为心交，以直道相与，以忠告相益"⑤，
自称与镇是异姓兄弟⑥，可见关系非同一般。由于范镇的缘故，范祖禹得以在
较早的时候与司马光结识，正如司马光后来回忆说："自祖禹年未二十为举人
时，臣已识之。"⑦正是司马光，改变了范祖禹一生的命运，而被举荐同修《通
鉴》就是范祖禹命运出现转折的起点。

范祖禹与司马光因范镇而结识，因共同编纂《通鉴》而建立了深厚的感情，
居洛期间是二人一生中相处时间最长、接触最密集的时期。范祖禹"未第"之
时就已经求学于司马光⑧，对于这位后学晚辈，司马光非常看重，"事无大小必
与"之商议⑨，视范祖禹为左右手。司马光在洛期间，"应用文字皆出公手"⑩，
包括《通鉴》修成后的进书表也是范祖禹所起草的。司马光看后大加赞赏道：
"真得愚心所欲言而不能发者。"⑪唐长编可谓《通鉴》中分量最重的部分，因
"文字尤多"⑫，所以需要投入更多的精力，对编纂者的能力要求也更高，从
《通鉴》修成后司马光的表述来看⑬，他对范祖禹在此期间的表现是持肯定态

---

①《范蜀公墓志铭》。

②《范蜀公墓志铭》。

③《范蜀公墓志铭》。

④《范蜀公墓志铭》。

⑤《太史范公文集》卷 36《司马温公布衾铭记》。此处"二范"，指范镇和范百禄。

⑥《范蜀公墓志铭》："君实常谓人曰：'吾与景仁兄弟也，但姓不同耳。'"

⑦《温国文正公文集》卷 45《荐范梦得状》，第 10—11 页。

⑧《续资治通鉴长编》卷 486"绍圣四年四月辛丑"条注曰："伯温见司马公，公曰：'范纯夫，金玉也。自
其未第，已从某学。'"第 4532 页。

⑨《晁氏客语》，第 167 页。

⑩《晁氏客语》，第 167 页。按：此处"公"指范祖禹。

⑪《晁氏客语》，第 165 页。

⑫ ［清］张廷玉等撰：《清朝文献通考》卷 193《经籍二十·资治通鉴》，上海：商务印书馆，1936 年，第
1634 页。

⑬《温国文正公文集》卷 45《荐范梦得状》："祖禹安恬静默，如可以终身下位，曾无滞留之念。……于士大
夫间罕遇其比，况如臣者远所不及。"第 11 页。

度的，称其为"良宝"①，并极力向朝廷举荐。范祖禹非常敬重司马光之为人及品性，称其"清如水、直如矢，奋然有为，超绝古今"②，尤其感念对自己的知遇之恩，即"某自为布衣，辱公之知，教诲成就，义兼父师"③，自称为司马光之"门生""门人"。司马光去世，范祖禹悲痛难耐，多次为文以寄哀思，并乞请朝廷降旨抚恤其家属。

范祖禹与司马光之子司马康结缘亦在书局之中④，二人年龄相差十岁，既为"心友"⑤，又是儿女亲家⑥，"平生出处，无不同之"⑦，具体而言有"四同"，即"同修《资治通鉴》，同为正字著作，同修《实录》，同侍经筵"⑧。司马康一向敬重范祖禹，至家事不自专，必征求范祖禹之意见而后行⑨；范祖禹也赏识司马康，称赞其"操履端方，学问深远"⑩。司马康请假养病，俸禄也随之停发，以致家用窘迫，范祖禹与范百禄、赵彦若等人上奏朝廷，乞请"依熙宁中常秩例，特自停给月日依旧支给"⑪。司马康去世后，祖禹"哭之恸"⑫，为之撰写墓志铭⑬，又乞请朝廷降旨抚恤其家属，如《乞优恤司马康家札子》《乞照管司马家并留使臣札子》⑭，关切之情，充溢于言辞之间。范祖禹长子范冲好义乐善，南宋初年寓居衢州，司马光南下的家属就"存养"在他衢

① 《温国文正公文集》卷45《荐范梦得状》，第11页。
② 《太史范公文集》卷36《司马温公布衾铭记》。
③ 《太史范公文集》卷37《祭司马文正公文》；同卷《又祭文正公文》："某早以诸生辱公之知。"卷3《司马温公挽词（五）》："自昔龙门峻，叨蒙国士知。"
④ 《续资治通鉴长编》卷293"元丰元年十月乙卯"条："端明殿学士兼翰林侍读学士，提举崇福宫司马光乞子康充编修《资治通鉴》所检阅文字，从之。"第2757页。
⑤ 《太史范公文集》卷3《哭司马公休》。
⑥ 《太史范公文集》卷5《乞避亲状》："臣有女许嫁康之子承奉郎植，于今月二十四日已行定礼。"
⑦ 《太史范公文集》卷37《祭司马谏议文》。
⑧ 《太史范公文集》卷41《直集贤院提举西京嵩山崇福宫司马君墓志铭》）。又《太史范公文集》卷3《哭司马公休》："金华同劝讲，石室共绅书。"
⑨ 《晁氏客语》，第167页。
⑩ 《太史范公文集》卷19《乞优恤司马康家札子》。
⑪ 《太史范公文集》卷19《乞司马康给俸札子》。
⑫ 《晁氏客语》，第167页。
⑬ 《太史范公文集》卷41《直集贤院提举西京嵩山崇福宫司马君墓志铭》。
⑭ 按：均见《太史范公文集》卷19。

州的家中①。

2. 与邵雍的交往

富弼、司马光、吕公著诸贤退居洛阳，与洛学大儒邵雍往来密切，"雅敬雍，恒相从游"②。司马光尤其敬重邵雍，以"兄事雍"③，二人经常有诗文唱和④；"雍疾病"⑤，司马光与程颢、程颐、张载"晨夕候之"⑥，足以见得感情之深。有这样的交情做铺垫，再加上邵雍德行纯粹，有教无类，"有就学问则答之"⑦，并且不分"贵贱少长，一接以诚"⑧，所以范祖禹自然有机会与之结识。范祖禹和富弼的正式接触，就经由邵雍谜语式的推荐⑨，这也正说明二人结识较早，而且，从与富弼的言谈中可以见得邵雍对这个年轻后生是非常赏识的。邵雍"知虑绝人，遇事能前知"⑩。范祖禹尚在洛阳助修《通鉴》之时，他就预言富弼死后，范祖禹"当秉史笔，记公事"⑪，富弼素"神其言"⑫，果然"后十余年修裕陵实录，梦得竟为修撰韩公传"⑬。其实，与其将此事神化，毋宁说是邵雍在准确把握时局的基础上，对范祖禹这个身份特殊的后生才能的充分肯定，大有伯乐识千里马的意味。邵雍为人及学问在当时颇有影响力，"先生之化，被于乡党，无有远迩，闻风趋向，来见来请，各满其望"⑭。范祖禹亦曾就学于邵雍，二人观点有相通之

①《宋史》卷 435《范冲传》："司马光家属皆依冲所，冲抚育之；为光编类《记闻》十卷奏御，请以光之族曾孙宗召主光祀。"第 12906 页。

②《宋史》卷 427《邵雍传》，第 12728 页。

③《宋史》卷 427《邵雍传》，第 12728 页。

④《邵氏闻见录》卷 18，第 201 页。

⑤《宋史》卷 427《邵雍传》，第 12728 页。

⑥《宋史》卷 427《邵雍传》，第 12728 页。

⑦《宋史》卷 427《邵雍传》，第 12727 页。

⑧《宋史》卷 427《邵雍传》，第 12727 页。

⑨ 按：详见"与富弼的交往"一节。

⑩《宋史》卷 427《邵雍传》，第 12728 页。

⑪ [明] 陆楫等辑：《古今说海·清尊录·说略十七》，成都：巴蜀书社，1988 年，第 517 页。

⑫《古今说海·清尊录·说略十七》，第 517 页。

⑬《古今说海·清尊录·说略十七》，第 517 页。

⑭《太史范公文集》卷 37《康节先生诔文》。

处，例如，邵雍《皇极经世》和范祖禹《唐鉴》均提倡尊王攘夷、强干弱枝和伦理纲常。邵雍于熙宁十年（1077）七月五日卒于洛阳后，范祖禹心情非常悲痛，哀叹道："今也则亡，孰为师长！……先生之殁，自秋徂冬，不闻其声，不睹其容。"①邵雍之子伯温"入闻父教，出则事司马光等"，与司马光等人也结下了深厚的情谊，"光等亦屈名位辈行，与伯温为再世交"②，基于这层关系，范祖禹和邵雍之子伯温也互相交好。元丰七年秋，《通鉴》修成，司马光向神宗举荐范祖禹，并在邵伯温面前夸赞范祖禹为"金玉"③，十二月，范祖禹应召前往京师，邵伯温还亲自去送行④。

3. 与富弼的交往

范祖禹与富弼初识于病榻之前⑤。当其时，富弼"病足卧小室"⑥，邵康节前往拜谒并告知"日正中当有一绿衣少年骑白马候公，后此人当秉史笔，记公事"⑦，此"绿衣少年"即指范祖禹。富弼闻听此言非常重视，范祖禹如期而至，富弼热情接待，"问劳稠叠"⑧，并托付以重事曰："老病即死，念平生碌碌无足言，然粗怀朴忠，他时笔削必累君，愿少留意。"姑且不论富弼之目的怎样⑨，能够

---

① 《太史范公文集》卷 37《康节先生诔文》。按：《太史范公文集》卷 36 另有范祖禹所作《康节先生传》。

② 《宋史》卷 433《邵伯温传》，第 12851 页。

③ 《续资治通鉴长编》卷 486 "绍圣四年四月辛丑" 条注曰："元丰七年秋，司马公因《资治通鉴》成，荐修书范祖禹于神宗，遂除秘书省正字。伯温见司马公，公曰：'范纯夫，金玉也'。" 第 4532 页。

④ 《续资治通鉴长编》卷 486 "绍圣四年四月辛丑" 条注曰："范祖禹以十二月赴召，时冬暖，洛水不冰，乘漕司官船以行。伯温与留守韩相之子宗师、士大夫朱光庭、田述古数人同送，不见温公也。" 第 4532 页。

⑤ 按：富弼为当世元老重臣，对于其事迹，范祖禹必定早有耳闻，即已早 "识"，但从下文所引邵康节介绍范祖禹时的措辞来看，他应该还没有与富弼正式接触过，因为富弼谢事居洛后，"素严毅，杜门罕与人接"（《宋史》卷 337《范祖禹传》），此次得益于邵雍的推介，范祖禹才有机会登门造访。

⑥ ［清］李光地等奉敕编：《御定月令辑要》卷 24《占验·绿衣客》，《文渊阁四库全书》（第 467 册），第 679 页。

⑦ 《御定月令辑要》卷 24《占验·绿衣客》，第 679 页。

⑧ 《御定月令辑要》卷 24《占验·绿衣客》，第 679 页。

⑨ ［明］邓球撰：《闲适剧谈》卷 1《客对》如是评论："吁，似失之矣。富公相业耀海内，史氏自以公书，尧夫何如人也，只他曰 '纪公事' 一言动富公，则近于私矣。富公，正人也。所谓盖棺事定，而 '愿少留意' 一言，不已陋乎？范祖禹，一时之贤，自当秉天下后世公议，而顾遗诏公可书之美，必嘱而后书，则失其为祖禹矣。度是时富已气息奄奄，欲托后事，所谓病中设此待君，便是他动念处，而尧夫之数神矣。"《四库全书存目丛书》（子部·杂家类，第 84 册），济南：齐鲁书社，1995 年，第 446 页。

得到这样一位"相业耀海内"的重要人物的信任，足以说明范祖禹才华突出，在当时影响之大。富弼对范祖禹的文采极为赏识，据记载："元丰中，（文彦博）与富弼及当时老成而有贤德者十一人，用白居易故事，就弼第置酒相乐"①，范祖禹有幸参与其间，并受请作致语曰："衮衣绣裳，迎周公之归老；安车驷马，奉汉相之罢朝。"②富弼闻听，"大喜"③。除了对修史才能及文学才华奖识外，范祖禹的人品亦得到富弼的认可，否则又怎会在"疾笃"之时"召授以密疏"④？这可不是一般的密疏，此疏极力指斥王安石"误国及新法之害"⑤。且"言极愤切"⑥，如果上奏，极有可能招致灾祸。富弼去世后，"人皆以为不可奏"⑦，但范祖禹还是不负重托，不顾己身安危，"卒上之"⑧。此事足以见得范祖禹重然诺之君子品性。富弼虽退居洛阳，但是"朝廷有大利害，知无不言"⑨，范祖禹与之多有往来，这些言论必定会对他产生较大的影响。

4. 与二程的交往

程颢、程颐居洛讲学期间，与范祖禹的交情也颇深。二程学问修养皆可称道，如"颢资性过人，充养有道，和粹之气，盎于面背，门人交友从之数十年，亦未尝见其忿厉之容。遇事优为，虽当仓卒，不动声色"⑩，这些品性对洛阳后学的影响较大，范祖禹亦不例外。司马光、吕公著皆与程颐相知多年⑪，范祖禹居洛修书时，曾从二程游，互相欣赏。程颐评价范祖禹的为人时说："其人如玉"⑫，元祐初程颐为崇政殿说书时，曾举荐范祖禹担任侍讲，对其才能

①《东都事略》卷67《文彦博传》，第433页。

②《晁氏客语》，第167页。

③《晁氏客语》，第167页。

④《宋史》卷337《范祖禹传》，第10794页。

⑤《宋史》卷337《范祖禹传》，第10794页。

⑥《宋史》卷337《范祖禹传》，第10794页。

⑦《宋史》卷337《范祖禹传》，第10794页。

⑧《宋史》卷337《范祖禹传》，第10794页。

⑨《宋史》卷313《富弼传》，第10256页。

⑩《宋史》卷427《程颢程颐传》，第12716页。

⑪《太史范公文集》卷26《荐讲读官札子二》："司马光、吕公著皆与颐相知二十余年。"

⑫［宋］程颢、程颐撰，［宋］朱熹编：《二程外书》卷11，《文渊阁四库全书》（第698册），第328页。

进行了充分的肯定和高度的评价，如"自度少温润之气，纯夫色温而气和，尤可以开陈是非，道人主之意"①。后来范祖禹除侍讲，应该说与程颐的举荐有很大的关系。程颐不久即被罢免崇政殿说书，范祖禹为之抱不平，在《荐讲读官札子二》中专论程颐本末，认为"颐之经术行谊，天下共知"②，并分析其遭受诬陷的原因，言辞恳切，饱含对程颐的敬慕及对诬陷者的痛恨。范祖禹对程颢也极为敬重，当他还未到洛阳修书时已早闻其人，且常称引其说③，算是"心识"了。程颢去世后，范祖禹亲撰哀辞，对程颢评价相当高："先生为人，清明端洁，内直外方。其学本于诚意正心，以圣贤之道，可以必至勇于力，行不为空文。其在朝廷，与道行止，主于忠信，不崇虚名。其为政视民如子，惨怛教爱，出于至诚；建利除害，所欲必得。"④以上所述，足以见得范祖禹与二程的密切关系。

范祖禹是否为"程门高弟"⑤、"大徒高弟"⑥，即是否"师二程"⑦？这个问题长久以来都存在争议。《伊洛渊源录》卷7《范内翰》："《家传》、《遗事》载其言行之懿甚详，然不云其尝受学于二先生之门也，独鲜于绰《传信录》记伊川事而以门人称之。"⑧对于这种说法，全祖望深表怀疑，他说："范正献公之师涑水，其《本集》可据也。其师程氏，则出自鲜于绰之讹，《伊洛渊源录》

---

① ［宋］程颢、程颐撰：《二程遗书》卷22上《伊川先生语八上》，上海：上海古籍出版社，2000年，第346页。
② 《太史范公文集》卷26《荐讲读官札子二》。
③ ［宋］陈普撰：《石堂先生遗集》卷16"了翁责沈先识程"条："陈了翁与范淳夫祖禹同在京为考试官，因讲《论语》，淳夫曰：'不迁怒，不贰过，当今惟伯淳一人。'了翁曰：'伯淳为谁？'淳夫曰：'不识程伯淳乎？'了翁曰：'生长东南，实未知也。'自是得明道之文，必焚香盥手读之，作《责沈文》以示子孙。"《北京图书馆古籍珍本丛刊》（第86册），北京：书目文献出版社，1996年，第774页。
④ 《太史范公文集》卷37《明道先生哀辞》。
⑤ ［元］詹道传撰：《四书纂笺》卷1《论语纂笺》"有所不行"条注："范氏名祖禹，字淳夫，成都人，程门高弟。"《文渊阁四库全书》（第204册），第131页。
⑥ 《重校鹤山先生大全文集》卷42《简州四先生祠堂记》："蜀人之笃信其（按：指二程）说，如范太史大徒高弟，……皆班班可考。"第11页。
⑦ ［宋］韩淲撰：《涧泉日记》卷中："祖禹乃吕晦叔婿，从温公游，又师二程。"《文渊阁四库全书》（第864册），第783页。
⑧ 《伊洛渊源录》卷7，第1013页。

既疑之，而又仍之，误矣。陈默堂答范益谦曰：'向所闻于龟山，乃知先给事之学与洛学同'，则其非弟子明矣。"①对此，朱熹的解释比较公允，他说："范公不为程门弟子，下卷范公语中论之已详。此年谱所载，特鲜于（绰）所录之本书耳。然不削去'门人'二字者，范公语中既引以为说，则此不可削，史固有变例也。"②从《家传》《遗事》"不云其尝受学于二先生之门"来看，范祖禹的后人认为范祖禹并非二程门人，大概也正缘于这条师承关系不是很明确，所以范祖禹事迹也多不见载于常见的伊洛学述。在《太史范公文集》中，范祖禹多次自称为司马光"门生"，于二程只尊称为先生，却不曾自称为门人，这似乎说明并未有正式明确的师徒关系，之所以在这个问题上有争议，则是因为范祖禹与二人交游，言论及著述中所表现出来的思想倾向与二程理学有相近之处。关于这一点，朱熹也说："侃侃范太史，受说伊川翁。"③又说："范公虽不纯师程氏，而实尊仰取法焉。"④所以应该说范祖禹与伊川相互探讨切磋，思想上从伊川那里获益良多，却未正式师事伊川。下面结合具体事例来分析二程对范祖禹的影响。

　　程颢居洛讲学，"士之从学者不绝于馆"⑤，范祖禹也在其列。程颢去世后，范祖禹仍"不忘先生尝言"⑥，并盛赞其"真学者之师也"⑦。相比而言，范祖禹受程颐的影响更多一些。"（颐）平生诲人不倦，故学者出其门最多，渊源所渐，皆为名士"⑧，范祖禹虽未出其门，但受其影响颇深。以《论语说》为例，晁公武认为范祖禹"数称引刘敞、程颐之说"⑨，实际情况究竟怎样？《论语说》已佚，朱熹《论语精义》《论语或问》《文集》《语类》等书对其内容多有采录⑩，使我们得以了解其基本面貌，试择其要与二程的思想进行比对：例

①《宋元学案》卷21《华阳学案》，第845—846页。
②《晦庵先生朱文公文集》卷35《答吕伯恭论渊源录》，第1529页。
③《晦庵先生朱文公文集》卷4《斋居感兴二十首（七）》，第361页。
④《晦庵先生朱文公文集》卷35《答吕伯恭论渊源录》，第1529页。
⑤《太史范公文集》卷37《明道先生哀辞》。
⑥《太史范公文集》卷37《明道先生哀辞》。
⑦《太史范公文集》卷37《明道先生哀辞》。
⑧《宋史》卷427《程颢程颐传》，第12722页。
⑨［宋］晁公武著，孙猛校证：《郡斋读书志校证》卷4，上海：上海古籍出版社，1990年，第137页。
⑩按：具体采用情况见《朱熹与范祖禹之学》一文，《朱熹与宋代蜀学》，第109—120页。

如在注释《论语》"君子不重则不威"时，说："轻乎外者，必不能坚乎内"，这与伊川把外表的整齐严肃同内心的主一无适紧密结合起来，作为君子修身基础的观点是一致的。但是范祖禹善于以史为鉴的历史阐释，而拙于形而上的理论分析，关注的焦点是圣人如何教人、人如何成圣以及如何治国平天下，并非圣人如何讨论心性，这又是与一般程氏门人不同的地方。再如《唐鉴》，《伊洛渊源录》卷 7 "范内翰"：《唐鉴》议论，亦多资于程氏"①，又《二程外书》卷 11 载："范淳夫尝与伊川论唐事，及为《唐鉴》，尽用先生之论。先生谓门人曰：'淳夫乃能相信如此。'"说范祖禹撰写《唐鉴》"尽用"伊川的观点，显系夸张之词，不过，受其影响则是事实。据记载，司马光曾与程颐就《通鉴·唐纪》中部分问题进行过探讨，例如如何评价管仲与魏徵的问题。《二程遗书》卷 2 上《二先生语二上》记载："君实修《资治通鉴》，至唐事。……（正叔）问曰：'敢辩魏徵之罪乎？（君实）曰：'何罪？'（正叔曰）：'魏徵事皇太子，太子死，遂忘戴天之仇而反事之，此王法所当诛。'……（君实）曰：'管仲不死子纠之难而事桓公，孔子称其能不死。'"②作为唐长编的负责者，范祖禹必定知晓司马光与程颐讨论的内容，而他比较认同程颐的观点，所以在自撰《唐鉴》时就有所体现，这是很自然的事情，但是并非照搬照抄、绝无发挥、拾人牙慧地"尽用"程颐之说，至于程颐对门人所说的"淳夫乃能相信如此"的话，也是有所指的，可能只是针对《唐鉴》中的某些分析。其实，在笔者看来，观点相类可以看作是后来者受前辈之影响，但说其属于"英雄所见略同"也未尝不可，而且，综观整部《唐鉴》，可以发现范祖禹自有独特的体系与论述特色，并非一般附庸之作，对于这一点，就连程颐自己也自愧不如，有史为证："元祐中，客有见伊川先生者，几案间无他书，惟印行《唐鉴》一部。先生谓客曰：'近方见此书，自三代以后无此议论。'"③

范祖禹与苏轼、程颐三人之间的关系也要顺带讨论一下。前文已经分析过，范祖禹虽未师从程颐但实受其影响，关系介于师友之间，与苏轼则同乡情谊要

①《伊洛渊源录》卷 7，第 1013 页。
②《二程遗书》卷 2 上《二先生语二上》，第 69 页。
③《晁氏客语》，第 166 页。

重一些，苏轼多次在文章中自称为范祖禹之友，如"末友""亡友""吾友翰林公"。①可是据文献记载，苏、程二人关系并不好，"颐在经筵，以礼法自持，每进讲，色甚庄，继以讽谏。苏轼谓其不近人情，深嫉之，每加玩侮"②。同样是讲读官，苏轼的态度却绝然不同，称范祖禹为"当今讲筵第一"，而认为颐"不近人情"。对于苏轼"于伊川素怀憎疾"的原因，朱熹解释为"大抵程、苏学行邪正不同，势不两立"③。范祖禹于二人之间自有其立场，洛、蜀党争期间，以程颐为首的洛党和以苏轼为首的蜀党学术主张有所不同且相互攻击，范祖禹超然其间，"不立党"④。范祖禹游离于二党之外，虽有不兼容之论见，但丝毫不影响其平生之欢，他们之间的友情并未因思想之异同而破裂。朱熹却认为范祖禹有两面派之嫌疑，即所谓"不免乎两徇之私"⑤。朱熹的指责虽有失偏颇，但恰恰揭示了范祖禹与洛学、苏学的深层次联系⑥。

范祖禹的学问修养及言行举止受到上举诸贤尤其是司马光的影响与熏陶，在洛期间基本定型，据记载，范祖禹"燕居，正色危坐，未尝不冠，出入步履，皆有常处，几案无长物，研墨刀笔终岁不易。其生平所观书，如手未触。衣稍华者不服，十余年不易衣，亦无垢污，履虽穿如新，皆出于自然，未尝有意如此也"⑦。范祖禹何以会有如此之表现？只要与司马光的相关记载进行对比，答案就非常清楚了。司马光"于物淡然无所好"⑧，"居处必有法，动作必有礼"⑨；"晨夕所常阅者，虽累数十年，皆新若手未触者"⑩。范祖禹与司马光朝夕相处，

---

① 按：依次见《全宋文》卷 1895 苏轼《与范元长》五、六、八，第 387—388 页。
② ［明］商辂等撰，［明］周礼发明，［明］张时泰广义：《御批续资治通鉴纲目》卷 8 "八月罢崇政殿说书程颐" 条注。《文渊阁四库全书》（第 693 册），第 283 页。另有 "（轼）素疾程颐之奸"（见《苏轼全集·文集》卷 32《奏议·杭州召还乞郡状》，第 1263 页），谓其 "不近人情如王介甫"（见《邵氏闻见录》卷 13）。
③ 《晦庵先生朱文公文集》卷 35《答吕伯恭论渊源录》，第 1529 页。
④ 《邵氏闻见录》卷 13，第 146 页。
⑤ 《晦庵先生朱文公文集》卷 35《答吕伯恭论渊源录》，第 1529 页。
⑥ 按：这个问题并非本文讨论的重点，故从略，可参看《朱熹与宋代蜀学》第一章《宋代蜀学概论》部分之论述。
⑦ 《晁氏客语》，第 165 页。另《少仪外传》卷上记载："范太史读书，必端坐敛容，正书册，然后开。未尝靠倚侧足。……书室中不设榻，平生昼日不偃仰也。" 第 224 页。
⑧ 《太史范公文集》卷 36《司马温公布衾铭记》。
⑨ 《太史范公文集》卷 36《司马温公布衾铭记》。
⑩ 《梁溪漫志》卷 3《司马温公读书法》，第 29 页。

观其"大节与其细行"①，所以治学读书之方法、修身立业之规范均受到极大的影响。当然，范祖禹"所资所以成德者"并非司马光一人②，与邵雍、富弼、二程等人的交往，也是范祖禹学问长进，德行修养日臻完善的重要原因。祖禹在书局负责唐长编的编纂工作，遇到疑难之处，经常会虚心请教别人，除以上所列名家之外，还会请教一些与自己年辈相仿、在唐史方面有较高素养的人，例如王端。范祖禹与王端同一年中进士③，自言"近参订唐史，事有疑似者数条，质之于端，悉能援引他传杂说，并唐文士碑铭书疏之类，以决其疑，莫不皆有证据"④。祖禹深德之，而且叹其博洽。总之，"夫开之以宇宙清明之气，培之以父祖诗书之泽，沦之以师友道义之渊"⑤，经历了十五年的书局生活之后，无论从治学还是修养方面，范祖禹都已经达到了一个全新的高度。

《通鉴》书成，司马光上《荐范梦得状》，对范祖禹之学行、人品及所做工作进行了高度评价，并说是由于自己"顽固"而致使范祖禹"淹回沉沦，不得早闻达于朝廷"，举荐范祖禹"供职秘省"或"入侍经筵"，并愿对此进行担保，即"后有不如所举，臣甘与之同罪"⑥。神宗听从了司马光的建议，于十二月三日下诏，准许范祖禹迁秘书省正字⑦。其实，司马光是没有必要自责的，反而应该值得范祖禹感谢。由于范祖禹的政治思想及立场与司马光基本一致，在当时王安石等变法派掌控大权之时，连司马光、范镇这样的大人物都受到了冲击，更何况他这样一个初入仕途的小辈？所以，《通鉴》书局实际上对范祖禹起到了保护作用，也为他此后十多年之显达奠定了坚实的基础。范祖禹之所以说自己"往在书局，十有五年，不敢有荣进之心"⑧，在修书期

①《太史范公文集》卷36《司马温公布衾铭记》。

②《重校鹤山先生大全文集》卷53《范正献公文集序》，第16页。

③《太史范公文集》卷36《王延嗣传》："是年，端登进士丙科，而祖禹亦幸尘忝。"

④《太史范公文集》卷36《王延嗣传》。

⑤《重校鹤山先生大全文集》卷53《范正献公文集序》，第17页。

⑥《温国文正公文集》卷45《荐范梦得状》，第11页。

⑦《续资治通鉴长编》卷350："（元丰七年十二月）戊辰，端明殿学士兼翰林侍读学士、太中大夫、提举崇福宫司马光为资政殿学士，降诏奖谕，赐银、绢、衣带、马；奉议郎范祖禹为秘书省正字；并以修《资治通鉴》书成也。"第3240页。

⑧《太史范公文集》卷4《辞免除起居舍人状（二）》。

间表现出"安恬静默，如可以终身下位"的姿态①，除了受司马光为人处事原则的影响之外，更重要的是政治局势不允许他幻想，是"不敢"而不是"不想"。当然，这也是范祖禹政治立场坚定的表现，宁可隐默也不亲附于权贵。据说王安石曾通过弟弟王安国传达了自己"尤爱重"的意思，谁知范祖禹并不买账，"竟不往谒"②。

在协助司马光整理唐长编的同时，范祖禹还稽唐朝"成败之迹，折以义理"③，自撰了一部著名的史评类著作《唐鉴》。幸运的是，《通鉴》和《唐鉴》这两部著作均受到了朝廷足够的重视，相关人员也都因此获得嘉奖，所以从某种程度来讲，范祖禹十五年的寂寞学术生涯也算有所偿还了，正所谓"一纪之淹，乃所以就百世之功"④。由于长期忙于修书，在《通鉴》完工之际，范祖禹的思乡之情又涌上心头，自言："祖禹居洛一纪，残书仅毕。误蒙朝恩，收置秘省，中春就职。疏拙粗遣，惟久去乡里，日有归思，顾未能尔。瞻望桑梓，乃心依依，不审轩斾何日还朝。"⑤可以说，是《通鉴》成就了《唐鉴》，也成就了范祖禹，正如有人说的那样："当熙宁、元丰间，虽未得以其所学膏泽溥率，而镜古衡今，笔端肤寸，垂百世明君之鉴，续千古素王之统，其讨论润色之功，在公已不赀矣。"⑥也正是从这时起，范祖禹才真正开始了自己的政治生涯，他的人生则从修书十五年的蛰伏蓄积期转入了新的阶段。

第三节　历 任 官 职

从中进士甲科之后，范祖禹步入仕途，授试校书郎、知资州龙水县、任《通鉴》同编修，则是他早期的仕宦经历，前已述及。《通鉴》修撰完成之后，范

---

① 《温国文正公文集》卷45《荐范梦得状》，第11页。

② 《宋史》卷337《范祖禹传》："时王安石当国，尤爱重之，王安国与祖禹友善，尝谕安石意，竟不往谒。"第10794页。

③ 《太史范公文集》卷13《进〈唐鉴〉表》。

④ ［宋］岳珂撰：《宝真斋法书赞》卷16《范正献书毕帖》，《文渊阁四库全书》（第813册），第745页。

⑤ 《宝真斋法书赞》卷16《范正献书毕帖》，第745页。

⑥ 《宝真斋法书赞》卷16《范正献书毕帖》，第745页。

祖禹经司马光举荐，担任秘书省正字，真正开始了自己的政治生涯，同时，这一时期也是范祖禹著述的高峰期，将在下篇进行讲述。本节将范祖禹担任秘书省正字到去世之间的仕宦经历划分为两个大的时期，即高太后秉政期与哲宗亲政期，分述如下。

熙宁九年（1076），宰相王安石痛丧爱子，再加上保守势力对新法不遗余力的攻击、"新党"内部的分裂以及宋神宗支持变法力度的减弱，王安石心情极度悲伤，极力请求辞官，退居江宁（今江苏南京）。王安石离开宰相职位后，宋神宗又任命韩绛为宰相，吕惠卿为参知政事，继续推行新法，但变法运动已经是强弩之末了。元丰八年（1085）三月，宋神宗病故，次日，其不满十岁的儿子赵煦（宋哲宗）即位，改年号为元祐，由祖母太皇太后高氏（神宗母）垂帘听政。政治形势开始向有利于"旧党"的方向转变，这种变化也牵动着范祖禹的人生。

一、高太后秉政期

高太后在政治上基本属于保守派，而且又非常器重司马光，她临朝听政后，以恢复"祖宗法度"为首要国事，立即召回被贬洛阳的"旧党"领袖司马光，并将其任命为宰相，吕公著、刘挚、苏轼、文彦博等一批曾反对新法的官僚也被司马光调回了京城，他们指责新法"名为爱民，其实病民；名为益国，其实伤国"①，实施全面废除新法的"更化"之政，这一时期在历史上被称为"元祐更化"。年近五十岁的范祖禹也迎来了仕途上的黄金期，在此期间，他担任了多种重要的官职，下面就来逐一予以考察。

1. 著作佐郎、实录院检讨官、著作郎、著作郎兼侍讲

在修书的十五年中，除了熙宁六年（1073）三月担任点检试卷官及元丰二年（1079）二月朝廷准其改京官外②，范祖禹再也没有担任过其他官职及差遣；元

---

① ［宋］赵汝愚著，北京大学中国中古史研究中心校点整理：《宋朝诸臣奏议》卷 117《上哲宗论新法便民者存之病民者去之》（司马光），上海：上海古籍出版社，1999 年，第 1283 页。

② 《续资治通鉴长编》卷 296 "元丰二年二月壬子" 条："端明殿学士兼翰林侍读学士、提举崇福宫司马光言：'同编修《资治通鉴》范祖禹已改京官罢任，乞留在局编修。'从之。" 第 2779 页。

丰七年十二月，以《通鉴》书成迁秘书省正字①。元丰八年（1085）高太后秉政，司马光、吕公著等"老成"之人重新得到重用：四月，吕公著以资政殿大学士、银青光禄大夫兼侍读，七月，又加尚书左丞；六月，司马光代章惇为门下侍郎。当时，新党的头面人物蔡确仍为左仆射，这就给废除新法带来了极大的阻碍，于是在高氏的支持下，政见"正相符合"的司马光与吕公著立即策划控制台谏的具体事宜。六月，吕公著进《上哲宗乞选置台谏罢御史察案》，要求恢复台谏旧制，使之放言直"举朝政之疵缪，指群臣之奸党"②。其用意非常明白，即任用旧党人员为台谏，专事攻击新党、新法，并提出了具体的人事安排。于是在十月份，"中旨"除范祖禹担任右正言③，但不久即遭到章惇的抨击，范祖禹亦以避岳父吕公著亲嫌恳辞，改授礼部员外郎，又辞，遂改除著作佐郎④。

元祐元年（1086）闰二月八日，司马光提举编修《神宗皇帝实录》，范祖禹被选为实录院检讨官；四月四日，迁为著作郎⑤。吏部侍郎兼侍讲傅尧俞以职烦目病，乞罢侍讲，八月六日，司马光力荐范祖禹为著作郎兼侍讲。由于朝廷在四月份以吕公著为尚书右仆射，范祖禹因此连上两状"请避嫌"⑥，第一状以自己才学浅陋为理由，第二状以避妇翁吕公著亲嫌为由。其实，范祖禹这次辞免完全是个人意愿，因为"在……职业所不当避"⑦，只是他自己觉得"于……情分则有未安，窃恐仰累至公，下负凤志"而已⑧，难怪司马光和韩

① 按：除司马光外，时韩绛亦举荐，《太史范公文集》卷37《祭韩献肃公文》："某登公之门几三十载，将老书局，遇公洛川，公言于朝，为之引重。"
② 《宋朝诸臣奏议》卷53《上哲宗乞选置台谏罢御史察案》（吕公著），第584页。
③ 按：范纯仁、唐淑问、苏辙、朱光庭四人亦在其列。
④ 《续资治通鉴长编》卷360"元丰八年十月丁丑"条："初，中旨除……正字范祖禹为右正言。……由是吕公著以范祖禹……亲嫌为言。……范祖禹（改）为著作佐郎。"第3316—3317页。按：因是年七月吕公著被任命为尚书左丞，依照宋代的"避亲法"，"执政官亲戚不除谏官"（《宋会要辑稿·职官》三之五五，第2425页），所以吕公著一出任宰相，范祖禹马上"以婿嫌辞"（《宋史》卷337《范祖禹传》，第10795页）。
⑤ 《苏轼全集》文集卷38《制敕·范祖禹可著作郎》，第1373页。
⑥ 《太史范公文集》卷4《辞免兼侍讲状》注辞免状上于九月，《续资治通鉴长编》卷384"元祐元年八月辛卯"条记此事在八月。范祖禹八月六日以著作郎兼侍讲，辞免状当上于此后几日，不可能在得到任命后近一月后才辞免。故今从《长编》。
⑦ 《太史范公文集》卷4《辞免兼侍讲状（二）》。
⑧ 《太史范公文集》卷4《辞免兼侍讲状（二）》。

维先后上奏朝廷不允其辞免①。九月一日，司马光去世，由吕公著代司马光提举修《神宗皇帝实录》，范祖禹因此上状辞免实录院检讨官，未获允准②。

从元祐元年开始，范祖禹担任侍讲一职近九年③，时间真不算短。在此期间，他充分发挥潜能，终于赢得了"今经筵讲官第一"的美誉④，甚至在宋朝以后的朝代，范祖禹担任讲官时的言行及所上若干奏章都成为效仿的对象和举证的有力证据。范祖禹能够担任侍讲，实在得益于程颐这个伯乐的发掘与司马光的举荐。元祐元年三月，程颐被任命为崇政殿说书⑤，经过一段时间之后，他发现自己并不适合这一职位，于是与司马光商议，建议举荐范祖禹入侍讲筵。程颐之所以会有如此举动，正是缘于居洛期间对范祖禹的了解。又碰巧傅尧俞辞免侍讲，所以在司马光等人的举荐下，范祖禹才得以进入讲筵。虽说范祖禹能够担任侍讲带有一定的机缘巧合，但此后他也以自己的实力证明朝廷用对了人。范祖禹以著作佐郎兼侍讲，实在是一次破格提拔⑥。那么，范祖禹为什么能够在这一职位上做得如此成功呢？笔者分析有以下几点原因：

（1）思想高度重视，内容准备充分。在范祖禹看来，侍讲乃君王之师，只有"耆哲之士，端方之人"才有资格担任侍讲⑦，而他对自己的评价是"语学不足，议行无取，最为浅陋"⑧。这一方面是他自谦的表现，但同时也表明了"侍讲"一职在范祖禹心中的崇高地位，所以从一开始思想上就高度重视。就"侍讲受众"的特殊性而言，每个担任此职的官员都不会马虎，例如程颐进

---

① 《续资治通鉴长编》卷384"元祐元年八月辛卯"条司马光奏："宰相不当以私嫌废公议。"韩维奏："朝廷遴选执政，本以进达贤能为职，今乃以执政妨用人，不可。方今人材难得，幸而有可用之人，又以执政故退罢。若七八执政各避私嫌，甚妨贤路，且多存形迹，非大公之道。"第3627页。
② ［宋］刘安世撰：《尽言集》卷1《论差除多执政亲戚》："女婿范祖禹与其妇翁共事于实录院，前此盖未尝有。"《四部丛刊续编》（第14册），上海：上海书店，1985年。第8页。
③ 《太史范公文集》卷6《谢宣召入院表》："九年劝讲。"
④ 《师友谈记·东坡言范淳夫得讲书三昧》，第13页。
⑤ 《宋史》卷162《职官二》"崇政殿说书"条："掌进读书史，讲释经义，备顾问应对。学士侍从有学术者为侍讲、侍读，其秩卑资浅而可备讲说者则为说书。"第3815页。
⑥ 《宋史》卷162《职官二》："然范祖禹乃以著作佐郎兼侍讲，司马康又尝以著作佐郎兼侍讲，前此未有也。"第3815页。
⑦ 《太史范公文集》卷4《辞免兼侍讲状》。
⑧ 《太史范公文集》卷4《辞免兼侍讲状》。

讲前亦"宿斋豫戒，潜思存诚"①，但是如同范祖禹之态度谨严者却不多见。据说在每次进讲前夕，范祖禹"必正衣冠，俨如在上侧"②，在家里先把次日要讲的内容在"群从子弟"面前演练一遍③，其认真程度可见一斑。在讲授内容方面，范祖禹也别具特色，内容充实，结构安排合理，既"开列古义"④，又"参之时事暨近代、本朝典故"⑤，把历史与现实很好地结合起来，古今对比，这样更容易被理解和接受。

（2）方式得当，循循善诱。元祐元年，哲宗才十一岁，面对这么一位特殊的学生，显然要讲究劝讲的方式方法。若论学问，居洛讲学多年的程颐自不比范祖禹差，但是当面对小皇帝哲宗时，程颐却相当苦恼。在担任崇政殿说书时，程颐就发现哲宗不喜欢自己的风格，他对司马光说："更得范纯夫在筵中尤好。"⑥至于原因，他也说得很明白，即"自度少温润之气，纯夫色温而气和，尤可以开陈是非，道人主之意"⑦。从此后范祖禹担任侍讲的表现来看，程颐对范祖禹的了解还是相当深的。李廌自范祖禹入讲筵之初即与之游⑧，多次聆听讲授，据他描述，范祖禹"平时温温"⑨，讲学时"音琅琅然"⑩，现场气氛非常活跃，以至"闻者兴起"⑪，所以范祖禹的法宝就在于"以和开导主意"⑫，所以才会"使圣聪乐闻不厌"⑬。程颐"在经筵以礼法自持，每进讲，色甚庄，

---

① 《宋朝诸臣奏议》卷50《上宣仁皇后论经筵辅养之道》（程颐），第548页。

② 《宋史》卷337《范祖禹传》，第10799页。

③ 《晁氏客语》："范纯夫每次日当进讲，是夜讲于家，群从子弟毕集听焉，讲终点汤而退。"第167页。

④ 《师友谈记·东坡言范淳夫得讲书三昧》，第14页。

⑤ 《师友谈记·东坡言范淳夫得讲书三昧》，第14页。

⑥ 《二程遗书》卷22上《伊川先生语八上》，第346页。

⑦ 《二程遗书》卷22上《伊川先生语八上》，第346页。

⑧ 《少仪外传》卷上："李廌方叔为范太史门宾。"第225页。

⑨ 《师友谈记·东坡言范淳夫得讲书三昧》，第14页。

⑩ 《师友谈记·东坡言范淳夫得讲书三昧》，第14页。

⑪ 《师友谈记·东坡言范淳夫得讲书三昧》，第14页。

⑫ ［宋］王应麟撰：《玉海》卷26《太平兴国读文选》，南京：江苏古籍出版社；上海：上海书店，1990年，第530页。

⑬ ［明］商辂撰：《商文毅疏稿·乞恩黜罢疏》，《文渊阁四库全书》（第427册），第431页。

继以讽谏"①，"或侍立终日不懈，上虽喻以少休，不去也"②，他是想"以敬涵养君德"③，被苏轼认为是不近人情。正如有人这样评论道："虽有逊志之言，乘之以厉色戾气，则化而为不善矣；虽有逆耳之言，乘之以怡颜下气，则化而为善矣。人臣陈是非、导上意，乘之以温色和气，则不觉其入之深矣。"④范祖禹正是清醒地认识到了这个问题，才能够胜任此职。其实，程颐之所以这样做也有他的苦衷，即"吾以布衣为上师傅，其敢不自重？"⑤用心良苦却遭谗言陷害，"言者谓颐大佞大邪，贪黩请求，奔走交结，又谓颐欲以故旧倾大臣，以意气役台谏"⑥，不久即被罢免。

此外，"言简而当，无一冗字，无一长语，义理明白"也是范祖禹的长处⑦，比程颐"讲说语常繁多"要深得哲宗的喜欢⑧。在讲到一些重要问题时，范祖禹特别留意哲宗的反应，一定要使其牢记于心才肯罢休，例如，"尝讲《尚书》至'内作色荒，外作禽荒'六语，拱手再诵，却立云：'愿陛下留听。'帝首肯再三，乃退"⑨。在担任讲官期间，范祖禹"守经据正，献纳尤多"⑩，他不仅有自己的教育理论，还在讲述《尚书》《论语》等固定内容之外，编写了专门的教材以及课外阅读材料，如《三经要语》《仁皇训典》《帝学》等。《劝学札子》就集中体现了范祖禹对于教育的见解⑪，是对儒家教育理论的继承和发扬，概括来讲有三点：①君王是否稽古好学，关系天下之治乱；②进学应趁年

① 《御批续资治通鉴纲目》卷 8 "八月罢崇政殿说书程颐" 条注，第 283 页。
② 《二程遗书·附录·伊川先生年谱》，第 400 页。按：还有一例可以说明程颐在朝为官时谨小慎微，不贪求富贵，惟以尽忠为己任，例如《二程遗书》卷 19《杨遵道录》记载其不为妻求封号，曰："某当时起自草莱，三辞然后受命，岂有今日乃为妻求封之理？" 第 313 页。
③ 《玉海》卷 26《太平兴国读文选》，第 530 页。
④ ［明］湛若水撰：《格物通》卷 22《正威仪下》，《文渊阁四库全书》（第 716 册），第 206—207 页。
⑤ 《邵氏闻见录》卷 14，第 154 页。
⑥ 《太史范公文集》卷 26《荐讲读官札子（二）》。
⑦ 《师友谈记·东坡言范淳夫得讲书三昧》，第 13—14 页。
⑧ 《太史范公文集》卷 26《荐讲读官札子（二）》。
⑨ 《宋史》卷 337《范祖禹传》，第 10799 页。
⑩ 《宋史》卷 337《范祖禹传》，第 10799 页。
⑪ 《太史范公文集》卷 14。

少之时①；③要温故而知新②。李廌当年曾亲耳聆听过范祖禹的讲说，在其所著《师友谈记》中，还保留了几则类似听讲笔记的材料，如《范太史讲礼谓拟人必于其伦》《范太史讲讳恶天子斋戒受谏之说》《范太史讲月令》《范太史言人君之政令非天之时气》《范太史讲祭之本》《范太史谓古之言治者必以教为先》《范太史谓商法严周法宽》③，可以作为研究祖禹思想的补充材料。

2．中书舍人、右谏议大夫

元祐三年（1088）四月十二日，除为起居舍人，范祖禹连上四状坚决辞免，五月八日，依其所乞。在辞免状中，范祖禹以自己"赋性朴愚，临事不敏""才性迟钝，不能及人"以及"文字迟涩不工"为理由，言辞恳切，出于真心，"实非矫激"。同时，这也是"累年以来，荐蒙褒擢"，即升迁过快给他造成巨大心理压力的必然反应④。

元祐四年（1089）三月十四日，召试中书舍人，范祖禹连上二状恳辞⑤，不允，降旨免试，并于十八日直除为中书舍人，范祖禹又连上二状辞免⑥，又是不允。在辞免状中，范祖禹对朝廷这种"不试而授"的"非常之恩"感到"震惧殒越，无所自容"，婉言指出这种举动不合"祖宗以来，用人有序"的法度，不足以"厌服人言，答扬圣选"，并将此事上升到"隳故常，启侥幸之途，丧廉隅之节"的高度。与先前辞免起居舍人时一样，范祖禹是出于真心的，甚至在勉为其难担任了几个月后又于七月八日以"文字不敏，不敢当书诏之职"为由复申辞免之意⑦。四月四日，召试右谏议大夫，五月二日，除右谏议大夫，依前兼侍讲、充实录院修撰，赐三品服。这一次的任命更是让范祖禹"闻命震

---

① 按：即"陛下圣质日长，龙德进升，数年之后，虽欲勤于学问，恐不得如今日之专也"。
② 按：即"《论语》虽已讲毕，望陛下更加详熟。《尚书》未讲者，亦望陛下先熟其文，臣等以次讲解及之，则陛下圣意已先有得矣"。
③ 按：依次见于《师友谈记》第15、25、26、27、40、41页。
④ 按：以上引文依次见《太史范公文集》卷4《辞免除起居舍人状一、二、三、四》《申三省状》。
⑤《太史范公文集》卷4《辞免召试中书舍人状（一）（二）》。
⑥《太史范公文集》卷4《辞免除中书舍人状（一）（二）》。
⑦《太史范公文集》卷5《辞免中书舍人状》。

恐，无所自容"①。正如当年辞免侍讲一样，右谏议大夫的职责在范祖禹看来同样是非同寻常的，必须以"忠正之士，骨鲠之臣，言足以广君心，学足以知治体"之人充任②，而自己"识见浅陋，心力衰疲"③，此等重任"实非所堪"④。六月七日，以韩忠彦为尚书左丞，范祖禹于八日、十六日两次乞避亲。

　　范祖禹"平生论谏，不啻数十万言"⑤，堪与贾谊、陆贽比肩而论。受命担任右谏议大夫以来，范祖禹"惧不克胜，夙夜不遑宁处"⑥，一心思虑着怎样报效朝廷知遇之恩，这一阶段有《正始札子》《辨邪正札子》《论法度札子》等许多著名的政事言论，这些言论"开陈治道，区别邪正，辨释事宜，平易明白，洞见底蕴"⑦，具有重要的现实意义和深远的历史影响。范祖禹的"直言敢谏"在当时是出了名的，举例为证："公为谏议大夫，僦居城西白家巷，东邻陈衍园也。衍每至园中，不敢高声，谓同列曰：'范谏议一言到上前，吾辈不知死所矣。'其畏惮如此。"⑧从这个事例中可以看出范祖禹忠正的秉性及不畏惧权贵的凛然气概，但正是他的这种品性，在上任的当年就为日后遭贬谪埋下了祸根⑨。

　　（1）窜谪蔡确事件。

　　五月十七日，范祖禹乞请重行窜谪蔡确，准奏，责降蔡确英州别驾、新州安置⑩。贬逐蔡确在当时是一件影响相当大的事件，其实质是党派斗争的延续。宋朝"自乾兴贬丁谓以来，不窜逐大臣六十余年"⑪，此次蔡确被贬，使这种

①《太史范公文集》卷 4《辞免除谏议大夫状》。
②《太史范公文集》卷 4《辞免除谏议大夫状》。
③《太史范公文集》卷 4《辞免除谏议大夫状》。
④《太史范公文集》卷 4《辞免除谏议大夫状》。
⑤《宋史》卷 337《范祖禹传》，第 10800 页。
⑥《太史范公文集》卷 15《正始札子》。
⑦《宋史》卷 337《范祖禹传》，第 10800 页。
⑧《晁氏客语》，第 167 页。
⑨《重校鹤山先生大全文集》卷 53《范正献公文集序》这样评价范祖禹所上奏疏："又二百四十余疏，大要务学以保王躬，格心以植治本，遴贤以求天命，正始以绝乱萌。其气明理夷，日星垂而江汉流也。语切情真，疾痛号而家人谋也。然而献替太数，邪正太辨，而公之祸始矣。"第 17 页。
⑩《太史范公文集》卷 15《乞再贬蔡确札子》。
⑪《太史范公文集》卷 15《乞宽刑札子》。

刑罚又重登历史舞台，在宋朝此后的政治事件中被频繁地运用。范祖禹在札子中说"确已投荒裔，不忧不死"①，这句话是党派斗争残酷性的真实写照，必置对方于死地而后快。可是，范祖禹等人又怎会料到若干年后自己也会遭遇同样的下场，甚至有过之而无不及？此为祸根之一。

（2）阻止蔡京知成都府事件。

六月十八日，范祖禹奏请不可使蔡京镇蜀知成都府②。阻止蔡京接替李之纯知成都府，是因为范祖禹对此有所顾虑。因为依照"故事，自成都回者多为执政，其次犹为三司使、知开封府"③，而"蔡京素附会奸臣蔡确"④，如果有朝一日蔡京得势，必将不利于保守派之权位。此为祸根之二。

（3）乳媪事件。

范祖禹在听到有人传言哲宗"于后宫已有所近幸……或云已有怀娠将诞育者"并寻找乳媪之事后非常震惊⑤，认为哲宗年十四，非近女色之时。于是在十二月二十三、二十五日连上两疏劝诫哲宗进德爱身，勿过早亲近女色。这件事在此时的哲宗心里留下了浓重的阴影，成为日后奸臣离间的重要罪证。

3．给事中

元祐四年（1089）十月四日，范祖禹除为给事中。八日、十三日、二十日，连上三状辞免，乞外任或京师一闲慢差遣，不允。二十三日受告，上表谢恩⑥。这是范祖禹第一次请求外任，为什么会如此呢？元祐四年九月，朝廷采用李伟之议，再兴回河之役，范祖禹反对此事，于十月五日、七日连上二状阐述河不可回之事，但未被采纳。范祖禹认为既然"不然其言"⑦，"即当显黜"⑧，然而"复

---

① 《太史范公文集》卷15《乞宽刑札子》。
② 《太史范公文集》卷15《论李之纯蔡京札子》。
③ 《太史范公文集》卷15《论李之纯蔡京札子》。
④ 《太史范公文集》卷15《论李之纯蔡京札子》。
⑤ 《太史范公文集》卷18《乞进德爱身疏》。
⑥ 《太史范公文集》卷5《辞免给事中状》《谢给事中表》《谢太皇太后表》。
⑦ 《太史范公文集》卷5《辞免给事中状二》。
⑧ 《太史范公文集》卷5《辞免给事中状一》。

进其官"①，在言路而"有言不效"②，他情感上是不能接受的，所以"彷徨
未知所处"③，辞免也在情理之中。但是通过这个事件，范祖禹已经明显地感
觉到了来自上层的不信任所带来的压力。十二月，乳媪事件更是加深了他的"以
荣为忧"④。其实，元祐四年是范祖禹仕途上的一个小的转折点，正是从这一
年开始，他产生了退隐的想法。

　　元祐五年（1090）七月二十四日，范祖禹以生病为由乞请京西一闲郡休养。
八月一日、四日，又上两状，乞知襄州。范祖禹在前后三状中均提到自己身体
不适，如《状一》："臣自去夏伤冷，得脾胃之疾，经涉一载，有加无瘳；又积
年苦暑暍之病，重以腹疾，殆不能胜。"⑤《状二》："臣实以脾疾，害于饮食，
气力羸劣，今已弥年，窃恐向去，更难支持，遂成膏肓不愈之疾。"⑥《状三》：
"疾疢婴缠，心力减耗。"⑦范祖禹秉性耿直，必不至装病以欺瞒朝廷，何况政
治形势还没有糟糕到难以在京师立足的地步，笔者认为这与之前回河一事屡谏
而不被采纳有直接的联系。对于如此恳切的求退，朝廷依旧没有允准，这似乎
有点强人之难，但也正说明对范祖禹非同寻常地器重。无奈，范祖禹只得"虔
遵诏旨，未敢更乞外任"⑧。不过，他于八月九日、十四日连上二状，以疾重，
"恐隳废职业"为由⑨，乞"解给事中之任，止令兼讲筵、实录二职，或乞依
孙觉近例，领在京宫观一处"⑩。这一次，朝廷勉强答应了，但只是令其"权
免签书给事中文字"⑪，等到《神宗实录》修成后还要恢复其给事中一职。元
祐六年（1091）三月十四日，《神宗实录》书成赏劳，迁官一等。

①《太史范公文集》卷5《辞免给事中状二》。
②《太史范公文集》卷5《辞免给事中状三》。
③《太史范公文集》卷5《辞免给事中状三》。
④《太史范公文集》卷5《谢给事中表》。
⑤《太史范公文集》卷5《乞郡状》。
⑥《太史范公文集》卷5《乞郡状》。
⑦《太史范公文集》卷5《乞郡状》。
⑧《太史范公文集》卷5《乞解给事中状一》。
⑨《太史范公文集》卷5《乞解给事中状一》。
⑩《太史范公文集》卷5《乞解给事中状一》。
⑪《太史范公文集》卷5《乞解给事中状二》。

4．国史院修撰官、礼部侍郎、翰林学士、翰林侍讲学士、翰林学士兼侍讲

元祐六年（1091）六月十六日，召置国史院修撰官二员，令翰林学士赵彦若、给事中范祖禹兼国史修撰。从六月到九月，范祖禹的身体及心情似乎有所好转，在此期间，他所上奏章相当密集。九月十八日，特授范祖禹试礼部侍郎，二十二日，上状辞免，并乞一闲慢差遣，不允，复上表谢恩①。"居是职者，古难其人"，此时已"气耗早衰，体羸多病"的范祖禹感到了巨大的压力②，"避命弗获，居宠为忧"③。

元祐七年（1092）五月十八日、二十六日以及六月七日，范祖禹三次乞请外任知梓州，辞免的理由有两个：一是哲宗已日渐成熟，"壶奥日深"④，而自己"入侍经幄，七改岁华"⑤，"所学"已"竭尽无余"⑥。二是身体原因，如"气耗早衰，体羸多病，目视昏近，几画字而不成；骨节支离，殆胜衣而弗克"⑦，"疾病连年，心力耗废"⑧，"抱疾累年，日加羸劣"⑨。朝廷不仅没有准许范祖禹乞知梓州的请求，反而在六月十六日拜其为翰林学士。对于这次拜命，范祖禹本人感到非常意外，如"忽蒙迁授，恩出非常，闻命震恐，不知所措"⑩。在"三奏乞知梓州，未奉俞允"的情况下⑪，范祖禹又在《辞免翰林学士第一状》中⑫，表达了自己不堪重任的态度，再次乞知梓州，又遭到拒绝。但是他并没有就此接受任命，又连上三状辞免。不过，他这次改变了策略，不再以自己"才

---

① 《太史范公文集》卷 5《辞礼部侍郎状》《谢礼部侍郎表》。
② 《太史范公文集》卷 5《辞礼部侍郎状》。
③ 《太史范公文集》卷 5《谢礼部侍郎表》。
④ 《太史范公文集》卷 5《乞梓州札子》。
⑤ 《太史范公文集》卷 5《乞梓州表》。
⑥ 《太史范公文集》卷 5《乞梓州札子一》。
⑦ 《太史范公文集》卷 5《乞梓州表》。
⑧ 《太史范公文集》卷 5《乞梓州札子一》。
⑨ 《太史范公文集》卷 5《乞梓州札子二》。
⑩ 《太史范公文集》卷 5《辞免翰林学士第一状》。
⑪ 《太史范公文集》卷 5《辞免翰林学士第一状》。
⑫ 《太史范公文集》卷 5。

力绵薄，无所堪任"及"久婴疾病，形神俱耗"为理由了①，赵宋"祖宗故事"
成为他强调的核心。是年六月九日，叔父百禄已除中书侍郎②，按照宋朝惯制，
范祖禹理应避亲。因此，在第二、三、四辞免状中，他举例反复强调任命自己为
翰林学士的不合理性，如《状二》："于国朝故事有不可"；《状三》："避亲故事，
简策具存"；《状四》："避亲之法，实关盛衰，盖将垂永世之规，非特为一人之计。……
祖宗故常，君臣所宜共守。"这三状的说辞及语气明显呈递进趋势，足以见得范祖
禹维护祖宗家法之严格，辞官之心切。明知乞知梓州不会被恩准，在后三个辞免
状中，范祖禹已不再奢望了，转而"乞除京西一郡自效"。虽然辞免依然没有成
功，但是，因为抬出了祖宗之法，范祖禹这次的辞免在后来还是奏效了。为了
解决这件事情，朝廷开始了一场讨论，最后接受了时任尚书左丞的梁焘提出的
用王洙避兄子尧臣故事，复置翰林侍讲学士的建议。七月十二日，特授范祖禹
翰林侍讲学士兼修国史③，限期一年，参修《神宗皇帝正史》。十七日，上章辞
免，不许，复上表谢恩。翰林"侍讲学士之职，始于真宗，……自神考更定班制，
止以侍从兼官，元丰以来，久虚学士之选"④，此次复置，专为范祖禹，以安抚
舆论，笼络贤才。这次范祖禹只是在诏命下达后几日辞免了一次就接受了，为
什么呢？原因有二：其一，此次任命本来就是朝廷让步的结果，而且特为其
置官，对于这种"眷留"⑤，如果再坚辞，恐"渎烦天听"⑥，惹怒朝廷⑦。
其二，与此次任命同时下达的还有一项任务，即修《神宗皇帝正史》⑧。"执

---

① 《太史范公文集》卷 5《辞免翰林学士第一状》。
② 《宋史》卷 17《哲宗一》："（元祐七年）六月辛酉，以……翰林学士范百禄为中书侍郎。"第 334 页。
③ 《宋会要辑稿·职官》六之五八："（元祐）七年七月十二日，诏复置翰林侍讲学士，以翰林学士范祖禹为
　翰林侍讲学士兼修国史。"第 2525 页。
④ 《太史范公文集》卷 6《辞免翰林侍讲学士状》。
⑤ 《太史范公文集》卷 6《谢翰林侍讲学士》。
⑥ 《太史范公文集》卷 5《辞免翰林学士第四状》。
⑦ 《太史范公文集》卷 6《谢翰林侍讲学士》："昔鲁缪公之于子思，亟馈鼎肉；燕昭王之于郭隗，改筑金台。
　二子者，或以无人乎侧而不能安，或欲致士于远而先为始。如臣陋学，敢望古人？"按：从引文可以看出
　范祖禹已经充分认识到朝廷对自己的恩宠，如果再辞免就不识抬举了。
⑧ 《续资治通鉴长编》卷 475"元祐七年七月癸巳"条："以翰林学士范祖禹、枢密直学士赵彦若修《神宗皇
　帝正史》，宰相吕大防提举，著作郎张耒编修，限一年毕。"第 4442 页。

经述史"本就是范祖禹擅长之事①，所以他也就没有再进行推脱了。

元祐八年（1093）三月十四日，中书侍郎范百禄罢，范祖禹不用再"以亲嫌引避"了②，于是朝廷"复申前命"③，于三月二十六日，重新任命其担任翰林学士，并特许兼侍讲学士。范祖禹"因避亲嫌"④，却没有想到"不期一岁得两学士"⑤，这已经是朝廷第二次对他的特别恩惠了，但是，对于这种有"违典故"的做法⑥，范祖禹没有接受。四月二日、六日，上二状辞免，乞依旧例止兼侍讲，不带学士⑦。在祖宗家法的威力下，朝廷做出了让步，八日，准奏，遂为翰林学士兼侍讲。能够担任翰林学士，进入这"翰墨之林，实首论思之地"⑧，是多少文臣的梦想！而范氏"一门叔侄三世后先"担任翰林学士⑨，此等殊荣，实不多见，难怪乎"闾里生荣，缙绅动色"⑩。范祖禹《初到玉堂》诗有"空愧朱衣华发吏，玉堂三世见题名"句⑪，自注："院有老吏，尝引接叔祖忠文公、叔父资政，今又引接入院。"当年范百禄被任命为翰林学士时，苏轼曾认为是"继仲父（即范镇）之贤，有传家之庆"⑫，那么，范祖禹继范百禄之后，更称得上是"有传家之庆"了。这一次，范祖禹没有再辞免，而是反复表示要尽心竭力以报效朝廷"殊遇"之恩，如"臣敢不策励疲驽，激昂忠义，苟可益国，其敢爱身"⑬，"臣敢不弥激愚衷，益坚素守，誓不渝于终始，庶少答于生成"⑭，

---

① 《太史范公文集》卷6《辞免翰林学士兼侍讲学士状》。
② 《太史范公文集》卷6《辞免翰林学士兼侍讲学士状（一）》。
③ 《太史范公文集》卷6《辞免翰林学士兼侍讲学士状（二）》。
④ 《太史范公文集》卷6《辞免翰林学士兼侍讲学士状（二）》。
⑤ 《太史范公文集》卷6《辞免翰林学士兼侍讲学士状（二）》。
⑥ 《太史范公文集》卷6《辞免翰林学士兼侍讲学士状（二）》。
⑦ 《太史范公文集》卷6《辞免翰林学士兼侍讲学士状（二）》。
⑧ 《太史范公文集》卷6《谢太皇太后表》。
⑨ 《太史范公文集》卷6《谢太皇太后表》。
⑩ 《太史范公文集》卷6《谢宣召入院表》。
⑪ 《太史范公文集》卷3。
⑫ ［宋］苏辙撰，陈宏天、高秀芳点校：《苏辙集·栾城集》卷33《范百禄免翰林学士不允诏》，《中国古典文学基本丛书》，北京：中华书局，1990年，第583页。
⑬ 《太史范公文集》卷6《谢宣召入院表》。
⑭ 《太史范公文集》卷6《谢太皇太后表》。

"唯当尽瘁，以答殊私"①。此时，范祖禹达到了他仕途上的高峰，但好景不长，随着九月初高太后的去世，政治形势发生了急剧的转变。由于"比之同辈，过为侥幸"②，范祖禹内心的压力非常大，担任翰林学士一职更是加重了他的这种心理，转而怀念在洛阳书局的那段日子，如"十年曾向伊川卧，长忆闲中梦寐安"③，同时，思乡之情也时常萦绕心田，如"终夕玉堂魂梦冷，蜀江声绕水晶宫"④。回顾范祖禹自元丰七年至此的仕宦经历，可以总结为十六个字：累授官职，升迁过快；该避不避，屡开先例。见表1：

表1　范祖禹仕宦经历

所避之人与范祖禹的关系及职务		范祖禹所任职务及于法是否该回避、结果	
吕公著 （岳父）	元丰八年七月，尚书左丞	右正言（元丰八年十月十七日）	该。⑤改为著作佐郎
	元祐元年九月，以吕公著代司马光提举修《神宗皇帝实录》	请求辞免实录院检讨官	该。⑥不允
韩忠彦 （连襟）	元祐四年六月七日，以韩忠彦为尚书左丞	八日，以己时任右正言，请避嫌	该。⑦不允
范百禄 （季父）	元祐五年，新除范百禄兼侍读	乞罢侍讲，并举吴师仁以自代	该。⑧不允
	元祐七年六月九日，翰林学士范百禄为中书侍郎	七年六月十六日，拜为翰林学士	该。⑨初不允，七月十二日，特复置翰林侍讲学士以授
司马康 （亲家）	元祐五年五月二十六日，以司马康除左司谏	与康门下后省及讲筵所实录院并职事相干	该。⑩不允

---

① 《太史范公文集》卷6《笏记》。
② 《太史范公文集》卷5《乞解给事中状》。
③ 《太史范公文集》卷3《翰林寓直》。
④ 《太史范公文集》卷3《夜直闻御沟声》。
⑤ 《宋会要辑稿·职官》三之五五："执政官亲戚不除谏官。"第2425页。
⑥ 《太史范公文集》卷4《实录院乞避亲状》："伏缘公著是臣妻父，于条合该回避。"
⑦ 《太史范公文集》卷5《乞避亲状》："于条合行回避。"《上殿乞避亲札子》："臣窃见近岁言事官与执政有亲，不以戚疏远近，例皆回避。"两状均"内批特不许回避"。
⑧ 《太史范公文集》卷5《讲筵乞避亲状一》："叔侄并侍经筵，近世未有此例。"《状二》："今臣叔侄，并侍左右，求之故事，未有此比。"
⑨ 《太史范公文集》卷5《辞免翰林学士状》（共四状），《状四》："朝廷有避亲之法，实关盛衰，盖将垂永世之规，非特为一人之计。"
⑩ 《太史范公文集》卷5《乞避亲状》："合回避。"

二、哲宗亲政期

在祖母高太后去世之后，哲宗才正式执掌大权，这在朝野上下引起了不小的震动。其实，垂帘八年有余，高太后十分清楚自己去世后的政治态势，元祐八年八月，处于弥留之际的她对吕大防、范纯仁等大臣说："老身没后，必多有调戏官家者，宜勿听之，公等亦宜早退，令官家别用一番人。"①高太后执政期间，提拔任用了一大批人，范祖禹就是其中受到特别器重的一个。为了报答太后的知遇之恩，范祖禹在哲宗亲政之后更加恪尽职守，不过，由于政治取向的不同，范祖禹最终还是遭到政敌陷害，颠沛流离，英年早逝。

1. 尽忠报恩　维系旧政

元祐时，旧党将以章惇为首的新党看作小人，在他们的奏章及言论中，君子与小人、邪与正的辩论无不成为历次强调的重点，"君子小人犹冰炭之不兼容"的斗争哲学就是这种思想的代表。其次，元祐政局的维系全在于太皇太后高氏，而高氏秉政与熙丰政治的不同之处就在于取法仁宗，即所谓"复祖宗之旧"，因此元祐政事实质上就是仁宗政事的再现与维系。基于此，表彰高氏对哲宗的保育之恩，使哲宗常存感恩之心，维持现行法度就成为旧党论谏的一个重点。范祖禹在元祐四年十二月所上《乞进德爱身疏》中就直白地表达了这层意思：

> 陛下年始十岁，嗣登大位，当此之时，人心凛凛，忧危万端，幸赖太皇太后保佑扶持，勤济艰难，斥退凶邪，登进忠良，诏令所至，百姓欢呼鼓舞。数年以来，中外晏安，北狄西戎，无不从顺。此皆太皇太后之德也，臣不知陛下将何以报之？臣窃思陛下所以报之，唯在于进德爱身而已。②

高太后去世之际，哲宗已年届十九岁，九年来，随着年龄的增长，祖孙之

①［宋］吕中撰：《宋大事记讲义》卷19《始亲政》，《文渊阁四库全书》（第686册），第377页。
②《太史范公文集》卷18。

间因皇权而滋生的矛盾也日渐显露，元祐旧党更是预感到政局中潜伏的动荡因素，唯恐元祐初遭到打击的新党趁机卷土重来。在这局势微妙之时，许多人都持观望态度，如"四方之民，倾耳而听，拭目而视"①，但是范祖禹"无所顾避"②，"益数上疏论时事，言尤激切"③，对于张文潜、秦少游及其长子范冲的劝告置之不理，且慷慨陈词："吾出剑门，一范秀才耳，今复为布衣，有何不可！"④九月十五日，距高太后去世后不几日，范祖禹就连上两个《听政札子》⑤，目的就是为了防止新党重新得势而预为布防，使哲宗有所警悟，他的观点代表了当时保守派的普遍想法。在这两个札子中，范祖禹主要表达了三方面的意思：第一，强调局势微妙，即"此乃宋室隆替之本，社稷安危之基，天下治乱之端，生民休戚之始，君子小人进退消长之际，天命人心去就离合之时"，劝诫哲宗要谨慎处之。第二，再次强调高后的重要作用，言语较之以前更为露骨，即"陛下之有天下，乃得之于太皇太后也。……故身当其劳苦，而使陛下享其安逸。……身当其怨，而使陛下坐收肃清之功"，提醒哲宗要常存感念之心。为了使自己的观点更具有说服力，范祖禹甚至将遵守祖宗法度提升到了"孝"的高度，指出尽孝道的最好办法就是"循其法度而谨守之"。第三，以"守成之主"暗喻哲宗，指出这种君王"生于深宫，不历艰难，不履勤劳，无功及民，而享天下之奉，故失之者常多"，而要想继续巩固统治，只有遵循成规，即"仪刑仁宗，法则太皇太后"，"守之以静，毫发无所改为，……守元祐之政，当坚如金石，重如山岳。山岳可移，圣政不可改也"。

范祖禹的文笔堪称绝佳，并非像他所自谦的"文字迟涩不工"⑥、"文字不敏"⑦，否则苏轼也不会称前述《听政札子》为"经世之文"并请求附名以进。勇气及志愿值得钦敬，但是他只从道义上着眼，却忽略了一个致命的问题，即

---

① 《太史范公文集》卷25《听政札子》。
② 《宋元学案》卷21《华阳学案·正献范华阳先生范祖禹》，第847页。
③ 《宋元学案》卷21《华阳学案·正献范华阳先生范祖禹》，第847页。
④ 《宋元学案》卷21《华阳学案·正献范华阳先生范祖禹》，第847页。
⑤ 《太史范公文集》卷25《听政札子》《听政第二札子》。
⑥ 《太史范公文集》卷4《辞免除起居舍人状四》。
⑦ 《太史范公文集》卷5《辞免中书舍人状》。

哲宗的心理动态。对于祖母九年来的"越俎代庖"以及元祐党人的唯高后马首是瞻①，使自己这个皇帝形同虚设、名不副实，再加上长期生活于党派相争的政治氛围中，哲宗的性格被严重扭曲，产生了强烈的逆反乃至仇恨心理。从下面一段话中，我们就可以看出哲宗的思想病根所在：

> 哲宗即位甫十岁，于是宣仁高后垂帘而听断焉。及寖长，未尝有一言。宣仁在宫中，每语上曰："彼大臣奏事，乃胸中且谓何，奈无一语耶？"上但曰："娘娘已处分，俾臣道何语？"如是益恭默不言者九年。时又久已纳后。至是上年十有九矣，犹未复辟。……宣仁登仙，上始亲政焉。上所以衔诸大臣者，匪独坐变更，后数数与臣僚论昔垂帘事，曰："朕只见臀背。"②

哲宗在潜意识里认为自己过去是受压抑的，再加上他本人对神宗政事的向慕以及元祐党人"更化"政治在客观上造成的弊端，亲政之后，必然要"有所更张"③，以找回自己本该享有的尊严，临朝威严，使群臣不敢仰视，就是他这种心理要求得到满足后的反应。对于哲宗的这个"心理缺陷"，章惇等新党则非常了解并加以充分利用。李清臣首倡绍述之说，对旧党发动猛烈的报复。在这政治局势突变的紧要关头，一向于政事"无所顾避"的范祖禹自"不忍默默坐视"④，安于其位。十一月，哲宗下诏起用内臣十余人以为其施行新政保驾护航，其中就有新党李宪、王中正之子，至此范祖禹还是"不识时务"，于十一

---

① ［宋］李之仪撰：《姑溪居士后集》卷 15《仇池翁南浮集后序》："诸公奏行，特太母之令，太母权为正，而正固在位也。"影印文渊阁四库全书本（第 1120 册），第 693 页。

② ［宋］蔡绦著，冯惠民、沈锡麟点校：《铁围山丛谈》（卷 1），《唐宋史料笔记丛刊》，北京：中华书局，1997年，第 5 页。

③ 按：《姑溪居士后集》卷 15《仇池翁南浮集后序》记载元祐八年十月，李之仪向苏轼解释哲宗"必有所更张"时说："垂帘共政，八年于此，主上未尝可否一事。诸公奏行，特太母之令。太母权为正，而正固在位也。其未尝可否者，退托而有所符也。方其政之政在我也，岂无舍其旧而求同于我，或有所不纳；既不得同，必退而为异日之谋。"第 693—694 页。对此，朱熹的表述更为直截了当，［宋］黎靖德编，王星贤点校：《朱子语类》卷 127《哲宗朝》有元祐后期，高太后"不肯放下"，即不愿撤帘还政，故"哲宗甚衔之"的记载。《理学丛书》，北京：中华书局，1986 年，第 3047 页。

④《太史范公文集》卷 26《论宦官札子》。

日上疏极力反对。疏曰："陛下初亲庶政，……未尝闻行一美政，访一贤臣，先进用内臣如此众多，必谓陛下私于近习。人心一失，不可复收，虽家至户说，无以自解。臣窃为陛下惜之。"①十六日，又连上两札，悉数熙宁变法之害，提醒哲宗用人要谨慎，"凡向来所逐之人，除已死亡外，存者屏废，永不复用"②；援引古今史事，极言宦官小人为害之烈；历数吕惠卿、蔡确、章惇、李宪、王中正等人罪过；强烈建议哲宗取消招用内臣的旨意，即"悉追罢除用内臣指挥，未到者别与差遣，已入者复授外官"③。范祖禹遂成为新党攻击的目标。对于范祖禹的恳谏，哲宗则深感不以为然，认为是小题大做："去冬以宫中阙人使令，因召旧人十数辈，此何系外廷利害？而范祖禹、丰稷、文及甫并有章疏，陈古今祸福，以动朕听。希纯等又缴奏争之，何乃尔也！"④这几句话将哲宗对于元祐旧臣的厌弃心理表露无遗。元祐九年三月二十四日，范祖禹留对，以本月一日日食异常，"至恳面陈"⑤，再次劝诫哲宗畏天修德。在"朕即国家"的专制社会里，皇帝的权力至高无上，只有一个形而上的天才有资格管束"天子"，而天对天子的不满总是以异常天象，自然灾害来表示。从某种意义上来讲，大臣或者史官以天象或灾害来警示君主，也是希望有某种外在力量来限制君主滥用权力⑥。

2. 绍述新政，连遭贬谪

尽管范祖禹有尽忠之心，但无奈情势巨变，仅凭若干个人若干奏章又怎能扭转最高统治者的意愿？元祐九年（1094）四月，为表明继承神宗遗志与遗业的决心，哲宗改年号为"绍圣"，此后，绍述神宗之政便正式成为当时朝廷唱说的主调，史称"绍述新政"。这一举措引发了朝廷新一轮的动荡，首先就反映在人事任用方面，起用章惇、曾布、蔡卞、蔡京等"新党"人物。谏议屡不

---

① 《太史范公文集》卷25《论召内臣札子》。
② 《太史范公文集》卷26《论邪正札子》。
③ 《太史范公文集》卷26《论宦官札子》。
④ ［清］徐乾学撰：《资治通鉴后编》卷91《宋纪九十一》，《文渊阁四库全书》（第343册），第680页。
⑤ 《太史范公文集》卷26《畏天札子》。
⑥ 王德保著：《司马光与〈资治通鉴〉》，北京：中国社会科学出版社，2002年，第60—61页。

被哲宗采纳，范祖禹眼见大势已去，遂连请补外。四月十二日，以龙图阁学士知陕州军州事①，离开了政权中心，这次事件是范祖禹仕途退落的标志。尽管是"待罪从官"②，范祖禹并没有因为个人境遇不佳而颓废不振，他依旧以国计民生为念，到陕州不久，就拜谒诸庙，祈求神灵保佑当地人民，即"惟神有庙于此，能使风雨时若，稼穑丰登，民无札瘥，盗贼不作"③。范祖禹在陕州任职不到两个月，朝廷就诏其于六月十八日提举亳州明道宫，并于开封府界居住，就近报应国史院取会文字④。闻命后，他立即"交割本州公事与通判管勾"以赴任⑤，听候指挥。其实，由于时局的变化，这时的范祖禹已经疲于政治，产生了退隐的想法，有诗为证："晚岁上玉堂，天门深九重。缅思寒潭碧，一洗我心胸。送子西南归，恨无羽翼从。"⑥

重新得势的新党对"旧党"展开了疯狂的报复，他们"尽变更元祐政事，欲以严刑峻法陷害忠良"⑦，把元祐旧臣统统排斥出朝廷，轻则贬到近地，重则贬到岭南远恶州、军，连已经去世七八年的司马光也被追夺了官秩和封号⑧，甚至还有人想将司马光开棺鞭尸。范祖禹的噩梦也开始了：绍圣二年（1095）正月五日，责授武安军节度副使、永州（今湖南零陵县）安置⑨；三年（1096）八月二十三日，章惇、蔡卞以元祐乳媪之事陷害，责授昭州（今广西平乐县）别驾、贺州安置⑩；四年（1097）闰二月十九日，移送宾州（今广西宾阳县）安置；元符元年（1098）七月二十四日，移化州（今广东化州市）安置，并诏令其子"永不叙用"。

---

① 《太史范公文集》卷 6《陕州谢到任表》。
② 《太史范公文集》卷 37《陕府谒诸庙文》。
③ 《太史范公文集》卷 37《陕府谒诸庙文》。
④ 《太史范公文集》卷 6《开封府界居住报应国史院取会文字状》。
⑤ 《太史范公文集》卷 6《开封府界居住报应国史院取会文字状》。
⑥ 《太史范公文集》卷 3《送七主簿赴龙水》。
⑦ 《太史范公文集》卷 26《朝辞论恤刑札子》。
⑧ ［宋］李焘著，［清］黄以周等辑注，顾吉辰点校：《续资治通鉴长编拾补》卷 10"绍圣元年七月丁巳"条："司马光、吕公著各追所赠官，并谥告及所赐神道碑额。"北京：中华书局，2004 年，第 433 页。
⑨ 《太史范公文集》卷 6《永州谢表》。
⑩ 《宋史》卷 337《范祖禹传》。按：顾吉辰著《宋史比事质疑》引《宋会要辑稿·职官》六七之一七、《长编纪事本末》卷 102"逐元祐党"条以及《长编拾补》卷 14"哲宗绍圣四年闰二月甲辰"条，认为"昭州"乃是"韶州"之讹。顾吉辰著：《宋史比事质疑》，北京：书目文献出版社，1987 年，第 416 页。

第三章　飘零边邑　晚景凄凉：
范祖禹罹难之余的贬谪暮年

在"三范"中①，范祖禹去世的最早②，在仕途上所遭受的挫折和打击也较大，下场也最惨。范祖禹的早逝既有自身身体状况的原因，例如长期与文字打交道，范祖禹的健康受到了很大的伤害，至元祐九年时已经是"两目昏暗，几于失明，早衰多病，心力俱耗"③。不过，当权者的政治导向才是引发这场悲剧的真正原因④。

经历了八年知龙水县、十五年书局修书的淡泊岁月，对于仕途，范祖禹已经没有了当年的美好憧憬，"将老书局"就是他心态的真实写照⑤。但是，自从《通鉴》修成之后，范祖禹多次得到朝廷的重用，面对突然且密集的荣耀，他表现出强烈的不安，这一点从他屡次的辞免状中都有所体现，如"频蒙识擢"⑥、"臣擢于小官，无尺寸之长，期岁之间，荐蒙褒序"⑦。范祖禹时刻牢记叔祖范镇的教导："仕宦不可广求人知，受恩多，则难立朝。"⑧因为受恩深厚，不同常人，所以范祖禹一直兢兢业业，尤其是在恩主高太后去世之后，"益数上

---

① ［宋］王应麟撰：《小学绀珠》卷 7 氏族类 "三范" 条："范镇、百禄、祖禹。" 中华书局，1987 年。第 169 页。［宋］祝穆撰，［宋］祝洙增订，施和金点校：《方舆胜览》卷 51《成都府路·人物·范祖禹》："范祖禹，镇从侄，……与范镇、范百禄号曰'三范'。"《中国古代地理总志丛刊》，北京：中华书局，2003 年，第 918 页。

② 按：范镇 81 去世，范百禄 65 岁去世。

③《太史范公文集》卷 6《乞郡札子一》。

④ 按：关于范祖禹的死因，还有另外的说法，例如《朱子语类》卷 130 "刘挚梁焘诸公之死" 条注："广录云：'范淳夫死亦可疑。虽其子孙备载其死时详细，要之深可疑。惟刘器之死得明白。'" 第 3126 页。

⑤ 按：这句话是范祖禹在祭奠韩绛时所说，见《太史范公文集》卷 37《祭韩献肃公文》。范祖禹另有 "周南一纪，已期终老于岩林" 之说，见《太史范公文集》卷 6 为被任命为翰林侍讲学士所上之《谢太皇太后表》。

⑥《太史范公文集》卷 4《辞免兼侍讲状一》。

⑦《太史范公文集》卷 4《辞免兼侍讲状（二）》。

⑧《宋元学案》卷 21《正献范华阳先生范祖禹》，第 848 页。

疏论时事，言尤激切，无所顾避"①，甚至不惜透支体力，就是为了"誓殚犬马之力，图报天地之恩"②。其实从元祐四年（1089）夏开始，范祖禹的身体状况就不太好③，他也屡次要求居闲养病，但是朝廷一直不予批准，结果身体状况每况愈下。

第一节 《实录》之祸与乳媪事件

从即位到高太后去世这段时期，哲宗一直活得不痛快，至尊为皇帝却大权旁落，在朝臣眼里，他是无用的，他的一切都是高太后给予的。高太后等人不允许他有自己的想法，从即位那天起就整天给他灌输仁宗治理国家的一套理论，用儒家思想束缚他，而他却偏偏喜欢神宗的治国方略，决意继承被中断之改革事业。真正执掌大权之后，哲宗不想再像以往那样活在别人的阴影下了，他要做一个名副其实的皇帝，一个手握王爵，口含天宪，有自己治国理政理想的君王。范祖禹等人却"不识时务"，继续用高太后在位时的理论来束缚哲宗，语言还是那么不敬，还是强调一切都是高太后的功劳，让哲宗必须感恩戴德。高太后去世后，哲宗以为终于能松一口气，伸直腰板做皇帝了，谁知朝中还有那么多的"高太后"，此时已羽翼丰满的他又岂能再忍受这种局势？于是在"新党"的挑拨下，范祖禹等一批高太后老臣先后遭到了迫害，借哲宗之手，曾经狼狈一时的"新党"报复了仇敌"旧党"。

由于政见不同，范祖禹与章惇等人结下了较深的仇怨，所以遭到一系列陷害，这些人所举证的范祖禹的罪证主要有两条：一是《神宗实录》，二是乳媪事件。

《神宗实录》始修于元祐元年二月六日，初命蔡确提举，翰林学士兼侍读邓伯温、吏部侍郎陆佃并为修撰官，左司郎中兼著作郎曾肇为检讨官。不久，

① 《宋元学案》卷21《正献范华阳先生范祖禹》，第847页。
② 《太史范公文集》卷5《辞免翰林学士第三状》。
③ 《太史范公文集》卷18《谢宣喻札子》上于元祐四年十二月二十七日，其中提到"吐泻，腹脏不安"，这是范祖禹第一次提到身体不好，有短暂的"请假将理"。

蔡确罢相，司马光继为提举①，首荐范祖禹担任检讨官②。自此，范祖禹始终在史馆，与黄庭坚、赵彦若等人同心协力，直至《实录》告成。《实录》纂修之初，新旧党人之间就出现了分歧。陆佃为王安石门人，"数与史官范祖禹、黄庭坚争辩，大要多是安石，为之晦隐。庭坚曰：'如公言，盖佞史也。'佃曰：'尽用君意，岂非谤书乎！'"③由于政治立场不同，难免各怀私意，不过，所幸陆佃为人尚"刚直有守"④，因此当时并未引发大的变故。为修《实录》，范祖禹也付出了很多辛劳，例如"元祐四年十二月甲子"条载，吕大防对高太后说："范祖禹见修《实录》，臣每间日过实录院，必见祖禹。"⑤元祐六年三月，《实录》修成，范祖禹等人被认为"功绪甚大"，迁官一等⑥，此事算是告一段落了。但是绍圣改元，蔡卞、章惇得势，当年因修《神宗实录》产生的分歧又被重新翻出来并被无限放大，成为新党打击元祐旧党的重要罪证。章惇等人先对《神宗日历》继而针对《实录》大肆批评，认为《日历》"其间所书，正与昨修先帝《实录》相为表里，用意增损，多失事实"⑦。为网罗罪名，蔡卞更是在《实录》中摘录千余条，"欲逮诸史官系诏狱覆实"⑧；黄庆基则批评《实录》"隐没先朝良法美意"⑨，台谏官也纷纷上章附和，"言实录院所修先帝《实录》类多附会奸言，诋熙宁以来政事"⑩，请求对范

---

① 按：元祐元年九月司马光去世，由吕公著继为提举。见《太史范公文集》卷 4《实录院乞避亲状》。四年二月，公著去世，由吕大防继为提举，至实录修成进呈。

② 《续资治通鉴长编》卷 368 "元祐元年闰二月丙申"条："命宰臣司马光提举编修《神宗皇帝实录》，著作佐郎范祖禹为实录院检讨官，校书郎孔文仲为礼部员外郎。"第 3424 页。

③ 《宋史》卷 343《陆佃传》，第 10918 页。

④ ［清］永瑢等编：《四库全书总目》卷 154《陶山集》："至于事关国计，则毅然不以私废公，亦可谓刚直有守者矣。"北京：中华书局，1983 年，第 1333 页。

⑤ ［宋］李焘撰：《续资治通鉴长编》卷 436，第 4106 页。

⑥ 《太史范公文集》卷 5《进神宗皇帝实录表》。［宋］黄𡩋撰：《山谷年谱》卷 26："按《国史》（元祐六年）三月癸酉，诏邓伯温、赵彦若、范祖禹、曾肇、林希各迁一官，……并以《神宗实录》书成赏劳也。"《文渊阁四库全书》（第 1113 册）。第 911 页。

⑦ 《宋会要辑稿·运历》一之一七，第 2136 页。

⑧ 《三朝名臣言行录》卷 13《内翰范公》引《家传》，第 815 页。

⑨ 《山谷年谱》卷 26，第 916 页。

⑩ 《山谷年谱》卷 26，第 916 页。

祖禹、黄庭坚、赵彦若等"重行贬责"①。对于章、蔡等人处心积虑所搜求出的罪证，范祖禹等"皆以实对"②，而以黄庭坚所对尤为直率，因此二人均被贬谪。范祖禹为范镇之侄孙、司马光之门生、吕公著之婿，关系特殊，政治立场一致，又多次上章指责新党之罪责，因此必然成为新党的眼中钉，但是新党在政治上找不出范祖禹的过失之处，所以转而批评由他参与编修的《日历》及《实录》。

继以"《实录》之祸"责授范祖禹武安军节度副使、永州安置之后，"乳媪事件"又成为新党进行迫害的第二张王牌。元祐四年秋，有人传言禁中觅乳媪，刘安世与范祖禹均上疏劝诫。对于此事，高太后认为是"外间虚传"③，哲宗似乎也不明真相，这从他绍圣初对章惇所说的一番话里可以看出，即"元祐初，太皇太后遣宫嫔在朕左右者凡二十人，皆年长。一日，觉十人者非素使令，倾之十人至，十人还，复易十人去，其去而还者，皆色惨沮，若尝泣涕者。朕甚骇，不敢问，后乃知因刘安世上疏，太皇太后诘之"④。这件事后来经高太后追查，发现"雇乳母实为刘氏"，所以"怒而挞之"⑤，刘氏则将这笔帐记在了刘安世及范祖禹的身上。哲宗掌权，刘氏专宠，当年因乳媪之事所积聚的仇恨终于有机会发泄出来了，章惇、蔡卞等人也从中挑拨，说"元祐大臣与宣仁有废立议，指安世、祖禹言为根"⑥，所以绍圣三年，范祖禹又被责授昭州别驾、贺州安置。此次被贬之初，范祖禹尚不明白其中缘由，据记载："绍圣三年，徙贺州，谪词云：'朕于庶言无不嘉纳，至于以讦为直，以无为有，则在所不赦。'公云：'吾论事多矣，皆可以为罪也。'亦不知所坐何事，后乃知坐向言觅乳媪事。"⑦范祖禹与刘安世就此事多次上疏，本出于忠君爱国的热忱，却未料到被政敌当成了报复的罪证。

① 《山谷年谱》卷 26，第 916 页。
② 《三朝名臣言行录》卷 13《内翰范公》引《家传》，第 815 页。
③ 《宋史纪事本末》卷 47《孟后废复》，第 460 页。
④ 《续资治通鉴长编》卷 436 "元祐四年十二月甲子"条，第 4107 页。
⑤ 《续资治通鉴长编》卷 436 "元祐四年十二月甲子"条，第 4108 页。
⑥ 《续资治通鉴长编》卷 436 "元祐四年十二月甲子"条，第 4108 页。
⑦ ［宋］朱子纂集：《宋名臣言行录·后集》卷 13《范祖禹》，《文渊阁四库全书》（第 449 册），第 278 页。

第二节　颠沛流离　终老化州

　　宋代岭南被视为多瘴气的边鄙蛮荒之地，化州、梅州等地被"宋人视为魑魅乡，将置其人于死地，乃窜于兹"①。"章惇怨范祖禹、刘安世尤深，必欲置诸死地"②，因此，范、刘二人就分别被贬往化州和梅州两地，其用心之险恶，昭然若揭。"不杀大臣及言事官"的祖宗好生之法固然免除了刀斧之苦③，但身处这样的险恶之境，"瘴疠之逼于身，何能淹久"④！作为参政主体并对人生深怀热恋的北宋文人，面对迁谪流放，有谁不为之伤悲动容？遭遇"自生自死"的厄运时，又有谁能免却内心深处的凄楚？⑤被贬永州之际，范祖禹就已经预感到生还希望渺茫，即"今兹越洞庭重湖之国，邻桂岭炎瘴之乡，形魄虽存，喘息殆尽"⑥。在永州期间，由于范祖禹的声望及学行为时人所重，还有一些人不畏牵连，从之游。例如，《沅湘耆旧集前编》卷20《唐运判绩》记载："绩……少警敏，嗜学能文，范祖禹谪永，尝从之游，有治才。"有一首诗描绘了范祖禹在永州期间的生活状况，即"夕与木石居，朝游麋鹿群"⑦，此诗表达了他这个"羁臣苦幽絷"而又无处申诉的情感⑧。当继贬贺州后，他完全绝望了，发出了对于死亡的凄厉预言："已投身于魑魅之域，将沦骨于瘴疠之乡。"⑨元符元年七月，又被移化州安置。虽因为官刚正、蔑视权贵、犯颜直谏而不为当权者所容，但是范祖禹在普通民众中的声望还是很高

---

① ［明］欧阳保等纂：《（万历）高州府志》卷7《气候》，《日本藏中国罕见地方志丛刊》，北京：书目文献出版社，1991年。

② 《宋史纪事本末》卷46《绍述》，第456页。

③ 《宋史》卷379《曹勋传》，第11700页。

④ ［宋］刘挚撰，裴汝诚、陈晓平点校：《忠肃集》卷2《谢新州安置表》，北京：中华书局，2002年，第39页。

⑤ 沈松勤著：《北宋文人与党争——中国士大夫群体研究之一》，北京：人民出版社，1998年，第336页。

⑥ 《太史范公文集》卷6《永州谢表》。

⑦ 《太史范公文集》卷3《永州作》。

⑧ 《太史范公文集》卷3《永州作》。

⑨ 《太史范公文集》卷6《贺州谢表》。又［清］汪森编：《粤西丛载》卷15《西粤灵芝》引《通志》云："绍兴间，灵芝产于贺县甑山下，人以为兆，范祖禹之来也。"按：此条记载显系虚妄，但是以灵芝出现之祥瑞比附范祖禹之到来，足以见得祖禹声明远播，为人所重。《文渊阁四库全书》（第1467册），第564页。

的。据记载:"纯夫自宾移化,朝旨严峻,郡官不敢相闻。既出城外,父老居民皆出送,或持金币来献,纯夫谢遣之,一无所受,皆感涕而去。"①来到化州后,范祖禹便住进了幽静的南山寺,此时他的心情及身体似乎有所好转,有诗为证:"橘红气正,南山养性。三生有幸,终居胜境。"②范祖禹关心州民生产生活情况,与当地民众相处融洽,他的品行深得化州民众敬重。现在,化州还流传着"范公识橘"的故事。

在化州生活了短暂的三个月后,心力交瘁的范祖禹终于病逝于城西狮子岭南山寺中,卒时年仅五十八岁!

不仅人身受到了迫害,范祖禹的著作《唐鉴》受党派斗争的影响,也于崇宁二年(1103)四月一度遭到禁毁③。宋徽宗崇宁元年(1102),范祖禹被列入元祐党籍,称为"奸党",其"子弟不论有官无官,并令在外居住,不得擅到阙下"④。直到宋徽宗政和八年(1118)六月七日,范祖禹才被追复为徽猷阁待制⑤;钦宗靖康元年(1126)"除元祐党籍学术之禁"⑥,高宗建炎二年(1128),追复为龙图阁学士⑦;宁宗嘉泰四年八月,赐谥"正献"⑧。

范祖禹病逝之后,初葬化州⑨,一年以后归葬⑩。范祖禹在化州的墓地位

---

① 《晁氏客语》,第 168 页。
② 陈红胜:《宋代名人范祖禹与化州南山寺》。[EB/OL] http://tieba.baidu.com/f?kz=284584252/08/11/2007
③ 《通鉴续编》卷 11:"(建中靖国二年)夏四月,诏毁范祖禹《唐鉴》,苏洵、苏轼、苏辙、黄庭坚、秦观文集。"第 660 页。
④ [元]佚名撰,李之亮校点:《宋史全文》卷14《宋徽宗》,哈尔滨:黑龙江人民出版社,2005 年,第 786 页。
⑤ 《宋会要辑稿·职官》七六之六二,第 4126 页。按:《名臣碑传琬琰之集》下集卷 19《范直讲祖禹传》载此事于宣和八年,误。第 1539 页。
⑥ 《宋史》卷 23《钦宗本纪》,第 424 页。
⑦ 《名臣碑传琬琰之集》下集卷 19《范直讲祖禹传》,第 1539 页。
⑧ 《两朝纲目备要》卷 8,第 518 页。[宋]叶适撰:《水心先生文集》卷 18《著作佐郎钱君墓志铭》:"至在奉常乞为范公祖禹谥正献。有内侍得旨赐谥者拒弗为谥,人始知君能于事有短长其间矣。"《四部丛刊初编》(第 203 册),上海:上海书店,1989 年,第 11 页。
⑨ 按:关于范祖禹去世时的情况《晁氏客语》有记载:"化州城外寺僧一夕见大星殒门外,中夜闻传呼开门,果然是夜公薨。后三日,殡于寺中,宾州人李寳善地理,谓纯夫子冲曰:'寺当风水之冲。'指寺北山一穴曰:'此可殡,不唯安稳,岁余必得归。'遂卜之,改殡。是年飓风作,屋瓦皆飞,大木尽拔,独北山殡所不动。次年归葬,如其言。"
⑩ 按:范祖禹归葬一事进行的并不顺利,据苏轼《与范元长(三)》载:"归葬知未得请,苦痛之极,惟千万宽中顺受。"《全宋文》卷 1895,第 386 页。

于化州市河西狮子岭（石牛岗）南麓（今市人民医院北隅），坐北向南，背依龙冈盘石，面向钦廉驿道。明制土筑圆墓，砖砌墓环，周长 12.6 米，墓碑高 1.6 米、宽 0.95 米，明朝"永乐中立"①。龟趺，周围砖砌。墓前 1 米处砌砖壁一座。三门各高 2.5 米，门楣镌刻"范祖禹之墓"五个大字。左右联云："马鬣仰遗风一代衣冠光岭峤"，"龙冈余浩劫千年魂魄吊令威"。明嘉靖十七年（1538）于墓左建"玉光亭"，一座三间，红墙绿瓦，高 13 米，四面回廊，重檐揭角，亭堂华丽。四周树木葱笼，占地约 600 平方米。明人吴国伦还亲自拜谒范祖禹在化州的墓地，且留有诗句："出郭平堤晓雾重，停车宿莽吊遗踪。林间断碣题金马，冢上孤云卧石龙。彤管细书今未泯，青蒲直谏古难容。蛮荒寸土千秋骨，谁拟行藏似蔡邕。"②《（万历）高州府志》引太守欧阳铎祭范祖禹诗曰："断瓦残砖记昔时，寒烟欲净见新祠。一封疏撼朝阳殿，三府名书党锢碑。洛下师生朝野恨，江南冠履鬼神知。奸谀谩说权生死，铁汉还从岭外归。"③明末清初人顾祖禹名与字之由来也与范祖禹密切相关，据记载，"［其］生时父梦范祖禹"④，故取名祖禹，字景范。清乾隆四年（1739）知州李祖旦重修墓地，道光年间，又拨款修缮，举行祀典⑤。民国二十三年（1934）县长梁庆翔对墓地进行了全面整饬。1996 年化州市人民政府公布范祖禹墓为文物保护单位。范祖禹在后人心目中的分量由此可见一斑。

① ［明］李贤等纂修：《大明一统志》卷 81《陵墓》"范祖禹墓"条，西安：三秦出版社，1990 年，第 1247 页。

② ［明］吴国伦撰：《甔甀洞稿》卷 24《谒范学士墓》，《四库全书存目丛》（集部·别集类，第 123 册），济南：齐鲁书社，1997 年，第 16 页。

③ 按：卷 8。诗中"铁汉"指的是刘安世。刘安世当年被贬至宋人视为魑魅乡的梅州，幸而生还，苏轼称其为"铁汉"。（《（万历）高州府志》卷 7《气候》）

④ ［清］吴振棫撰：《养吉斋丛录·余录》卷 9，北京：北京古籍出版社，1983 年，第 359 页。

⑤ 按：据《化州县志》记载："此墓迭经修葺，最后一次重修为民国二十三年，树有'宋翰林学士之墓'墓碑，墓前建有玉光亭一座。墓与亭均毁于 1958 年。"

余　论

　　本篇分几个章节对范祖禹的生平进行了研究，其中又着重对一些长期存在争议或被其他研究者所忽略的问题进行了考证，从中我们可以对范祖禹有一个比较全面的认识，总结如下：

　　范祖禹"平居恂恂，口不言人过"①，待人谨严而醇厚，笃于兄弟之爱②；谨守交友之道，取人之长，补己之短③，于老中青三代朋友之间自有超脱的地位；立朝刚正有守，不计功利④，凡义所当为则奋不顾身，"别白是非，不少借隐"⑤；为官尽忠职守，狷介不苟；志节坚定，不攀附权贵。有人这样评价范祖禹的一生，即"名卿伟人负一时重望而不跻大用者"⑥、"守道背时之士"⑦，可以说，这种评价基本上是中肯的。南宋岳珂对范祖禹敬仰有加，评价非常高："忠鲠之气，磅礴宇宙；道义之蕴，昭明日星。卓哉伟乎！王魏以还，世未尝复睹斯人也。"⑧

---

① 《宋史》卷 337《范祖禹传》，第 10799 页。

② 《范太史遗事》："公笃于兄弟之爱，蜀中岁人不复问多寡，奏荐先诸弟，及捐馆，温犹未官也。"

③ ［宋］朱熹撰，黄坤、张祝平校点：《论孟精义·论语精义》，朱杰人等编：《朱子全书》（第 7 册），上海古籍出版社；安徽教育出版社，2002 年。卷 1 上："范曰：……与贤于己者处，则自以为不足；与不如己者处，则自以为有余。自以为不足，则日益；自以为有余，则日损。"第 43 页。

④ 《自警编》卷 5："范内翰祖禹每诵董仲舒之语曰：'正其义，不谋其利；明其道，不计其功。'谓冲曰：'君子行已立朝，正当如此，若夫成功，则天也。'"第 296 页。

⑤ 《宋史》卷 337《范祖禹传》，第 10799 页。

⑥ 《容斋随笔·三笔》卷 12《人当知足》，第 555 页。

⑦ 《宋史》卷 344《鲜于侁传》："侁曰：'吾有荐举之权，而所列非贤，耻也。'故凡所荐如刘挚、李常、苏轼、苏辙、刘攽、范祖禹，皆守道背时之士。"第 10937—10938 页。

⑧ 《宝真斋法书赞》卷 16《宋名人真迹》，第 752 页。

下篇　史著研究

　　范祖禹在史学、经学和文学领域均有所建树，有多部著作，例如《家人卦解义》、《无逸说命解》、《诗解》、《三经要语》、《中庸论》、《范氏论语说》、《五臣解孟子》、《仁皇训典》、《英宗实录》(参修)、《神宗实录》(参修)、《资治通鉴》(参修)、《神宗皇帝御笔文字》(编)、《唐鉴》、《史院问目》、《范氏家祭礼》、《帝学》、《范太史集》(前三卷为范祖禹所作诗)等。除《家人卦解义》、《中庸论》、《唐鉴》、《资治通鉴》、《帝学》以及《太史范公文集》之外，其余著作已经亡佚①。《郑堂札记》卷2说范祖禹"身后之荣不在官职而在著作"，的确，相比而言，他在史学方面的成就最为突出。

---

① 按：这些著作存佚情况以及内容简介请参照附录二《范祖禹著作诸家著录序跋题识》。

范祖禹一生中有约 1/3 的时间都在与文字打交道，他自言"臣自熙宁之初受诏修书，……不离文字之职廿五年"[1]，其中绝大部分时间都与修史相关。而史著中尤以《唐鉴》最有名。例如，南宋高宗欲重修神宗、哲宗两朝《实录》，对宰臣朱胜非等说："著《唐鉴》范祖禹有子名冲者，已有召命，可促来，令兼史事"[2]，不言祖禹曾经担任过的官职而单举其著作以表。再如《铁围山丛谈》记载：有一天，范温游大相国寺，诸贵珰见之，相谓曰："此《唐鉴》儿也。"[3]与上则例子一样，只称其著作而不言其他，这就说明范祖禹享有较高的史学地位，他之所以能够"名重天下"[4]，多半是缘于其史著。本篇拟着重介绍与他相关的两部史著，即参修之《资治通鉴》与自著之《唐鉴》。此外，还将对《帝学》和《仁皇训典》这两部著作进行扼要的介绍。

---

[1]《太史范公文集》卷6《乞郡札子一》。
[2]《郡斋读书志校正》卷6《重修哲宗实录》，第233页。
[3]《铁围山丛谈》卷4，第63页。
[4]《铁围山丛谈》卷4，第63页。

第四章 修史鉴政 秉笔实录:
范祖禹的史学贡献

第一节 助修《资治通鉴》

《通鉴》是我国第一部编年体通史,记载了从周威烈王二十三年(前403)至周世宗显德六年(959)共1362年的历史,全书共294卷,另有《目录》30卷、《考异》30卷,"网罗宏富,体大思精,为前古之所未有"①,被推许为"天地间必不可无之书,亦学者必不可不读之书"②。作为三大助手之一,范祖禹为这部著作也付出了艰辛的劳动。

司马光很早就萌生了编写一部通史的想法,正如他自己所说:"自少以来,略涉群史,窃见纪传之体,文字繁多,虽以衡门专学之士,往往读之不能周浃,况于帝王日有万机,必欲遍知前世得失,诚为未易。窃不自揆,常欲上自战国,下至五代,……为编年一书,名曰《通志》。其余浮沉之文,悉删去不载,庶几听览不劳而闻见甚博。"③从这段引文中可知,司马光编写通史的计划是既定的,但他也充分考虑到北宋中期的实际社会状况,所以特意突出了唐代部分,仅《唐纪》就有81卷之多。而范祖禹由于仕途平平,转而以史述志著成《唐鉴》,起意早晚无从得知,但真正着手则是在进入书局以后。与《通鉴》不同的是,《唐鉴》紧跟时代形势,只就唐代历史展开论述,属专史性质。下面首先来考察范祖禹与《通鉴》的相关问题。

①《四库全书总目》卷47《资治通鉴》,第420页。
②〔清〕王鸣盛著:《十七史商榷》卷100《资治通鉴上续左传》,北京:商务印书馆,1959年,第1141页。
③《续资治通鉴长编》卷208"治平三年四月辛丑"条,第1929页。

一、专攻唐史　遵从指导

唐代是经济文化繁荣的重要朝代，而且距北宋又近，各种文献资料相当浩繁，因此要求整理编纂者具有相当高的史学才能。由于"实董有唐"①，范祖禹在助修《通鉴》时"分职唐史"②，即负责唐代史料的搜集与整理工作。在此期间，司马光曾给予经常性的指导，最终促使唐长编工作得以顺利完成。范祖禹参与修撰《通鉴》的过程可以分为三个阶段：

第一阶段，熙宁三年六月至熙宁六年三月，汴京修书期间，以做唐长编丛目工作为主。熙宁三年（1070）六月十九日，范祖禹被召为《通鉴》书局同编修。因是应缺而来，任务之急可以想见，所以范祖禹必定是在接到任命后不久就立即赴任开展工作了。按照司马光的整体编纂步骤，范祖禹先编写丛目，以为将来编写唐长编做准备，具体是做丛目材料的附注工作。由于变法尚处于高涨时期，王安石等变法派把持朝政，对反变法的官员进行贬谪打击，司马光被迫于九月二十六日以端明殿学士出知永兴军（今陕西西安）③，四年四月十九日，又改判西京（今河南洛阳）留司御史台。五年正月，司马光奏迁书局于洛阳，设局崇德寺。也就是说，范祖禹和司马光同在开封书局共事还不到三个月时间。在司马光离开汴京后至熙宁四年年底以前④，曾给范祖禹写过一封信，即《答范梦得》，这封信讲述了编写《通鉴》丛目、长编的具体方法、步骤、编写原则等问题，被认为是编修《通鉴》的大纲性文件。既言"答"，就一定是回信，也就是说之前范祖禹曾经给司马光写过信，虽然此信已经亡佚了，但据回信内容可推知是一封有关工作进展的汇报信。从"自《旧唐书》以下俱未曾附注，如何遽可作长编也"一句可以判断出，初入书局担当大任的范祖禹急躁冒进、不成熟的缺点。觉察到这个问题之后，司马光及时回信予以纠正，并给出了具

---

① 《太史范公文集》卷13《进〈唐鉴〉表》。

② 《太史范公文集》卷36《〈唐鉴〉序》。

③ 《宋史》卷15《神宗二》，第277页。

④ 按：关于这封信的写作时间，王曾瑜教授认为"在当他（按：指范祖禹）到洛阳前，即熙宁四年或五年的秋冬，以四年秋冬的可能性大。"（王曾瑜：《关于编写〈资治通鉴〉的几个问题》，1977年《文史哲》第3期，第85—91页）袁伯诚《〈资治通鉴〉编修考证》进一步将时间框定在熙宁四年夏季以后至冬季以前这段时期（《固原师专学报》1981年第2期，第77—90页）。

体的工作指导。不过，有一点令人费解，按理说信中所涉及内容应该早在范祖禹进入书局之初就讲明的，怎么会等到出现问题以后才进行纠正呢？笔者猜测有两种可能：一是司马光对时局估计不足，没想到自己那么快就离开书局，所以起初只给范祖禹交代了阶段性的任务，打算依照工作进程再逐步指示下一步的工作。二是起初司马光高估了范祖禹的修史能力，只是大致交代了一下工作要领，他以为范祖禹能够心领神会，没想到还是出现了问题。在《答范梦得》中，司马光着重就五个方面的问题进行了指示：①如何做丛目；②如何处理所发现之"隋以前"与"梁以后"的材料；③修长编时，如何处理"事同文异""互有详略""年月事迹相违戾不同"的材料；④如何定年号；⑤如何处理不同类别的诗赋、诏诰、诙谐材料。为了给缺乏经验的范祖禹更加详细的指导，司马光还随信附寄刘恕"所修广本两卷"，以作为"式样"，并提出"长编宁失于繁，毋失于略"的总原则。司马光对后辈的谆谆教导以及严谨的治学修史态度从这封信中可见一斑。鉴于之前范祖禹没有严格按照规定去做，所以在这封信的结尾，司马光提醒他对此次交代的注意事项要"千万千万，切祷切祷"，即要牢记在心、严格遵从。

看到司马光的回信之后，范祖禹调整了工作进度，将先前所做之粗略丛目依照司马光的指示重新进行了修补完善。对于编写唐丛目所需的时间，司马光曾经与刘恕讨论过，《答范梦得》记载："尝见道原云只此已是千余卷书，日看一两卷，亦须二三年功夫也。"这就明白地告诉范祖禹做丛目需要二至三年的时间，劝诫其要细心、精心，不可操之过急。所以，据此推测，到熙宁六年前后，唐丛目已基本完成。

变法派对于保守派的打击并未以司马光等一干官员遭受贬谪而停止。《通鉴》书局设立于变法与反变法斗争非常激烈的熙宁时期，主编司马光始终站在反对变法的一面，他的这种政治态度，使自己和变法派处于尖锐的矛盾状态，再加上他先前给神宗进读《通鉴》时屡次借题发挥，讥讽、攻击当时方兴未艾的变法运动，使《通鉴》充当了政治斗争工具的作用①，所以，变法派憎恨司

---

① 邬国义：《新发现的司马光〈与范梦得内翰论修书帖〉考论》，《华东师范大学学报》（哲学社会科学版）1988年第 1 期，第 121—122 页。

马光，憎恨《通鉴》，这种纠葛导致书局一度面临被罢废的危机。司马光离京后，范祖禹留守书局，亲眼目睹了这一时期变法派的种种作为，攻击书局的言论不时有闻，这引起了范祖禹强烈的愤懑情绪，甚至打算上疏朝廷主动请求罢局，但是这么大的事情他又不可能擅自做主，所以才写信告知司马光京师的情况并表达了自己的立场态度①。与前一封信所表现出的修史经验不足、急躁冒进不同，第二封信则表现出了范祖禹政治上的不成熟、年轻气盛。书局对于司马光的意义非同一般：首先，编修《通鉴》是司马光的宏愿，但只有借助国家力量才能遂愿，否则，仅凭个人之力，"必终身不能就也"②。其次，《通鉴》历受英宗、神宗二位皇帝的重视，已经具有了神圣的意义，如期保质地完成则具有了效忠的意味，如果中途停止，则有不忠于职守之嫌。再次，曾经权威势重的司马光在熙宁变法的政治斗争中被迫离开了政治舞台，政治抱负已难以实现了，《通鉴》就成了他寄托理想、向北宋王朝表忠的重要媒介了。所以，基于以上三点原因，司马光决不会允许此事半途而废，更何况时局也还没有糟糕到不可收拾的地步。对于这一切，年轻的范祖禹是缺乏认真考虑的。所以，经验丰富的司马光在回信中向范祖禹分析了局势，并告诉他要"静以待之"，否则就会授人以柄，使自己处于不利地位。尽管司马光劝诫范祖禹要临危不乱，但为了预防不测、保全书局，他还是在熙宁五年（1072）正月奏请将书局迁到洛阳，神宗亦"听以书局自随"。至于书局是否在司马光奏请后就立即迁往洛阳尚难定论，不过，司马光此举是出于迫不得已，所以在获得批准后，按照常理应该是立即执行的，没有理由再延误时间了。

如果说第一封信《答范梦得》引领范祖禹学术上走向成熟的话，那么第二封信《论修书帖》就起到了促使他政治上趋于沉稳的作用，司马光在书局存废之际的作为让范祖禹领略了一位成熟政治家的风范。

第二阶段，熙宁六年三月至元丰七年十二月，洛阳修书期间。依据工作进

① 按：这封信散佚已久，由邬国义从《通鉴》节本元初张氏晦明轩刻本《增节入注附音司马温公资治通鉴》卷1中辑出。简称为《论修书帖》。据邬国义考证这封信约写作于熙宁五年八月至熙宁六年三月之间。见邬国义：《新发现的司马光〈与范梦得内翰论修书帖〉考论》，《华东师范大学学报》（哲学社会科学版）1988年第1期，第117—126页。
② 出自《论修书帖》。

度，这一阶段又可以划分为两个时期：

（1）熙宁六年三月至元丰四年，唐长编修撰期。

熙宁六年三月二十四日，范祖禹"坐考别试所文卷犯仁宗藩邸讳，降远小差遣编修君臣事迹所"①，随即由汴京到洛阳书局，协助司马光修书。依据司马光所订原则和方法，在丛目基础上作唐长编。这一时期的工作进度可以依据司马光的一段文字进行推算，如下：

> "某自到洛以来，专以修《资治通鉴》为事，于今八年，仅了得晋、宋、齐、梁、陈、隋六代以来奏御。唐文字尤多，托梦得将诸书依年月编次为草卷，每四十阙为一卷。自课三日删一卷。有事故妨废则追阙。自前秋始删，到今已二百余卷，至大历末年耳。向后卷数，又须倍此，共计不减六七百卷，须更三年，方可粗成编。又须细删，所存不过数十卷而已。"②

熙宁四年（1071）四月十九日，司马光改判西京（今河南洛阳）留司御史台，所以"于今八年"，也就是指元丰元年（1078）。在此期间，范祖禹遵从司马光在《答范梦得》中所指示的"其写了净草，续附递来不妨"，已经将部分完工的长编交给了司马光，所以司马光才能说"自前秋始删"这样的话。"前秋"即熙宁九年秋天，"到今已二百余卷，至大历末年耳"，也就是说，至元丰元年，范祖禹至少已经完成了二百余卷唐长编。对于后面的进度，司马光也做了预计，余下的四五百卷，他估计"更须三年，方可粗编成"，换句话讲就是司马光计划在元丰四年（1081）完成唐长编的粗删，那么范祖禹也就必须按照计划至迟在这一年完成唐长编的编纂任务。

（2）元丰四年至元丰七年，《唐纪》修撰期。

元丰元年（1078）九月，刘恕卒，范祖禹成为司马光身边唯一的助手，此

---

① 《名臣碑传琬琰之集》下集卷19《范直讲祖禹传》，第 1533 页。

② ［宋］高似孙撰：《纬略》，《文渊阁四库全书》（第 852 册），卷 12《通鉴》引司马光《与宋次道书》，第 406 页。

时书局工作已接近完成，所以司马光也就没有再招纳新人入局，作为仅存的"同编修"，范祖禹协助司马光完成了后期唐长编的删减工作①，此外，范祖禹还承担了刘恕遗留下来的后五代史长编的删定工作②。元丰七年十一月，《通鉴》修成，十二月，由司马光举荐，范祖禹迁秘书省正字。

二、后期校订　善始善终

元丰八年（1085）九月至元祐元年（1086）十月，是《通鉴》的后期校订阶段。元丰八年九月十七日，范祖禹奉命与司马康、刘安世、黄庭坚、孔武仲、张耒、晁补之等用副本重校《通鉴》。元祐元年十月十四日，《通鉴》校毕，奉敕镂刻于杭州，七年二月二十日印成进奏，颁及公卿。至此，《通鉴》彻底完工，画上了圆满的句号。遗憾的是，主编司马光没能亲眼看到这部凝聚自己一生心血的巨著。范祖禹深知《通鉴》对于司马光的重要意义，于是撰文以告慰其在天之灵，略曰："此书藏于帝室，副在名山，今又立于学官，与六籍并行。天下之士，闻公之名，则想公之风；读公之书，则见公之志，千载之下，其犹存也。"③

《通鉴》是集体智慧的结晶，主编司马光，三大助手刘恕、刘攽、范祖禹，以及参与校订的司马康、黄庭坚等人均为此书做出了相应的贡献。作为一项集体工程，只有参与人员的通力协作，使每个环节的工作都得以顺利推进，才有可能取得最终的成就，所以我们没有必要在这里对贡献争多论少④，因为每个环节都是不可或缺的，《通鉴》就是这样一项"工程"。如果非要论多少高低，

---

① 《文献通考》卷 193《经籍二十·资治通鉴》："温公与范太史议修《唐纪》，初约为八十卷，此帖云已及百卷，既而卒为八十卷，删削之功盛矣。"第 1634 页。

② 按：关于《通鉴》长编分工问题已经有很多文章论述过，且已基本形成定论，此不赘述。介绍几篇具有代表性的文章，以供有兴趣者参考。王曾瑜：《关于编写〈资治通鉴〉的几个问题》，《文史哲》1977 年第 3 期，第 85—91 页；彭久松：《〈资治通鉴〉五代长编分修人考》，《四川师院学报》（社会科学版）1983 年第 1 期，第 54—58 页；张新民：《通鉴编修与史馆制度》，《贵州大学学报》1988 年第 1 期，第 75—81 页；袁伯诚：《〈资治通鉴〉编修考证》，《固原师专学报》1981 年第 2 期，第 77—90 页；姜鹏：《〈资治通鉴〉长编分修再探》，《复旦大学学报》（社会科学版）2006 年第 1 期，第 77—90 页。

③ 《太史范公文集》卷 37《告文正公庙文》。

④ 按：本文前面所列有关《通鉴》长编分工问题的文章中对功劳评定问题均有提及，此不赘述。

那就要从两个方面来考察：①以在书局参与编修《通鉴》时间长短而论，排序为司马光—范祖禹—司马康—刘恕—刘攽。②以工作量及重要程度而论，排序为司马光—刘恕—范祖禹—刘攽—司马康。具体见表2①：

表2　《资治通鉴》主要修纂者及其分工

成员	在书局的时间	工作量及重要性②
司马光	治平三年（1066）—元丰七年（1084），约19年	自始至终负责全局事务。周、秦纪卷1至卷8共8卷，以《通志》为底稿。是年正月英宗崩，神宗即位，十月，正式赐名《资治通鉴》。主编。耗尽毕生精力
刘恕	治平三年（1066）四月③—熙宁三年（1070）九月以后，④约5年半	宋、齐、梁、陈、隋长编。接替刘攽完成晋长编。五代长编完成一部分。名为助手实则相当于副主编，司马光对他的评价相当高⑤
刘攽	治平三年（1066）四月以后⑥—熙宁三年（1070）四月二十五日⑦，约5年⑧	前汉、后汉、魏长编的编纂。只完成了部分晋长编的编纂⑨

---

① 按：表中人名顺序按照进入书局的先后排列。

② 姜鹏：《〈资治通鉴〉长编分修再探》，《复旦大学学报》（社会科学版）2006年第1期。本列内容参考了该文第15页所列表格。

③《续资治通鉴长编》卷208"治平三年四月辛丑"条："（司马光奏曰：）伏见翁源县令广南西路经略安抚司勾当公事刘恕、将作监主簿赵君锡，皆习史学，为众所推，欲望特差二人与臣同修。"第1930页。

④《温国文正公文集》卷65《刘道元十国纪年序》："光出知永兴军，道原曰：'我以直道忤执政，今官长复去，我何以自安！且吾亲老，不可久留京师。'即乞监南康军酒，得之。"第7页。诏许即官下编修，改秘书丞（见《三刘家集》）。按：从此，刘恕改为局外修书，直至去世。

⑤《温国文正公文集》卷53《乞官刘恕一子札子》司马光云："（《通鉴》）讨论编次多出于恕，至于十国五代之际，……非恕精博，他人莫能整治。"同书卷六十八《刘道原十国纪年序》："凡数年间史事之纷错难治者则诿之道原，光受成而已。"第11页。

⑥ 按：据《续资治通鉴长编》卷208"治平三年四月辛丑"条可知，司马光最初是选择刘恕和赵君锡作助手。但据同书同卷载："其后君锡父丧不赴命，太常博士国子监直讲刘攽代之。"所以，刘攽进书局必定晚于治平三年四月。

⑦《续资治通鉴长编》卷210"熙宁三年四月乙酉"条："诏馆阁校勘刘攽与外任。攽初考试开封，与王介争言，为台谏所劾，既赎铜，又罢考功及鼓院，至是求外任，王安石因之并逐攽。"第1956—1957页。

⑧《续资治通鉴长编》卷350"元丰七年十二月戊辰"条："攽在局五年，通判泰州。"第3240页。

⑨ 按：刘攽虽于熙宁三年四月外任为泰州通判，但次年始赴任，故得以继续从事隋以前长编的整理，离京以后，就未再担任修史工作。见《辍学堂初稿》卷4《书全谢山〈分修通鉴诸子考〉后》（陈汉章）。《通鉴》修成之后，刘攽等人公推刘恕"功力最多"（见《温国文正公文集》53《乞官刘恕一子札子》，第11页）。

续表

成员	在书局的时间	工作量及重要性①
范祖禹	熙宁三年（1070）六月②—元丰七年十二月③，约15年	唐长编。接替刘恕完成五代长编（按：刘恕元丰元年九月病逝）。协助司马光进行删减，并负责其居洛期间应用文字的书写④
司马康	元丰元年（1078）十月⑤—元丰七年（1084），约7年	检阅文字及其他事务

　　作为"建设者"之一，范祖禹所负责的虽然只是唐朝一代，但这部分之于全书无疑具有重要的地位。《通鉴·唐纪》是司马光在范祖禹所做之六七百卷唐长编的基础上删减而成的，为做成此长编，范祖禹花费了很大的精力。仅以所用史料为例，司马光采择史料的范围非常广，对历朝实录、正史别史、官私文书、各家文集、笔记杂录等悉加综览。范祖禹正是在对这些堪称浩繁的资料充分掌握的基础上，才按照司马光的指示编成唐长编的，而司马光无须再查阅这些原始资料，只要在范祖禹所做工作基础上进行再加工就可以了，省去了大量的时间及精力。不过，这些工作的意义是双重的，不仅成就了《通鉴》，也为范祖禹撰写《唐鉴》积累了经验与资料。

---

① 姜鹏：《〈资治通鉴〉长编分修再探》，《复旦大学学报》（社会科学版）2006 年第 1 期。本列内容参考了该文第 15 页所列表格。

②《续资治通鉴长编》卷 212 "熙宁三年六月戊寅"条："翰林学士司马光乞差试校书郎、前知龙水县范祖禹同修《资治通鉴》，许之。"第 1973 页。

③《续资治通鉴长编》卷 350 "元丰七年十二月戊辰"条："奉议郎范祖禹为秘书省正字，并以修《资治通鉴》书成也。"第 3240 页。

④《晁氏客语》："《资治通鉴》成，范纯夫为温公草进书表，简谢纯夫云：'真得愚心所欲言而不能发者。'温公书帖，无一字不诚实也。"第 165 页。"温公在洛，应用文字皆出公手。"第 167 页。按：范祖禹在书局的时间仅次于司马光，贡献颇多，司马光赞赏有加，极力向朝廷举荐（见《温国文正公文集》卷 45《荐范梦得状》，第 10—11 页）。

⑤《续资治通鉴长编》卷 293 "元丰元年十月乙卯"条："端明殿学士兼翰林侍读学士提举崇福宫司马光乞子康充编修《资治通鉴》所检阅文字，从之。"第 2757 页。

第二节　参修《神宗实录》

继《通鉴》之后，范祖禹又陆续参与了《神宗实录》、《纪草》①、《神宗御笔文字》②、《神宗皇帝正史》③、《英宗实录》的修撰④，历任实录院检讨官、国史院修撰等职。⑤范祖禹因参修《神宗实录》而遭迫害之本末，在上篇分析其早逝原因中已经讲过。不过，这里还需要补充一点内容。章惇等元祐新党于绍圣元年四月请求重修《神宗实录》，以王安石《日录》载入之，尽改之前范祖禹等人所修之《实录》。元符三年（1100），左正言陈瓘又重提《实录》一事以抨击章、蔡二人，曰："下以继述神宗为名，以纂绍安石为主，立私门之好恶以为国是，夺宗庙之大美以归私史。"⑥建中靖国元年，又进《日录辩》，建议朝廷下诏重修《神宗实录》，但是未获批准。于是终北宋之亡，未再诏修。南宋高宗有"朕最爱元祐"的政治倾向⑦，建炎元年即位之初就下诏国史院差官"摭实刊修"绍圣新修之《实录》⑧，但由于政局动荡，未暇及此。绍兴四年（1134），经赵鼎与朱胜非推荐⑨，范冲继其父范祖禹之后也卷入到《实录》修纂一事当中。虽时隔多年，范冲对当年父亲因《实录》遭祸的事情仍心有余悸，所以不肯接受任命，这从下面的一段话里即可看出：

---

① 《太史范公文集》卷 24《进纪草札子》。

② 按：元祐六年十月四日修成。《太史范公文集》卷 6《进神宗御笔文字》。

③ 《续资治通鉴长编》卷 475 "元祐七年七月癸巳" 条："以翰林学士范祖禹、枢密直学士赵彦若修《神宗皇帝正史》，宰相吕大防提举，著作郎张耒编修，限一年毕。" 第 4442 页。

④ 按：即《英宗治平治要》，《玉海》卷 48《熙宁英宗实录》（第 910 页）均有记载。

⑤ 《续资治通鉴长编》卷 459 "元祐六年六月甲辰" 条："国史院置修撰官二员，内长官兼知院事检讨官一员，遂以翰林学士赵彦若、给事中范祖禹兼国史修撰，内彦若兼知院事。" 第 4303 页。

⑥ ［宋］陈均撰：《九朝编年备要》卷 25《蔡卞罢》，《文渊阁四库全书》（第 328 册），第 680 页。

⑦ ［宋］李心传撰：《建炎以来系年要录》卷 79 "绍兴四年八月戊寅" 条，《宋史资料萃编（第二辑）》，台北：文海出版社，1980 年，第 2506 页。

⑧ 《建炎以来系年要录》卷 5 "（建炎元年五月）辛卯" 条："宣仁圣烈皇后保佑哲宗，有安社稷大功，奸臣怀私，诬蔑圣德，著在史册，可令国史院差官，摭实刊修，播告天下。" 第 262 页。

⑨ 《郡斋读书志校正》卷 6《重修哲宗实录》详载诏修实录的原因及范冲受命的经过。第 233—234 页。

　　朱胜非奏曰："冲谓史馆专修神宗、哲宗《史录》，而其父祖禹当元祐中任谏官，后坐章疏议论，责死岭表，而《神宗实录》又经祖禹之手。今既重修，则凡出京、卞之意及其增添者，不无删改，倘使冲预其事，恐其党未能厌服。"上曰："以私意增添，不知当否？"胜非曰："皆非公论。"上曰："然则删之何害？纷纷浮议，不足恤也。"胜非曰："冲不得不以此为辞，今圣断不移，冲亦安敢有请。"①

　　在得知重修的真正原因及背后支持者之后②，范冲才接受任命，于绍兴四年（1134）夏奉诏来临安面见高宗。与元祐、绍圣年间不同的是，高宗时，对新旧《实录》的看法逐渐趋于客观，指出新旧《实录》均有优劣，例如，綦崇礼就持这样的见解：

　　《神宗皇帝实录》自有旧来朱墨本，系元祐年所修，已是成书；其朱本系绍圣年因蔡卞起请重修，将旧书所载多所增损，务要附会一时绍述议论，深诋元祐史官之非，其间语言不无过当失实，然亦有别行检会，引用照据，以证墨本未尽去处。并将二本参照修定，委是详备。③

　　范冲也有类似的看法，不过与綦崇礼不同的是，受《通鉴·考异》影响，他请求在重修《实录》之外另编《考异》以明去取，这显示出其修史观念已经比较成熟，但之所以会这样，与先前《实录》之祸有绝大的关系，这从他给高宗的奏折中就可以看出：

---

① 《建炎以来系年要录》卷 77 "绍兴四年六月丙申"条，第 2459 页。
② 按：高宗下诏冲修实录很大程度上是完成昭慈皇后之遗愿。昭慈曾对高宗说："吾老矣，幸相聚于此，他时身后，吾复何患？然有一事，当为官家言之。吾建事宣仁圣烈皇后，求之古今母后之贤，未见其比。因奸臣快其私愤，肆加诬谤，有玷圣德。建炎初，虽尝下诏辩明，而史录所载，未经删改，岂足传信后世？吾意在天之灵，不无望于官家也。"引文见《郡斋读书志校正》卷 6《重修哲宗实录》，第 234 页。
③ 《建炎以来系年要录》卷 76 "（绍兴四年五月）癸酉"条，第 2443 页。

　　臣窃惟《神宗皇帝实录》既经删改，议论不一，复虑他日无所质证，辄欲为《考异》一书，明示去取之意。……今《考异》依重修本书写，每条即著臣所见于后，庶几可考。……旧史成于元祐六年，而王安石《日录》出于绍圣之后，新史专用安石之说，去取之际，各有可议，参照稽考，必求其当。[①]

　　范冲此次重修《神宗实录》非常谨慎，表现出谨严的治史态度。如下文所示：

　　据史馆所用朱墨本，出于臣僚之家，私相传录，书写之际，悉从简便。臣记绍圣重修《实录》本，朱字系新修，黄字系删去，墨字系旧文。今所传本，其删去者止用朱抹，又其上所题字，盖当时签贴。[②]

　　鉴于这种情况，范冲决定依重修本书写《考异》，附己之所见于每条之后。为什么史馆会用出于臣僚家之朱墨本呢？因为绍圣中蔡卞等人"既改旧录，每一卷成，纳之禁中"[③]，意欲掩没其修改之行径，使新录独行，"所谓朱墨本者，不可得而见也"[④]。后来梁师成于禁中见其书，告诉了元祐诸家子孙，从上文"臣记绍圣重修《实录》本"一句推测，范冲可能就是经梁师成而获知此本本来面目。自汴京陷落，秘阁所藏典籍消散大半，原朱墨本亦当在其中，"有得其书者，携以渡江，遂传于世"[⑤]。南宋皇室为修神、哲二宗《实录》，屡次下诏访求书籍，范冲所说的出于臣僚之家的朱墨本亦应属于史馆所访求到的。历经三次修纂，《神宗实录》修纂风波终于宣告平息[⑥]。范祖禹父子先后与《实录》结缘，这或许是一种机缘巧合，与乃父相比，范冲的史学观念显得较为客观，修史态度亦较为严肃审慎。

---

① 《建炎以来系年要录》卷85 "（绍兴五年二月）辛丑"条，第2743—2744页。
② 《建炎以来系年要录》卷85 "（绍兴五年二月）辛丑"条，第2743—2744页。
③ 《直斋书录解题》卷4《神宗实录考异》，第130页。
④ 《直斋书录解题》卷4《神宗实录考异》，第130页。
⑤ 《直斋书录解题》卷4《神宗实录考异》，第130页。
⑥ 《宋史》卷 435《范冲传》："冲之修《神宗实录》也，为《考异》一书，明示去取，旧文以墨书，删去者以黄书，新修者以朱书，世号'朱墨史.'"第12906页。

第五章　治史论学 遗泽千秋：
范祖禹史学专著述评

第一节　《唐鉴》编纂始末考

《唐鉴》是一部鉴诚性的唐史大纲，记录了唐代近三百年的历史，全书共五万多字，从政治、经济、军事、文化等方面总结了唐朝兴衰的经验教训，范祖禹也因此被誉为"唐鉴公"。这部著作是范祖禹在参与编修《通鉴》的同时撰写的，从性质上来讲属于私修，更准确地讲是借官修之实力而修成的私史。

一、成书原因

《唐鉴》能够在宋代诞生并非偶然，而是诸多因素综合作用的产物，下面就来逐一分析。

任何学术的发展都离不开特定的社会背景，因此在展开论述之前，有必要先对当时的社会背景进行简单的交代。在宋太宗、真宗时期，种种社会问题就已经暴露出来了，但由于当时社会相对安定、经济尚处于发展阶段，所以田锡、王禹偁等人"别布新条"①、"治之维新，救之在速"的更张呼声尚未形成一股强劲的思潮②。但是到了仁宗时期，情况发生了较大的变化，从康定元年（1040）到庆历二年（1042），宋夏战争不断，宋辽战争一触即发。与此同时，祖宗法度之弊端日趋显露，各种社会问题逐渐加深：政治腐败，赋税名目繁多，加上连年灾荒，农民起义持续不断，阶级矛盾日益激化，北宋政权面临着统治危机。内忧外患的严峻处境，使得统治集团中的一些人开始意识到不能再照老样子下

---

① 《宋朝诸臣奏议》卷 145《上太宗条奏事宜》（田锡），第 1647 页。
② 《宋朝诸臣奏议》卷 145《上真宗论军国大政五事》（王禹偁），第 1649 页。

去了，于是更张法治、革弊求新的呼声日益高涨，由范仲淹所发起的"庆历新政"就是在这种思潮影响下萌生的革新运动。北宋文人普遍具有可贵的自觉精神，面对"三冗"之弊带来的各种社会和政治危机，士大夫能以高度的社会责任感和使命感，呼唤通变救弊、纷陈救弊之策①。原因在于北宋建国后实施文官制度，文人成了政治主体力量，这使他们"从内心深处涌现出一种感觉，觉到他们应该起来担负着天下的重任。范仲淹为秀才时，便以天下为己任。他提出两句最有名的口号来，说：'士当先天下之忧而忧，后天下之乐而乐。'这是那时士大夫社会中一种自觉精神之最好的榜样"②。在这种形势下，一部分有识之士通过著书立说的方式积极地为统治者建言献策。唐代的繁荣昌盛成为宋朝君臣共同向往的对象，他们普遍认为唐代统治时间较长且距宋代近，可资借鉴的地方多，如"国家虽承五代之后，实接唐之绪，则国家亦当以唐为鉴"③，再如"臣闻之荀卿曰：'道不过三代，道过三代谓之荡。'言其远而难信也。本朝去唐正同三代，其事近而易考，所宜宸衷之留听也"④。这些言论反映了他们想从唐史中寻求治世良策的明确目的。宋仁宗采纳了张方平提出的"乞今后节略唐书纪传中事迹今可施行、有益治道者，间录一两条上进。伏乞万机之暇特赐开览，善者可以为准的，恶者可以为鉴戒"这个建议⑤，从统治者层面正式开启了以唐为鉴的时代风气。但是，现实需要与唐史研究的状况发生了矛盾：官方除了宋太祖建隆二年（961）将《唐会要》一百卷续成之外，再没有其他的唐史修纂工作。私家修史对唐史的关注也不多，即使有，水平也不高。例如，宋真宗朝陈彭年曾"用编年法次刘明远新书"⑥，撰《唐纪》40卷，但此书"最号疏略，故三百年治乱善恶之迹，……多所脱遗"⑦。据记载，仁宗天圣五年

---

① 《北宋文人与党争——中国士大夫群体研究之一》，第24页。
② 钱穆著：《国史大纲》，北京：商务印书馆，2001年，第558页。
③ ［宋］石介著，陈植锷点校：《徂徕石先生文集》卷18《〈唐鉴〉序》，北京：中华书局，1984年，第210页。
④ 《宋朝诸臣奏议》卷6《上哲宗乞诏儒臣讨论唐故事以备圣览》（苏颂），第55页。
⑤ ［宋］张方平撰：《乐全集》卷24《请节录唐书纪传进御》，《宋集珍本丛刊》（第5册），北京：线装书局，2004年，第521页。
⑥ 《文献通考》卷193《经籍二十·唐纪》，第1632页。
⑦ 《文献通考》卷193《经籍二十·唐纪》，第1632页。

十二月，秘书监致仕胡旦复上其所撰《唐乘》70 卷①，但是现存史料中尚无发现对其内容、体例等情况的详细记载，因此，笔者推测这部著作在当时并无引起太多关注。修成于五代后晋时期的《旧唐书》也存在着不少缺陷，欧阳修在《进〈唐书〉表》中说："五代衰世之士，气力卑弱，言浅意陋，不足以起其文，而使明君贤臣、骏功伟烈与夫昏虐贼乱、祸根罪首，皆不足暴其善恶，以动人耳目。诚不可以垂劝诫、示久远。"②这种观点代表了当时统治阶级以及部分有识之士对《旧唐书》的不满情绪。马克思说："意识在任何时候都只能是被意识到了的存在，而人们的存在就是他们的实际生活过程。"③北宋史家正是基于当时的社会形势而更加关注历代王朝尤其是唐朝政权的治乱兴亡问题，现实激发他们从各自的认识出发，以不同的视角，运用不同的体裁、体例对唐代兴亡的历史作出解释，引发世人的思考④。司马光选择"凡关国家之盛衰，系生民之休戚，善可为法，恶可为戒，帝王所宜知者"编纂成《通鉴》⑤，也正是出于这个目的。

从大环境来讲，北宋中期的统治危机所引发的唐史研究热潮为《唐鉴》的撰写营造了良好的氛围。在此前提下，一批唐史著作相继问世，例如王沿的《唐志》、石介的《唐鉴》、孙甫的《唐史记》、梅尧臣的《唐载》、欧阳修的《新唐书》、吕夏卿的《唐书直笔》、吴缜的《新唐书纠谬》等，这些著作又为范祖禹《唐鉴》的撰写积累了宝贵的经验。具体分析如下：

（1）"宋继唐统"的正统论观念与《春秋》之义。

一般而言，"正统论"就统系来说有两层含义：一是指历史纵向发展过程中的各个不同政权间的统系继承问题，体现为史家对其政权在纵向的政治序列中合法性的认同；二是指同一政权中不同的统治者间的统系继承问题，反映了

---

① 《续资治通鉴长编》卷 105 "天圣五年十二月庚寅"："秘书监致仕胡旦复上其所撰《演圣通论》七十二卷、《唐乘》五十卷。"第 944 页。

② ［宋］欧阳修撰：《欧阳修全集·进新修唐书表》，北京：中国书店，1986 年，第 691 页。

③ 马克思、恩格斯著：《马克思恩格斯全集》第 3 卷，北京：人民出版社，1960 年，第 29 页。

④ 王盛恩、黄秋啸：《北宋中期的唐史研究述略》，《平原大学学报》2006 年第 1 期，第 71—74 页。

⑤ 《续资治通鉴长编》卷 208 "治平三年四月辛丑"条，第 1929 页。

史家对不同君主在其政权内部政治序列中合法性的认同①。由于宋代民族矛盾异常尖锐，为了借严夷夏之别以排斥少数民族政权，用正统论为赵宋王朝的存在寻找合法性，加之理学的兴起及影响，史学家多崇尚《春秋》，引申、发挥《春秋》"尊王"大义，反映在其史著中则多以"义理"为准绳。

宋朝的统继问题是北宋史学家争论的热点，这种现象的产生与宋、西夏、契丹政权并立的特定局面有直接的关联，争论中的分歧也没有实质上的差别，所不同的仅仅在于续统的对象不同而已，但都是为了给赵宋政权确立其在王朝统继序列中之正位寻找理论支持，张方平、欧阳修、章望之、司马光、苏轼等人都曾参加过这场争论②。欧阳修持"宋继梁统"论，作《正统论》。章望之、石介则持"宋继唐统"论，章望之作《明统论》以与欧阳修辩正统之说，其中篇云："予今分统为二名，曰正统、霸统。以功德而得天下者，其得者正统也，尧舜夏商周汉唐我宋其君也；得天下而无功者，强而已矣，其得者霸统也，秦晋隋其君也。"③石介在自著《唐鉴》中明确表示："国家虽承五代之后，实接唐之绪。"④这场争论的结果是"宋继唐统"论占据了上风，原因主要是唐朝是距宋代最近的、治乱兴衰轨迹清晰的王朝，可资借鉴的地方多，"其事近而易考"⑤。这些具有时代特色的正统论观点，在范祖禹的《唐鉴》中有明显的体现，例如，范祖禹在《唐鉴序》中也认为唐代治乱之迹"皆布在方策，显不可掩"，提出"今所宜鉴，莫近于唐"的主张，并且将"取鉴于唐"和"取法于祖宗"相提并论⑥，这其实就表明了范祖禹对"宋继唐统"观点的认可与自觉运用。

唐朝内部的统继问题是北宋史家面临的第二个层面上的正统论之争，他们

① 宋馥香：《论〈唐鉴〉的编纂特点及历史评论特色》，《郑州大学学报》（哲学社会科学版）2004年第2期，第74页。
② 宋馥香：《论北宋的唐史编纂和政治诉求》，《史学理论研究》2006年第3期，第82页。
③ 饶宗颐著：《中国史学上之正统论》，《学术集林丛书》，上海：上海远东出版社，1996年，第106页。
④ 《徂徕石先生文集》卷18《〈唐鉴〉序》，第210页。
⑤ 《宋朝诸臣奏议》卷6《上哲宗乞诏儒臣讨唐故事以备圣览》（苏颂），第55页。
⑥ 《唐鉴》卷12《昭宗》"右唐起高祖武德元年"条："夫唐事已如彼，祖宗之成效如此，然则今当何鉴不在唐乎？今当何法不在祖宗乎？夫惟取鉴于唐，取法于祖宗，则永世保民之道也。"第349页。

将《春秋》之义引进史学著作，从多个角度剖析唐代历史。王沿所著《唐志》就是依《春秋》的道德标准裁判唐代史事，是宋代效法《春秋》之义裁判唐代历史的第一部研究著作。孙甫强调史书须效法《尚书》《春秋》之意，认为《旧唐书》不足以垂戒后世，从而仿《春秋》编年法著成《唐史记》75 卷。范祖禹以《春秋》的价值判断标准著史，最突出的表现是仿照《春秋》昭公二十六年"公在乾侯"的书法，把武则天时期的历史系于中宗之下，以中宗的年号编年记事，将武则天排斥于"正统"之外。

（2）重视编年体裁的运用。

为一定的政治集团服务的史学，其政治上的要求是可以通过不同的编撰形式反映出来的[①]。北宋史学家对于不同史书体裁功能的认识已经达到了非常自觉的程度，开辟了一条认识历史编纂与治道关系的新途径，同时，对史书体裁、体例的创新也有着启发意义[②]。宋代史学家大多认为，编年体优于纪传体，其中以《唐史记》著者孙甫的观点最具有代表性。他认为纪传体是把"治乱之迹散于纪、传中，杂而不显"[③]，"不足以彰明贞观功德法治之本、一代兴衰之由"[④]，而编年体以时间为线索，"体正而文简"[⑤]，能够完整清晰地展示历史兴衰的发展过程，因此他主张以编年体改造《旧唐书》，删"文繁者"，改"失去就者"，补"意不足而有它证者"，去"事之不要者"，增"要而遗者"，正"是非不明者"[⑥]，从而总结唐代近三百年间的政治得失，揭示其治乱兴衰的原因，并将可资借鉴者用"论"的形式加以阐释，使"人君""人臣"览观之后，"备知致治之因，召乱之自"，从"善者"，戒"不善者"，唯其如此，才能常兴"治道"，预弭"乱本"[⑦]。尽管由于过分强调史家的价值体系而导致孙甫对纪传体功能的认识存在明显的偏差，但这恰恰体现了不同史家对历史进程的不同理解，以及在特定

---

① 瞿林东著：《中国史学的理论遗产》，北京：北京师范大学出版社，2005 年，第 162 页。

② 宋馥香：《论北宋的唐史编纂和政治诉求》，《史学理论研究》2006 年第 3 期，第 86 页。

③ ［宋］孙甫撰：《唐史论断·序》，《文渊阁四库全书》（第 685 册），第 645 页。

④ ［宋］孙甫撰：《唐史论断》自序，第 645 页。

⑤ ［宋］孙甫撰：《唐史论断》自序，第 644 页。

⑥ ［宋］孙甫撰：《唐史论断》自序，第 645 页。

⑦ ［宋］孙甫撰：《唐史论断》自序，第 645 页。

时代对史学体裁政治诠释功能的需求，而修成于仁宗时期的《新唐书》就可以看作是这种需求的一次有益尝试。以"暴其善恶以动人耳目"为宗旨①，欧阳修等一批学者大胆地对《旧唐书》的体例进行了改造，举一例为证：将大奸、大逆细分为"奸臣""叛臣"和"逆臣"三大类传，分别记载"恶之甚者""敢为悖乱"和"称兵犯上僭位"者②，增加了"藩镇传"，使其与"外戚""宦官"共同编次在"夷""狄"之后，通过类例和编次，反映史家欲鉴唐世藩镇连兵之祸的为史之意和价值评判标准，提醒统治者引以为戒③。范祖禹所著《唐鉴》也采用了编年体裁，以唐代十四世二十位君主的更替为时间顺序编排史料，不过，他在承继的同时，还进行了革新，那就是在编年体中加重了评论的分量，是编年体与史评体相结合的典范。

（3）史料采择目的性强。

史学家对于史料的采择，其实就体现了他们对待历史事件的态度和治史的目的。在现实需要的推动下，北宋中期的史学家普遍重视对唐代历史的研究。《唐史记》著者孙甫将史料的选择和著史目的紧密地结合在一起，力图通过《春秋》《尚书》二经之意，采撰唐代"善恶分明、可为龟鉴者，各系以论"④，为本朝统治者提供济世良方。石介"采撅唐史中女后、宦官、奸臣事迹，各类集作五卷"⑤，著成《唐鉴》，重点从反方面总结兴衰的经验教训，指出有三种情况会导致国破民殃，其一是"女后预事"，其二是"阉官用权"，其三是"奸臣专政"，并劝鉴统治者不可使奸臣专政、女后预事、宦官任权，否则就会出现"国家丧""社稷倾""天下乱"的局面。唯其如此，才能"国祚延洪，历世长远，当传于子，传于孙，可至千万世"，而不像唐代"龊龊十八帝，局促三百年"。《通鉴·唐纪》在全书中的比重最大，这种处理方式显然与时人重视唐代历史有关。范祖禹所著《唐鉴》扩大了研究范围，内容涉及政治、经济、军事、文化、伦理等诸多方面，但都有很强的针对性，这就体现了宋代史学家对史料采

---

① 《欧阳修全集·进新修唐书表》，第 691 页。
② 《十七史商榷》卷 85 "新书并立体例远胜旧书"条，第 917 页。
③ 宋馥香：《论北宋的唐史编纂和政治诉求》，《史学理论研究》2006 年第 3 期，第 87 页。
④ 《四库全书总目》卷 88《唐史论断》，第 752 页。
⑤ 《徂徕石先生文集》卷 18《〈唐鉴〉序》，第 211 页。

择目的性的明确认识与准确定位。

（4）突出的鉴戒思想。

宋代科举重策论的改革，促进了文风的转变，将士人的兴趣引向作文，又因策论文章多与史学关联，因而大部分宋代文人学识渊博且谙熟历史及典章制度，同时也促成了宋人喜好议论的特点。儒学在宋代得到了振兴，传统的以天下为己任的价值观念得到重新光大，在这种情况下，北宋士人普遍关注现实，又因为用人唯才唯德，故普遍企望有所作为，具有强烈的使命感。关心国家命运，关注民生疾苦，也成为当时士人的共同特征。从历史中获取经验以更好地应付统治危机，是北宋统治阶级向史学家们提出的新要求，所以"鉴戒"就是这一时期历史研究的最直接的目的和特点，适应这种目的的史学形式就是"史评"，即在记载历史事件和历史人物时，针对这些事件或人物进行评论，发表作者自己的看法，也称为"论赞体"。论赞古已有之，刘知幾曰：

> 《春秋左氏传》每有发论，假"君子"以称之。二《传》云"公羊子""谷梁子"，《史记》云"太史公"。既而班固曰"赞"，荀悦曰"论"，《东观》曰"序"，谢承曰"诠"，陈寿曰"评"，王隐曰"议"，何法盛曰"述"，扬雄曰"撰"，刘昞曰"奏"，袁宏、裴子野自显姓名，皇甫谧、葛洪列其所号。史官所撰，通称"史臣"。其名万殊，其义一揆：必取便于时者，则总归论焉。①

刘知幾所列举的十几种论赞名称，或"明意"，或"平理"，都离不开总结事之成败，评论人之善恶，集中反映了作者的见解和旨趣。因此，古代史学家大多很重视史书编著中的议论。但相比之下，宋代史论特别发达，喜好议论成为宋人所修书的一大特点，现存宋人文集中几乎都有比例可观的史论存世。为了更充分地抒发胸臆，他们还增加了史书评论的分量，以突出鉴戒思想，例如欧阳修《新五代史》中的序、论往往长达几百字；司马光《资治通鉴》中

---

① ［唐］刘知幾撰，［清］浦起龙释：《史通通释》卷4《内篇·论赞第九》，《国学基本丛书选》，上海：上海书店，1988年，第52页。

以"臣光曰"发凡的评论有的也长达千余字；孙甫《唐史记》谨于劝诫之义，其中的评论在北宋即被辑出，以《唐史论断》的书名流传。这些现象在先前的历史著作中是不多见的。范祖禹的《唐鉴》在前辈的基础上又进了一步，将史评从附属于其他史学体裁的地位提升到与史实并立的地位，采用先史后论的编纂体例，"摄取大纲，系以论断"①，而且评论文字简洁明快、笔锋犀利，以史说理的趋向非常明显。《唐鉴》以其大量精辟独到的论断而受到好评，程颐评价《唐鉴》说："自三代以后，无此议论。"②范祖禹为自己的著作取名《唐鉴》，显然也是受到了这种突出的鉴戒思想的影响。

从年龄上来讲，王沿、石介、孙甫等人是范祖禹的前辈，他们的言论以及著作必然会对从小就饱读史书且喜好唐史的范祖禹产生较大的影响。从唐史编纂中，我们也清晰地看到了宋人对史料采择之目的性的清醒认识和以《春秋》为价值理念的历史编纂实践③。他们无不以为统治阶级寻求政治借鉴为目的，体现出强烈的忧患意识和以史学经世的思想，并把"求真传信"放在首要的位置，应该说较好地做到了史学"求真"与"经世"的统一。突出的鉴戒思想、浓厚的史评色彩、采用《春秋》褒贬之法以及编年体裁，这几个特点在范祖禹的《唐鉴》中均有体现，作为这股唐史研究热潮中的后起之秀，范祖禹受到这几部唐史研究著作的影响是显而易见的。良好的教育以及自身的努力，使范祖禹具备了坚实的知识储备，这是《唐鉴》得以问世的基本条件。这一点已经在前文分析范祖禹被选入《通鉴》书局的原因中讲过，此不赘述。参与编修《通鉴》为《唐鉴》提供了很好的契机，与主编司马光发生意见分歧是范祖禹决定写完并公布《唐鉴》的直接原因。

因为偶然的机会而进入书局参与编修《通鉴》，为《唐鉴》的撰写埋下了伏笔，《通鉴》为《唐鉴》提供了一个很好的机遇与平台。范祖禹充分利用了北宋朝廷提供给《通鉴》的两个便利条件，即丰富的国家藏书以及政治上的保障，这是《唐鉴》能够问世的重要条件。正如范祖禹自述，《唐鉴》是他在进

① 《四库全书总目》卷88《唐鉴》，第751页。
② 《晁氏客语》，第166页。
③ 宋馥香：《论北宋的唐史编纂和政治诉求》，《史学理论研究》2006年第3期，第89页。

入书局担任编修官之际"于绌次之余"①、"职事之余"②,"讨论唐史"③,"稽其成败之迹"编辑而成的④,这就表明是《通鉴》为《唐鉴》的编著提供了可能。如果司马光当年没有举荐范祖禹做"同编修",还会不会有《唐鉴》这部书?当然,我们并不否认这种可能性,但是如果没有做《通鉴》书局同编修这样的机会,仅凭范祖禹当时的身份和地位,又怎么可能那么早地接触到"龙图、天章阁、三馆、秘阁书籍"?而如果没有足够丰富的材料,又怎么可能对唐代历史博征详考?另外,《通鉴》可以说是母体,孕育佑护了《唐鉴》。由于历受英宗、神宗、哲宗的重视,《通鉴》从编纂到校订刊刻,尽管经历了种种政治风波,依然尽得史馆之便利条件,而正是在这棵大树的荫护下,范祖禹才得以在一个相对安定的环境下潜心修《唐鉴》。司马光学术上的指导以及为人处事方面的影响,也是《唐鉴》成书的重要原因。范祖禹在进入书局前,从其家学渊源来看,他只是比较精于唐代历史,但这只是传闻层面上的,当时尚未有一两部著作可以证明他的治史才能。其实,范祖禹修史实践方面的不成熟在他入书局不久就表现出来了。司马光交代范祖禹先做唐丛目的附注工作,然后再做长编,而范祖禹又是怎样执行的呢?他急于求成、荒疏粗心,在"自《旧唐书》以下俱未曾附注"之时就打算开始做唐长编,对于范祖禹的这种做法,司马光进行了含蓄但不失严厉的批评,"如何遽可作长编也"就很好地表现出司马光对待这件事的态度。当然,司马光并未仅仅停留在批评的浅层面上,对于范祖禹这个后辈,他采取了耐心教导的方式,在信中不仅详细交代了每个工作步骤,为加深理解,他还列举了若干例证,甚至还随信捎去了样本以供参照,这一方面体现了司马光治学的严谨精神,同时也表现出他对于后学的殷殷教导之心。正是司马光在修书过程中的精心指导,才促使范祖禹日渐成熟,可以说,范祖禹是司马光一手培养起来的史学家。总之,正是进入书局这样的机遇,为范祖禹编写《唐鉴》提供了充足的物质、时间、资料保障以及著史经验,而这一切与司马

---

① 《太史范公文集》卷13《进〈唐鉴〉表》。

② 《太史范公文集》卷13《又上太皇太后表》。

③ 《太史范公文集》卷13《又上太皇太后表》。

④ 《太史范公文集》卷13《进〈唐鉴〉表》。

光都有着密切的关联。

范祖禹说自己在修《通鉴》唐长编"绅次之余"，同时为《唐鉴》搜集素材，这说明他一开始就有写作计划了。可是为什么呢？在唐长编编好之前，司马光肯定还不可能以"臣光曰"的形式加进自己对唐史的看法，只是针对长编的取材及编写步骤给范祖禹以指导，也就是说这时二人的观点尚未发生冲突，那就意味着《通鉴》唐长编将来有两种可能：一是只体现司马光的一己之意，二是二人观点融合。但无论怎样，必定不可能全部体现范祖禹的史学思想，而作为一个入仕不久、年富力强、试图大展抱负的有志青年，强烈的自我伸张、自我表现的欲望促使他从一进入书局起，就开始借修《通鉴》可以见到大量史料的好时机，把自己感兴趣、有益治国安邦的材料搜集在一起，边搜集边以"臣祖禹曰"的形式把自己的感想写下来。在变法派把持朝政的政治形势下，没有机会施展自己的才华为朝廷效力，范祖禹心情的苦闷是可想而知的。前途渺茫，仕途无望，这种情况迫使他"不汲汲于进取"①，既然没有机会在朝堂之上进言尽忠，无法排遣的他很自然地就把满腔的热情投入到了著书立说当中。换言之，范祖禹从进入书局不久就有了自己写作的打算，而真正着手搜集资料照常理应该不会是在入局之初，因为当时书局事务多，人手少，而修唐长编需要投入很多的时间和精力，所以很有可能是在熟悉各种文献之后的一段时间，在"绅次之余"开始汇集资料的。而他必定是边搜集边发表议论的，因为他是独著《唐鉴》的，享有完全的主动权。不像司马光得等助手把各代长编逐部做好之后，再经自己删减，最后才附加议论。

《唐鉴》起初只相当于一种随笔或叫写作心得、写作感言，从范祖禹与司马光私人交情的角度来看，他似乎不可能在《通鉴》之外另编一部书公然来和司马光唱对台戏，所以不排除他私下将见解写下来的可能②。也就是说，刚开始范祖禹并没有打算将来把《唐鉴》公诸于世，只是等唐长编逐步编完开始进

---

① 《宋史》卷337《范镇传》，第10784页。
② 按：李裕民先生认为"宋学"比"理学"更能反映宋代儒学的特色，而"宋学"的精神就是"独立精神，自由思想"。宋儒"重视独立思考，不受任何圣贤框框限制，博采众长，提出独到的见解"。见李裕民著：《宋史新探·论宋学精神及相关问题》，西安：陕西师范大学出版社，1999年，第161页。

入删减加评论阶段时，范祖禹发现《通鉴》唐长编 "是非予夺之际，一出君实笔削" ①，体现的是司马光的一家之言，与自己对相关事件的看法上存在很多的分歧，这时的他想必才坚定了继续把自己的见解写下来的想法。既然仕途无望，就借着手中的笔和唐朝的事把自己的政治观点展现出来，这无论如何也算做是一种精神寄托和对自己学术人生的交代。

从《通鉴》唐长编已编完这一事实可以推知《唐鉴》的资料此时必定也已搜集完毕，开始将观点补充齐备。因为《唐鉴》的材料是范祖禹以自己的取舍标准选择的，不需要像《通鉴》唐长编的材料那样还得经历较长的删减阶段。《通鉴》从治平三年（1066）四月起至元丰七年十二月，历时十九年修成进呈，而据《进〈唐鉴〉表》可知《唐鉴》撰述时间始于熙宁三年（1070）六月进入书局以后、修《通鉴》之余进行。完成时间据《论丧服俭葬疏》（元丰八年六月七日上）："臣尝采唐事，为《唐鉴》数百篇，欲献之先帝，属先帝不豫，未及上"，及《宋史》卷16《神宗纪三》："（元丰）八年春正月戊戌，帝不豫"，可推知约修成于元丰八年（1085）春正月以前。《唐鉴》成书时间约为十五年。二 "《鉴》" 约同时完成，不过《通鉴》进呈于十二月，而范祖禹在《通鉴》进呈之后准备将《唐鉴》也进献给神宗，不料恰逢神宗身体欠佳而未遂。后来，神宗驾崩，所以拖到哲宗元祐元年（1086）二月才正式上奏朝廷。不过范祖禹在元丰八年六月上疏论丧服时就已经迫不及待地将《唐鉴》中两篇论厚葬及丧服之文附其后以进，可见他表达自己观点的愿望是何等强烈。"［范祖禹］另起炉灶修撰《唐鉴》" 这种说法是不准确的。正如前面所分析的那样，他起初只是出于兴趣，只是在后来进入唐长编的删减、附加评议阶段时，发现自己与司马光的分歧之后才有了将来把自己的作品公布的想法，并不是一开始就这样想的。这一点是可以肯定的。

司马光对范祖禹进入书局之初即搜集相关资料以编写《唐鉴》之事如何看待？其实，对于这一点范祖禹没有必要隐瞒，因为这是很正常的事情。只是当二人意见产生分歧时，范祖禹顾及私人交情可能就有些遮掩了，因为公开暴露

---

① ［宋］刘羲仲撰：《通鉴问疑》，《文渊阁四库全书》（第686册），第10页。

自己与司马光唐史观点的不同，在他看来是一个困难的抉择，"欲毁京师所刊
《唐鉴》"就是这种矛盾心理的真实写照①。但是出于表达自己思想观点的强烈
愿望以及忠君报国思想，范祖禹最终还是抱着"虽获罪于君子而不辞也"的心
理将《唐鉴》刊印行世②。所以，可以推知，《唐鉴》的修撰经历了一个由公开
到半隐蔽到隐蔽再到公开的过程。不过，从司马光的为人来看，即使他早知道
范祖禹自著《唐鉴》与自己观点不一致，想必也不会介意的，因为这纯粹是史
学观点的分歧，何况这种分歧并不是根本性的，最终的目的都是一样的，作为
一代大政治家、著名史学家的司马光的心胸也不至于如此狭窄。至于范祖禹说"虽
获罪于君子而不辞也"③，这只是他自己的心理状态罢了。二人私交很好，《自警
编》卷6引《范太史遗事》曰："范公祖禹除正言，客有言于温公，以公在言路，
必能协济国事。温公正色曰：'子谓淳夫见光有过不言乎？殆不然也。'"对于司
马光的过错范祖禹都敢直言相告，足见其交情之深厚，对于晚辈的不同见解，
司马光必不至于小气到压制或影响私交。

　　以上就是对《唐鉴》成因的分析④。总之，北宋中期的唐史研究热潮为《唐
鉴》的撰写营造了良好的氛围，热潮中涌现出的一批唐史著作为《唐鉴》提供
了很好的借鉴，作者扎实的知识积累是《唐鉴》得以撰成的基本保障，参与
编修《资治通鉴》并与主编司马光发生意见分歧是《唐鉴》公布于世的直接
原因。

---

① 《宋元学案》卷21《华阳学案》，第847页。

② 《唐鉴》卷4《中宗》"神龙元年春正月"条，第104页。

③ 《唐鉴》卷4《中宗》"神龙元年春正月"条，第104页。

④ 按：对于《唐鉴》的修撰原因还有另一种说法，［清］俞正燮撰，涂小马等校点：《癸巳类稿》卷12《书
〈唐鉴〉后》云："宋四明僧志磐作《佛祖统纪》有云欧阳修、宋祁、范镇修《唐书》，如高僧玄奘、神秀
诸传，在《方技传》者，以至贞观为战士建寺荐福之文并削之。有净因自觉禅师，初学于司马光，尝闻光
言曰：永叔不喜佛，《旧唐书》有涉其事者必去之。尝取二本对校，去之者千余条。因曰：驾性命道德之
空言者，韩文也；泯治乱成败之实效者，《新书》也。范祖禹闻光言，乃更著《唐鉴》，阴补《新书》之阙。"
对于这种说法，俞正燮进行了批驳，略曰："其说甚怪，检《旧唐书》，佛事并无千余条，《唐鉴》三百六
条，亦不说神秀、玄奘荐福事。至贞观三年闰十二月，各交兵处建寺，则旧、新《唐书》皆有，而《唐鉴》
反无之。僧徒虚言，诬司马光，诬欧阳修、宋祁、范镇，诬范祖禹，于《旧唐书》、《新唐书》、《唐鉴》尽
诬之。"《新世纪万有文库》（第五辑），沈阳：辽宁教育出版社，2001年，第402页。

二、内容结构及史料采择

《唐鉴》以编年为序，记载了唐代从高祖武德元年（618）到昭宣帝天祐四年（907）十四世二十帝二百九十年的历史，各部分内容的分布差别较大，其中占全书比重较大的有太宗、玄宗及德宗三朝，这与各位帝王在位时间的长短以及可资借鉴的史事多寡有很大的关系。表 3 是在对上海图书馆所藏 12 卷本《唐鉴》内容进行粗略统计的基础上制作而成的，通过此表，《唐鉴》内容分布情况与侧重点即可一目了然。

表 3　上海图书馆所藏 12 卷本《唐鉴》内容分布

帝王	高祖	太宗	高宗	中宗	睿宗	玄宗	肃宗	代宗	德宗	顺宗	宪宗	穆宗	敬宗	文宗	武宗	宣宗	懿宗	僖宗	昭宗	昭宣帝
史实	20	55	12	25	3	41	16	12	56	3	31	4	3	7	6	8	3	11	10	5
评论	19	55	11	3	2	40	15	11	56	2	31	3	3	6	5	7	2	10	7	5

备注：本表"史实"与"评论"均以"条"为计量单位。太宗、德宗、宪宗、敬宗、昭宣帝评论中均含总结性评论 1 条。中宗 25 条史实中含武后简事 22 条，3 条评论中武后仅 1 条。全书史实合计 331 条，评论合计 294 条（含在全书末尾范祖禹对唐代所做的一条整体性评论），两部分字数相当

前文已经讲过，范祖禹在修《通鉴》唐长编时参阅了大量与唐代有关的史料，对唐史的研究相当深入，这就为他自著《唐鉴》奠定了扎实的基础。笔者对吕祖谦音注 24 卷本《唐鉴》进行了粗略的统计①，发现在《唐鉴》近三百条评论中，直接或间接引用的经史著作及名人言论约有三十多种，见表 4：②

表 4　《唐鉴》评论中直接或间接引用的经史著作及名人言论

文献/人名	具体篇章/言论
孝经	圣治章；事君章
国[语]	晋语；楚语

① 按：采用《金华丛书》本。[宋]范祖禹撰，[宋]吕祖谦音注：《唐鉴》，《金华丛书》，扬州：广陵古籍刻印社，1983 年。

② 按：表中文献及具体篇章名称仍沿用《金华丛书》吕祖谦注本二十四卷《唐鉴》中之名称，在文献简称后以圆括号进行补充注解。具体篇章仍遵循其在此本中出现之先后顺序，同一篇章复出者则略去不记。

续表

文献/人名	具体篇章/言论
诗［经］	大雅文王诗毛苌（语）；思齐诗；小旻诗；蓼莪诗；凫鹥诗；小雅谷风诗；鹿鸣诗；烝民诗；六月诗；郑氏商颂长发诗笺；洞酌诗；商颂
［尚］书	舜典；说命；牧誓；召诰；周官；盘庚；金縢；大禹谟；冏命；胤征；伊训；无逸；仲虺之诰；太甲；皋陶谟；旅獒；洛诰；吕刑；洪范；汤诰；立政；顾命；周书；酒诰；毕命；泰誓；康诰；尧典；汤誓；大禹谟
［周］礼	地官；天官；冬（官）考工记
［礼］记	王制；文王世子；中庸；学记；礼运；聘义；乐记；大学；檀弓；缁衣诗；祭义
［周］易	师卦上六；既济九三；乾卦；系辞；坤卦；说卦（传）；鼎卦；咸卦；否卦；家人卦
春秋	庄九年；昭二十五年；僖三十三年
左［传］	襄四年；隐八年；闵二年；文十八年；昭二十六年；昭四年；僖十五年；僖二十二年；隐五年；成二年；襄十八年；庄十一年；僖公二年；成十年
道德经	（1）佳兵者，不祥之器。（2）善人者不善人之师；不善人者善人之资
法言	问神篇；寡见
［论］语	颜渊；宪问；语十三；语十二；语十四；语十五；语三；语五；语八；语七；语十六；语十六
孟［子］	公孙丑上；离娄上、下；梁惠王；尽心上；万章下；滕文公上；告子
荀［子］	儒效篇；王霸篇
庄子	天道第十三
管子	九守；法令
风俗通	氏族篇
初学记	—
淮南子	—
［孔子］家语	相鲁
史［记］	周纪；秦纪；殷纪；吴世家；周公世家；齐世家；孔子世家；赵世家；越世家；李斯传；赵高传；高祖本纪；南越王赵佗传
班彪	王命论
前［汉书］	娄敬传；淮南王传；匈奴传；主父偃传；刑法志；陆贾传；贾谊传；申公传；晁错传；宣帝纪；佞幸董贤传；翟方进传；百官公卿表；韦元成传；石显传；刘向传；（汉武帝）本纪；礼乐志；食货志；徐乐传；刘向传；张耳传；陈余传；萧何传；郊祀志；霍光传；宣帝纪
后［汉书］	王霸传；王符传；臧宫传；王崇传；党锢传；马援传

续表

文献/人名	具体篇章/言论
［新］唐［书］	高祖本纪；太宗本纪；虞世南传；萧铣传；百官志；食货志；礼乐志；薛延陀传；蛮夷西突厥传；段秀实传；魏徵传；柳宗元传；韩愈传；儒学传；高丽传；段平仲传；长孙无忌传；褚遂良传；韩瑗传；来济传；李敬业传；让皇帝宪传；承天皇帝倓传；张九龄传；李林甫传；睿宗纪；杨贵妃传；崔殖传；宇文融传；韦坚传；杨慎矜传；王铁传；刘晏传；颜杲卿传；张介然传；郭子仪传；李光弼传；张庶人传；李甫国传；刘贞亮传；孙伏伽传；陆贾传；李德裕传；裴度传；冯盎传；南蛮传；宦者传；杨复恭传；僖宗本纪；蛮夷传
旧［唐书］	德宗本纪
晋书	荀勖传
柳宗元	封建论
欧阳修	言行录
昌黎文集	争臣论

范祖禹一生历经"庆历新政""熙丰变法""元祐更化"以及"绍圣新政"四个时期，尤其是在后三个时期里受到的影响比较大，这些必然会在他的著作以及言论中有所反映。《唐鉴》完成于熙丰变法时期，由于当时官位较低，再加上追随司马光在洛阳修书，远离政治中心汴京，在这一时期里，对于变法，范祖禹并没有留下公开的言论。但是，仔细检寻《唐鉴》中所择取的唐代史实就会发现，在史料采择方面，范祖禹的目的性非常强，除了一些一般史论著作均会涉及的常规性论述如为君之道、宦官等问题之外，还有相当一部分内容是间接影射熙丰变法的，他是想通过对唐代相类似史实的评论，从侧面反映自己对于变法的态度。现择其要分述如下：

（1）"祖宗家法"问题。《唐鉴》开篇就强调人主尤其是创业之君制定"正家之法"的重要性，即"夫创业之君，其子孙则而象之，如影响之应形声，尤不可不慎举也"①。高宗受太宗"嘉纳直言，导群臣以谏争"做法的影响②，鼓励群臣进谏，范祖禹以此为例，肯定了制定与遵守祖宗之法的重要性。玄宗一反太宗、武后、中宗时对宦官的政策，重用高力士，范祖禹极力批评这种做

---

① 《唐鉴》卷1《高祖》"隋大业十三年"条，第5页。
② 《唐鉴》卷4《高宗》"（永徽）五年九月"条，第91页。

法，说"明皇不戒履霜之渐而轻变太宗之制，……唐室之祸，基于开元"①，并发出"自古国家之败，未有不由子孙更变祖宗之旧"的警示②。在《唐鉴》全书的末尾，有一篇总评论，列举了唐代的一些导致亡国的弊政作为反面教材，又以宋代与之对比，得出的结论是"较之唐世，我朝为优。夫唐事已如彼，祖宗之成效如此，然则今当何监不在唐乎？今当何法不在祖宗乎？夫惟取监于唐，取法于祖宗，则永世保民之道也"。绕了一个大弯子，最终的目的就是为了提醒皇帝不可轻易变更祖宗家法。赵宋"祖宗家法"的出发点着眼于防范弊端，主要目标在于保证政治格局与社会秩序的稳定，它要求充分贯彻维系、制约的原则，允许一定限度内的调整，但警惕抵斥强烈的冲击，希望庶政平和而警惕变更的代价③。王安石等改革派施行变法所遵从的信条是"祖宗不足法"④，提出"变风俗，立法度，正方今之所急也"⑤，在这种思想的指导下，更改了宋代建国以来的许多旧政，所以当新法推行之初，即在朝野引起了极大的风波。通过自著《唐鉴》并择取与之相关的史料，从正反两方面论证维护祖宗之法的好处与变更所带来的弊端，范祖禹曲折地表达了自己对王安石变法的总体态度。这种思想在若干年后又贯穿到他的政论当中，不过，不同于《唐鉴》影射的方式，而是直接的表述，这就是有名的《上殿论法度札子》⑥。在这篇札子中，有一点值得肯定，那就是范祖禹在肯定"祖宗之法""有已成之效"的同时⑦，也承认了其中存在的问题，即"行之既久，则其间不能无弊"⑧。范祖禹将"熙丰变法"的责任推到了王安石等人身上，力图为神宗皇帝开脱，他对于这场变法的态度已从修撰《唐鉴》时的躲闪隐晦变成了旗帜鲜明的反对，例如说："王安石用意过当，独任私智，悉排众论；吕惠卿、曾布之徒欲以改法进身，一切变

①《唐鉴》卷4《玄宗上》"开元元年七月"条，第109页。
②《唐鉴》卷4《玄宗上》"开元元年七月"条，第109页。
③ 邓小南著：《祖宗之法——北宋前期政治述略》，北京：生活·读书·新知三联书店，2006年，第427页。
④《宋史》卷42《理宗二》，第822页。
⑤《宋史》卷327《王安石传》，第10544页。
⑥《太史范公文集》卷16。
⑦《太史范公文集》卷16《上殿论法度札子》。
⑧《太史范公文集》卷16《上殿论法度札子》。

易祖宗旧政。"①范祖禹主张"修完""自官制、兵制、将法、民事有未便者"②，反对"一切变易祖宗旧政"③，反对"于新旧之间别立一法"④。

（2）谏议问题。台谏在北宋的地位非常重要，被比作"人主之耳目"⑤，在不同历史时期均发挥着重要的作用。"熙丰变法"之初，保守派就以台谏为基地，向变法派及其新法发动了猛烈的攻击，因此，王安石进行了一系列相应的改革以控制台谏，例如对起自仁宗时的台谏"风闻言事"权利提出了质疑⑥。在王安石的积极斗争下，从熙宁四年（1071）起，台谏官逐渐由变法派充任，转而为变法服务。作为保守派的领袖人物，司马光在其《通鉴》中也选取了不少历代王朝有关谏议之事，全书引文也以历代谏章最多。在这一问题上，范祖禹也给予了足够的重视，《唐鉴》从帝王与大臣两个角度，论述了纳谏与进谏的重要性。首先，帝王应虚怀纳谏，"兼听"而不"偏信"。范祖禹非常重视谏臣的作用，认为谏者就像周流于人身之气血一样，能够使"下情得以上通，上意得以下达"⑦，闭塞言路就如壅塞气血，必致祸乱，发出"国将兴，必赏谏臣；国将亡，必杀谏臣"的预警⑧，告诫君王应该广开言路，从谏如流。在《唐鉴》中，有多处涉及这一问题，举例说明：高祖初年，万年县法曹孙伏伽进谏，高祖"大悦"，对之褒奖升擢，范祖禹认为高祖"知所先务"，并发出"唐室之兴不亦宜乎"的感慨⑨。再如贞观二年正月，太宗与魏徵讨论"人主何为而明，何为而暗"的问题时，魏徵对以"兼听则明，偏听则暗"。范祖禹大加赞赏，评论道："善哉太宗之问，魏徵之对也，可谓得其要矣。"⑩在范祖禹看来，人主应当

---

① 《太史范公文集》卷 16《上殿论法度札子》。
② 《太史范公文集》卷 16《上殿论法度札子》。
③ 《太史范公文集》卷 16《上殿论法度札子》。
④ 《太史范公文集》卷 16《上殿论法度札子》。
⑤ 《宋史》卷 321《吕诲传》，第 10428 页。
⑥ 《续资治通鉴长编》卷 210 "熙宁三年四月壬午"条："王安石曰：'许风闻言事者，不问其言所从来，又不责言之必实。若他人言不实，即得诬告及上书诈不实之罪，谏官、御史则失实，亦不加罪。此是许风闻言事。今所令分析，止欲行遣台吏，何妨风闻？'"第 1953 页。
⑦ 《唐鉴》卷 1《高祖》"万年县法曹"条，第 10 页。
⑧ 《唐鉴》卷 1《高祖》"万年县法曹"条，第 10 页。
⑨ 《唐鉴》卷 1《高祖》"万年县法曹"条，第 10 页。
⑩ 《唐鉴》卷 2《太宗上》"（贞观）二年正月"条，第 30 页。

兼听博采，因为"言路开则治，言路塞则乱，治乱者系乎言路而已"①。人主要虚心纳谏，有过必改，还要"亲贤以自辅，听谏以自防"②。认为太宗以"谮人"罪"讦人细事者"的做法"至明且远"③，是"为君为长之道"④。也就是说人主不仅要广开言路，还必须保持清醒的头脑，辨别进谏者及其谏言，及时惩治那些企图挑拨离间、祸乱朝廷的进谏者。不仅如此，还列举了反面例证来证明阻塞言路的危害。例如，玄宗"开元之初，谏者受赏，及其末也而杀之"⑤，以致"在廷之臣以言为讳，惟阿谀取容"⑥，这种壅蔽言路的做法所导致的恶果是"白刃流矢交于前，六亲不能相保"⑦。在范祖禹看来，"天下之患在于人莫敢言而君不得知，言之而不听则未如之何也？必乱而已矣"⑧。此为人君对谏官进谏所应采取的正确态度。其次，范祖禹还从进谏者的角度进行了论述，认为忠臣应谏其君于未然，于人君有过举之时应该强谏，"谏而不听则当去位"⑨，事发之初"择利以处其身"⑩，终则"引谤以归其君"就是大不忠⑪。

（3）宰相任用问题。宰相为百官之首，"治乱之所系"⑫，地位非常重要，因此，范祖禹认为人君当慎择宰相。开元二十四年，在废立太子一事中，张九龄主张不可轻言废立，范祖禹评价说："相贤则父子得以相保，相佞则天性灭为仇雠，置相可不慎哉！"并以唐玄宗先用贤相姚崇等人出现"开元之治"，后用奸佞李林甫等人导致"安史之乱"、王朝衰颓为例证，强调任用宰相的重要性。由于宰相的特殊地位，任一贤相则能引领一朝之风气，例如，大历十二年，

---

① 《唐鉴》卷1《高祖》"万年县法曹"条，第10页。
② 《唐鉴》卷3《太宗下》"帝尝临朝"条，第63页。
③ 《唐鉴》卷2《太宗上》"十年八月"条，第48页。
④ 《唐鉴》卷2《太宗上》"十年八月"条，第48页。
⑤ 《唐鉴》卷5《玄宗下》"二十五年"条，第123页。
⑥ 《唐鉴》卷5《玄宗下》"有老父"条，第147页。
⑦ 《唐鉴》卷5《玄宗下》"有老父"条，第147页。
⑧ 《唐鉴》卷7《德宗中》"（建中四年）八月"条，第185页。
⑨ 《唐鉴》卷4《玄宗上》"二年正月"条，第111页。
⑩ 《唐鉴》卷4《玄宗上》"二年正月"条，第111页。
⑪ 《唐鉴》卷4《玄宗上》"二年正月"条，第111页。
⑫ 《唐鉴》卷10《穆宗》"二年先是"条，第278页。

代宗任用"性清简俭素"的杨绾为相①，天下从之，以"清名俭德"为风尚②；任一佞相则小人竞进，天下被其灾害，例如，德宗相卢杞"于建中之初"③，相裴延龄于"贞元之后"④，"始终之以小人"⑤，所以在其统治期间，"贤人君子常陁穷而道不得行"⑥，"相其非人，欲不乱，其可得乎！"⑦《唐鉴》多次从正反两方面论述任用宰相的重要性，并非单纯是为了总结历史经验，而是有所指向的。熙宁二年（1069），王安石被宋神宗任命为参知政事，次年又升任中书门下平章事，主持变法事宜。范祖禹与司马光站在同一立场反对变法，对朝廷任用王安石为宰相也颇为不满，所以难免在著作中有所反映。

（4）朋党问题。由王安石变法引起的新旧党争是北宋王朝当时所面临的极为尖锐的问题，一批士大夫对此还有专门的论述，如欧阳修的《朋党论》⑧，刘安世的《论朋党之弊》⑨，苏轼的《续朋党论》等⑩。身处变法大环境中的范祖禹，也不可避免地要在著述中表达自己的见解。《唐鉴》针对这个问题的论述虽然为数不多，但范祖禹的基本态度已经表达得非常清楚。在比较分析了汉代党锢之祸与唐代朋党之争的缘起之后，得出了这样的结论："凡群臣有党，由主听不明，君子小人杂进于朝，不分邪正忠谗，以黜陟之，而听其自相倾轧，以养成之也。"⑪

（5）财政经济与兵制问题。王安石变法以"富国强兵"为目的，所以推行的新法侧重于经济与军事方面，例如均输法、青苗法、农田水利法、市易法、方田均税法以及免役法、将兵法、保甲法、保马法等。《唐鉴》择取玄宗纵容

---

①《唐鉴》卷6《代宗》"（广德）十二年"条，第169页。
②《唐鉴》卷6《代宗》"（广德）十二年"条，第169页。
③《唐鉴》卷6《德宗上》"（建中）二年二月"条，第175页。
④《唐鉴》卷6《德宗上》"（建中）二年二月"条，第175页。
⑤《唐鉴》卷6《德宗上》"（建中）二年二月"条，第175页。
⑥《唐鉴》卷6《德宗上》"（建中）二年二月"条，第175页。
⑦《唐鉴》卷7《德宗中》"建中四年"条，第183页。
⑧《欧阳修全集》，第124页。
⑨《尽言集》卷12，第15—16页。
⑩［宋］王霆震编：《古文集成》卷33，《文渊阁四库全书》（第1359册），第238—239页。
⑪《唐鉴》卷10《穆宗》"长庆元年三月"条，第275页。

王铣聚财从而招致祸乱为例，指出"兴利之臣，鲜不祸败"①，又于卷1《高祖下》"初定均田"条、卷8《德宗四》"[陆]贽又奏请"条，通过评论"租庸调法"以及"两税法"表达了自己对于税收的看法。变法采取强兵措施，出兵熙河，《唐鉴》则通过对唐朝几代君王与高丽、突厥、吐蕃等少数民族之间征战的分析，以"明皇卒以黩武至于大乱"为反面教材②，指出人主不可好武。

　　由于政治立场的关系，范祖禹在《唐鉴》中有针对性地选择了一些影射王安石变法的史料并加以评论，言语之间难免有偏激之处，例如，讨论"丰财在于节用"以及租庸调、杨炎二税法时，认为"此惟在人主身心之间而不在法"③，朱熹严正批判了这种偏激的言辞，说："有这般苟且处！审如是，则古之圣贤徒法云尔。"④并且指出了个中缘由："他也是见熙宁间详于制度，故有激而言。要之，只那有激，便不平正。"⑤除了以上所列举的与变法有关的内容之外，当时政局也影响到《唐鉴》的选材。例如，与北部少数民族政权之间的关系一直是困扰北宋王朝的棘手问题，《唐鉴》中就有多处涉及这一问题⑥，这显然是有意以唐为鉴，为当朝统治者处理边务困扰提供借鉴。

三、编纂体例与评论特色

　　《唐鉴》将编年体与论赞体结合，编纂体例独特，其基本删除结构是先叙史实后发论述，重议论而轻史实，是史评体裁发展过程中的一个里程碑。在《唐鉴》的史实部分，范祖禹采用了编年体史书按年书事的形式，对唐代近三百年的历史进行了编排。不过，这种编排不求"遍举"唐代史事，在史料的选择上有明确的目的，只选择那些有关"唐得失之迹，善恶之效"的材料⑦，这就充分体现了范祖禹的史学创新精神。另外，范祖禹不仅不求"全"，而且对入选

---

① 《唐鉴》卷5《玄宗□》"十一载"条，第137页。
② 《唐鉴》卷4《玄宗上》"宋璟为相"条，第114页。
③ 《朱子语类》卷134，第3208页。
④ 《朱子语类》卷134，第3208页。
⑤ 《朱子语类》卷134，第3208页。
⑥ 按：例如《唐鉴》卷3《太宗下》"(贞观)二十年六月"条，第78页。
⑦ 《太史范公文集》卷36《〈唐鉴〉序》。

的这些史料也进行了精心的剪裁与提炼，使语言更凝练，中心更突出，表意更清楚。举例而言，在记载唐太宗下诏讨论如何处置突厥降唐者这件事上，《通鉴》大约用了八百多字详细叙述了事件的发生、发展的过程，《唐鉴》则省去了细节部分，只用了二百多字进行了简明扼要的交代。再如，关于玄武门之变，《通鉴》用了数万字，《唐鉴》的记载则非常简练，连记时的文字算在一起也就近五十字。类似的例证还有很多。进行这样的比较并不是对传统编年体优势的一种否定，其实，在保存史料方面，编年体还是具有不可替代的作用的。但是范祖禹需要的恰恰不是保存史料，他只是想借"唐朝典型"之事，发"可资借鉴"之论，编年体不过是他用来统系全书的一种体例形态而已，已经失去了传统意义上的规定性，在《唐鉴》里，只要能达到使"唐之事""大略可睹"就算完成使命了①，范祖禹所关注的，只是配附于每条史实之后的评论。还有一条证据可以说明编年体只不过是范祖禹所使用的一种特殊"工具"而已。《唐鉴》全书颠覆了编年体严格按照时间叙事的风格，有选择性地将一些史料凝练后跳跃式地串联起来，但是在处理武则天在位时的纪年问题这件事情上，范祖禹却自破体例，严格按照编年体的传统，这样做的目的只有一个，即借编年体裁之形，以达到将武则天排斥出正统外之实。这就说明，内容固然是反映历史认识主体的历史和史学观念的最直接的表现形式，而编纂形式则同样是传达史家著史意图及其思想认识的载体，是反映他们对于现实认识的必然结果②。

与以往的史学著作相比较，《唐鉴》的创新之处主要有三点：第一，确立了史评的主体地位。传统的论赞多以依附于其他史学体裁的形式出现，例如，《史记》的"太史公曰"，《汉书》的"赞"。第二，开创了基本是一事一议的新体例。传统的史评位置往往不确定，有书前的总论，常以自序、进书表等形式出现；有书后总叙，如自叙传、跋等形式；有篇前论、篇中论、篇后论等，而《唐鉴》基本上保持了一事一议的格局。第三，详于评论而略于叙史。《唐鉴》全书评论部分与叙史部分基本上是平分秋色，但并不能据此说"记事与议论并重"，相反，与一些传统的史学体裁相比，记事的地位还是下降的。本着

---

① 《太史范公文集》卷36《〈唐鉴〉序》。

② 宋馥香：《论北宋的唐史编纂和政治诉求》，《史学理论研究》2006年第3期，第90页。

"以史为鉴"的目的，范祖禹在史料采择方面并不追求历史记载的完整性和系统性，而是从唐朝日常的政治生活入手，将历史事实提升到政治规律的认识高度，体现出历史智慧与理论思维相交融的特点，将著史与论政紧密地结合起来，具有独特的思想魅力和普遍意义，这也是范祖禹为了达到充分说理的目的而对史学体裁的一次大胆创新。

在《唐鉴》中，范祖禹严格贯彻了所谓的"春秋笔法"。作为备受后世推崇的经典著作，这种笔法对中国古典史学的影响是相当深远的，正所谓"夫《春秋》一书，天子之事，……不独为周作史，实为天下万世作史。尊天王，抑夷狄，诛乱臣贼子，素王之权，万世作史标准也"①。概括而论，《春秋》对于史学发展的影响有三点：首先，确立了历史著作强烈的政治教化色彩的传统；其次，确立了以君权为核心的大一统思想的原则；再次，确立了编年体的纪事方式及一些特殊的体例②。北宋史学家大都能够自觉采用编年体裁，其著作在大一统思想的前提下也具有明确的政治目的，不过，对《春秋》之义运用较深入的就要数孙甫与范祖禹了。孙、范二人遵循《春秋》义理的典型表现是处理武则天称帝时的纪年问题。孙甫认为不称武后年号是"得《春秋》之法"，想达到的目的是"正帝统而黜僭号"③。范祖禹的观点与孙甫相类。

为了达到在史学层面上将武氏排斥出正统之外的目的，范祖禹故意无视历史现实，采用了掩耳盗铃的纪事方式。弘道元年（683），高宗病逝，中宗李显即位，改元嗣圣，这个年号实际上只使用了不到两个月时间④，之后由于中宗、武则天、睿宗之间的帝位移换，还相继使用过文明⑤、光宅⑥、神龙⑦、景云等

---

① [宋]郑思肖撰：《心史·古今正统大论》，《北京图书馆古籍珍本丛刊》（第90册），北京：书目文献出版社，1988年，第946页。

② 王德保著：《司马光与〈资治通鉴〉》，北京：中国社会科学出版社，2002年，第55页。

③《唐史论断》卷上《不称武后年名》，第662页。

④ 按：正月甲申朔改元至二月戊午中宗被废为庐陵王。

⑤ 按：684年二月至八月，睿宗李旦在位。

⑥ 按：684年九月至十二月，是武则天当政的第一个年号。武则天在位21年共使用了十八个年号，除光宅外，还有垂拱、永昌、载初、天授、如意、长寿、延载、证圣、天册万岁、万岁登封、万岁登天、神功、圣历、久视、大足、长安、神龙。

⑦ 按：武则天所立年号，不过，元年二月中宗李显复位，沿用至三年九月，改元景龙。中宗前后共使用过三个年号，分别为嗣圣、神龙、景龙。

23 个年号①。尽管中宗初登皇位不到两月就被废除，中间经历睿宗短暂的过渡②，武则天称帝长达 21 年，是政权的实际执掌者，但是范祖禹认为中宗受位于高宗，是符合正统的皇帝，而"武后以无罪废"中宗③，属"绝先君之世"的险恶行径④。因此，为了彰显自己的正统观，范祖禹人为延长了实际上只有两个月寿命的年号——嗣圣，并以之统属武后当政期间的事件，直至神龙元年二月中宗复位。这样，从《唐鉴》表面的文字记载来看，唐朝历代皇位的继承都是有序的，武后在位的事实被故意抹杀掉了，这种宁可自破体例、不顾历史事实的做法要达到的最终目的就是"以为母后祸乱之戒"⑤。对于"系嗣圣之年，黜武氏之号"这样做的原因⑥，范祖禹也解释得非常明白，即"天下者，唐之天下也，武氏岂得而间之"⑦！具体的做法是仿照《春秋》昭公二十六年"公在乾侯"的书法，从嗣圣三年（687）起，除了"四年秋九月，……杨初成……募人迎帝于房州"⑧之外，在每年记事之前先书"春正月，帝在房州"⑨一语；十五年，"太后以豫王旦为相王"⑩，则书"帝至自房州"⑪；从十六年起至二十一年，因睿宗被迁往东宫，则改书"春正月，帝在东宫"。在这部分的"论"中，范祖禹解释了自己这样做的理论依据："昔季氏出其君，鲁无君者八年，《春秋》每岁必书公之所在，及其居乾侯也，正月必书曰'公在乾侯'，不与季氏之专国

---

① 按：景龙四年（710 年）六月中宗驾崩，七月，睿宗即位，改元景云。睿宗前后共使用过四个年号，分别为文明、景云、太极、延和。

② 按：从 684 年二月到八月。

③《唐鉴》卷 4《中宗》"神龙元年春正月"条，第 104 页。

④《唐鉴》卷 4《中宗》"神龙元年春正月"条，第 104 页。

⑤《唐鉴》卷 4《中宗》"神龙元年春正月"条，第 104 页。

⑥《唐鉴》卷 4《中宗》"神龙元年春正月"条，第 104 页。

⑦《唐鉴》卷 4《中宗》"神龙元年春正月"条，第 104 页。

⑧《唐鉴》卷 4《中宗》"四年秋九月"条，第 100 页。

⑨《春秋》首书"元年春王正月"，《公羊传》："何言乎王正月？大一统也。"（《十三经注疏·春秋公羊传·隐公元年》，北京：中华书局，1979 年）董仲舒、何休将"统"解释为"始"，"大一统"则表示王者受命之始的重建正朔。

⑩《唐鉴》卷 4《中宗》"十五年春三月"条，第 103 页。

⑪ 按："至自"一语典出《春秋》。昭公被鲁国季孙氏驱逐出境，齐景公使昭公暂居于郓。依据经书之例，"至自"应为告庙之辞，昭公没有回到国都本不应用此语，《春秋》破例用此法纪事，其意在于只承认昭公为鲁国国君的地位，以季孙氏为僭伪。范祖禹仿效此笔法记事，其目的也相类。

也。"①表明自己仿效此笔法记事，就是为了在史书层面确立中宗的合法继承权，不与"武氏之专国也"。在这种思想的指导下，范祖禹对《新唐书》为武则天立本纪的做法进行了批评，认为其未用"《春秋》之法"。为什么给武后立本纪就是没有遵循"《春秋》之法"呢？那是因为"纪之为体，犹《春秋》之经，系日月以成岁时，书君上以显国统"②。也就是说，本纪具有彰显国统的特殊功用，而在范祖禹的史学观里，武氏称帝属僭越，绝对不可以被列入本纪。这就说明了一个历史问题，即改换政权名号固然是新政权确立的标志，但并不意味着权力的合法转移，而且从某种意义来讲，新朝权力真正意义上的转移，是由史家和他的史学来完成的，而"正统论"就是史家完成这一使命的重要法器之一③。

《唐鉴》评论文字遵循春秋义理观，以讽喻当朝、以史资治为旨归，极富思辨性，涉及了许多哲学问题，例如，知与行、忧与乐、源与流、刚与勇等，是同类著作中的佼佼者。范祖禹非常善于运用比喻的形式来说明问题，例如，在论述谏臣对于国家治理的重要作用时写道："天下如人之一身，夫身必气血周流，无所壅底，而后能存焉。谏者如气血之周流于一身也，故言路开则治，言路塞则乱。"④此外，正反对比进行说理也是范祖禹常用的方法之一。

总之，《唐鉴》评论语言鲜活生动，思辨性强，说理透彻，"兴衰治乱之理甚明……篇篇即是谏疏"⑤，是侍讲帷幄之臣绝佳的参考材料，即"欲孳孳纳诲者，莫若陈此书，日诵数百言，无婴鳞犯雷霆之怒，而有陈善闭邪之实矣"⑥。与大部头的《通鉴》相比，《唐鉴》语言凝练而说理透彻，针对性强，更受宋朝侍讲筵之臣与君王的青睐。例如，北宋靖康时，孙觌侍读迩英阁，初以《通

---

① 《唐鉴》卷 4《中宗》"神龙元年春正月"条，第 104 页。

② 《史通通释》卷 2《内篇·本纪第四》，第 24 页。

③ 宋馥香：《论北宋的唐史编纂和政治诉求》，《史学理论研究》2006 年第 3 期，第 83 页。

④ 《唐鉴》卷 1《高祖》"万年县法曹"条，第 10 页。

⑤ ［宋］楼钥撰：《攻媿集》卷 94《少傅观文殿大学士致仕益国公赠太师谥文忠周公神道碑》，《四部丛刊初编》（第 189 册），上海：上海书店，1989 年，第 14 页。

⑥ ［宋］孙觌撰：《鸿庆居士集》卷 32《读〈唐鉴〉》，《文渊阁四库全书》（第 1135 册），第 321 页。

鉴》进读，每次"不过二三板而已"①，于是上奏请求进读《唐鉴》，略曰："《资治通鉴》……文辞浩繁，进读有时，一日万机，终不能遍。……《唐鉴》一书，专论唐三百年君子小人善恶之辨……著之简篇，炳然在目……元勋盛德，乱至贼子，忠邪贤佞，如指东西，如分黑白，开卷了然"②，建议每日"进读《唐鉴》一二篇"③，并预言"不出岁年，可见唐室废兴之由……必能补圣政之万一"④。这种结果恐怕是司马光所始料不及的，他编写《通鉴》的初衷即是嫌旧史文繁，欲编一部简明史，以达到使帝王不劳听览而闻见广博的目的。前文已述，由于特殊的历史背景，宋朝以唐为鉴的风气非常浓厚，《通鉴》部头太大，涉及面广，虽有《唐纪》81 卷，但史实占绝大部分，且体例已限定，不利于充分表达观点，《唐纪》部分评论仅不足三十条；《唐鉴》则专就有唐一代之兴衰得失而做，叙史与评论字数相当，12 卷中仅评论就有近三百条，再加上独特的编纂体例与评论特色，自然更加符合宋朝统治者"取经心切"的需求。

《唐鉴》一出，便好评不断。《晁氏客语》记载："元祐中，客有见伊川先生者，几案间无他书，惟印行《唐鉴》一部。先生谓客曰：'近方见此书，自三代以后无此议论。'"宋孝宗曾说："读《唐鉴》，知范内翰自是台谏手段。"⑤《宋史》卷 337《范祖禹传》："《唐鉴》深明唐三百年治乱，学者尊之，目为'唐鉴公'。"后世统治者对《唐鉴》也极为重视。明太祖曾说："宁舍玉妃，不舍《唐鉴》。"清仁宗昭示群臣曰："朕前阅范祖禹《唐鉴》，见其摘取有唐事迹论列得失，有裨治道。"并下令馆臣仿其义例，辑成《明鉴》一书。其实，范祖禹及其著作《唐鉴》享有盛誉不仅仅是因为表面上的文辞犀利，其史论中所反映的以古为镜、取鉴资治的历史鉴戒思想，以民为本、本固邦宁的重民思想，相时通变的历史变异思想，和自始至终以封建正统思想为核心的著述原则，

---

① 《鸿庆居士集》卷 32《读〈唐鉴〉》，第 320 页。

② 《鸿庆居士集》卷 27《讲筵乞读范祖禹〈唐鉴〉札子》，第 274—275 页。

③ 《鸿庆居士集》卷 27《讲筵乞读范祖禹〈唐鉴〉札子》，第 275 页。

④ 《鸿庆居士集》卷 27《讲筵乞读范祖禹〈唐鉴〉札子》，第 275 页。

⑤ 《宋元学案》卷 21《华阳学案·正献范华阳先生祖禹》，第 847 页。

赢得了北宋统治者的好评，以至当时显贵们"不辨有祖禹，独知有《唐鉴》"①。

我们常说"人无完人""白璧微瑕"，对于一部著作而言也是如此。尽管《唐鉴》好评如云，但是也有人持批评意见，为了全面了解这部著作，我们就不能忽略这些反面评论。这里主要介绍一下朱熹及全祖望的评论。朱熹是南宋著名的理学家，他非常重视研究范祖禹的著作及思想，并进行了积极的吸取和借鉴，据统计，《通鉴纲目》直接征引《唐鉴》评论 207 条，占总数的 70%②。他一方面肯定《唐鉴》的优点，如"《唐鉴》白马之祸，欧公论不及此"③，再如"孙之翰《唐论》精练，说利害如身处亲历之，但理不及《唐鉴》耳"④。另一方面则指出了《唐鉴》的不少缺点，如说"《唐鉴》议论弱，又有不相应处"⑤，"说得散开无收杀"⑥，"《唐鉴》议论，觉似迂缓不切"⑦。朱熹对史学的义理化要求远远高于范祖禹，例如他说"范淳夫论治道处极善，到说义理处，却有未精"⑧。这就说明在朱熹看来，《唐鉴》并没有彻底贯彻纲常伦理，义理化程度欠缺。朱熹的见解是有一定道理的，而之所以会如此，与二人所处历史时期不同有很大的关系。范祖禹著《唐鉴》时，理学尚处于渐兴阶段，所以在吸收运用时难免会出现不尽人意之处，而时至南宋朱熹之时，理学已经达到较高的发展阶段，朱熹本人就是当时有名的理学家，以"成熟"比对"初期"，以"专家"比对"新手"，其间的差距自不难想象。范祖禹并不是理学家，他对于理学主旨即心性理论的研究较少，朱熹就说："纯夫议论，大率皆只从门前过，资质极平正，点化得甚次第，不知伊川当时如何不曾点化他。"⑨这里的"点化"主要是指用理学心性论加以教诲。范祖禹主张多识前言往行，对兴起于北宋中期的性命义理研究评价较低，例如，"近世学士大夫自信甚笃，自处甚高，

---

① 《铁围山丛谈》卷 4，第 63 页。

② 栗品孝著：《朱熹与宋代蜀学·朱熹与范祖禹之学》，第 101—127 页。

③ 《性理大全书》卷 55《史家》，第 218 页。

④ 《朱子语类》卷 134，第 3208 页。

⑤ 《朱子语类》卷 134，第 3207 页。

⑥ 《朱子语类》卷 134，第 3207 页。

⑦ 《朱子语类》卷 134，第 3208 页。

⑧ 《朱子语类》卷 130，第 3105 页。

⑨ 《朱子语类》卷 136，第 3246 页。

或未从师友而言天人之际，未多识前言往行而穷性命之理，其弊浮虚而无实，锲薄而不敦"①。所以他针对"性理"的论说就难免流于肤浅，如"夫性者何也？仁义是也"②，再如，"夫治性者莫如《中庸》，而乱性者莫如《老》、《庄》。故学《中庸》以治其性，则性可行而见也；学《老》、《庄》以乱其性，则性不可行而反也"③。全祖望也是对《唐鉴》有所批评的一个人，他说："至于三子所修，愚最以《唐鉴》为冗。后人以伊川许之，遂有'范唐鉴'之目，而以其书孤行，其实裁量未为简净也。"④诚然，为了达到说理透彻详明的目的，《唐鉴》某些篇章的评论就难免出现冗长的弊病。但瑕不掩瑜，总体而言，《唐鉴》评论的特色还是值得肯定的。南宋学者林之奇以《通鉴》《唐鉴》比翼《春秋》，称许司马光与范祖禹"明乎《春秋》之大旨而得夫子之正传也"⑤，可说是相当高的推崇了。

其实，在宋代还有许多其他的唐史研究著作，但其影响都不及范祖禹的《唐鉴》大，这又是什么原因呢？首先，是时代使然。宋初三朝并不注重唐史研究，除太祖建隆二年（961）将《唐会要》100卷续成之外，再没有大的著述活动。真宗朝陈彭年修撰的40卷《唐纪》"用编年法次刘明远新书"⑥，但是品质并不高，"三百年治乱善恶之迹，……亦多所脱遗"⑦。至仁宗初年，唐史研究依旧没有得到足够的重视。仁宗天圣五年十二月，胡旦复上其所撰《唐乘》，这部书如今只存书名，至于其内容、体例、特点等相关内容不见他书记载，其不被重视可见一斑。由于生不逢时，宋初仅有的几部唐史著作因不被重视及自身的缺陷而逐渐被湮没，不过，陈彭年等人及其著作的先导作用是毋庸置疑的。如果说《唐纪》《唐乘》生不逢时，那么在仁宗朝中后期产生的王沿《唐志》、石介《唐鉴》以及由欧阳修、宋祁主编的《新唐书》等一系列唐史方面的著作

---

① 《太史范公文集》卷35《省试策问二首》。

② 《太史范公文集》卷35《中庸论五首》。

③ 《太史范公文集》卷35《中庸论五首》。

④ 《宋元学案》卷21《华阳文集》（云濠案语），第855页。

⑤ ［宋］林之奇撰：《拙斋文集》卷12《论作史之体》，《文渊阁四库全书》（第1140册），第454页。

⑥ 《文献通考》卷193《经籍二十·唐纪》，第1632页。

⑦ 《文献通考》卷193《经籍二十·唐纪》，第1632页。

应该算是应时而生了，可是其地位也远不及范祖禹的《唐鉴》高，这又是什么原因呢？从上文"《唐鉴》成因"一节里我们总结出宋朝中期唐史研究著作具有突出的鉴戒思想、浓厚的史评色彩、采用《春秋》褒贬之法以及编年体裁等特点，不过，这些著作均存在局限性，例如，王沿早年以治《春秋》闻名，但是由于他采用的评判标准是《春秋》之"义"而非"功"，"先生所美，唐善也，所讥，唐恶也"①，与当时大多数人的看法相违，担心公布于世后会因"违众之所讥""反众之所尚"而被诬为"党"，为"隘"②。因此，《唐志》著成后从不轻易示人，在当时也没有产生太大的影响。范祖禹所著之《唐鉴》产生时间较晚，它不仅吸收了前人研究成果中的精华，而且有许多创新之处。总之，《唐鉴》顺应了历史发展的要求，是对此前新史风的总结和发扬，它以独特的编纂体例、精辟的论断以及封建正统思想赢得了统治阶级的青睐并奠定了在史学史上的重要地位。

第二节　《帝学》《仁皇训典》编纂始末

范祖禹所撰写的另外两部史学著作《帝学》与《仁皇训典》也完成于元祐年间。《帝学》在《四库全书》分类中属子部儒家类，因其体例与史部史评类的《唐鉴》相类，所以一并放在本章论述。

元祐元年八月，范祖禹经司马光、韩维力荐，担任侍讲一职，时间长达九年③。他不仅神色气质言语宜人，还依据讲经的不同阶段，编写相对应的经史教材，不愧"讲官第一"之美称④。《帝学》就是范祖禹在专门钻研前世君王"务学求师之要"的基础上编纂成的⑤，上奏于元祐六年八月十八日⑥，撰述上限

---

① ［宋］尹洙撰：《河南集》卷13《王先生述》，《文渊阁四库全书》（第1090册），第68页。

② 《河南集》卷13《王先生述》，第68页。

③ 《太史范公文集》卷6《谢宣召入院表》："九年劝讲。"

④ 《宋史》卷337《范祖禹传》，第10800页。

⑤ ［宋］范祖禹撰：《帝学》（原序），《文渊阁四库全书》（第696册），第728页。

⑥ 《太史范公文集》卷21《乞进〈帝学〉札子》记进呈时间为元祐六年八月。

应该是担任侍讲之后①，至于具体时间目前尚无法定论。《帝学》所涵括的时间段较长，"上起伏羲，下讫神宗"②，"凡圣学事实皆具焉"③，可看作是一部帝王问学的简明通史。全书三万多字，共 8 卷④，其中上古至汉唐 2 卷，宋太祖至神宗 6 卷。从卷数及内容分布来看，《帝学》论述的侧重点是北宋诸帝，即"于宋诸帝叙述独详"⑤，体现出作者"本法祖宗之意以为启迪"的明确目的⑥。在这 6 卷之中也是有侧重点的，内容分布极不均衡：卷 3 叙太祖、太宗、真宗，卷 4、5、6 叙仁宗，卷 7 叙英宗、神宗，卷 8 神宗，书末为全书总论，针对当朝皇帝哲宗。显而易见，仁宗朝是全书论述的重中之重。范祖禹与实际掌权之高太后的政治取向相同，对宋仁宗一朝极为推崇，曾多次上奏章乞请哲宗效法仁宗。例如，元祐二年十月上《乞置无逸孝经图札子》，劝哲宗效法仁宗"尊崇经训"⑦，于迩英阁张列《无逸》《孝经》二图；六年八月上《乞复迩英阁记注札子》，请求如仁宗朝故事，复修迩英阁记注⑧；七年三月上《迩英阁奏对札子》，乞法仁宗畏天、爱民、奉宗庙、好学、纳谏五事⑨；八年正月又撰录仁宗圣政数百事为《仁皇训典》6 卷上奏⑩。至于将伏羲安排在全书之首的原因，范祖禹在卷首就已经做过交代，即"后世帝王之学本伏羲，故臣以为《帝学》之首"⑪。范祖禹煞费苦心、穷本探源的目的是希望哲宗"宪道于三皇，稽德于五帝，轨仪于三代，法象于祖宗，集君圣之所行，体乾健之不息"⑫，简言之，即要好学。说明这个看似简单的问题，"一言可也，而至于八卷之博，

---

① 按：元祐三年八月范祖禹所上《劝学札子》中的内容与《帝学》中部分章节相类，故此推测《帝学》至迟开始撰述于元祐三年八月之前。

②《帝学》卷 8 "臣祖禹拜手"条，第 778—779 页。

③《直斋书录解题》卷 9《帝学》，第 276 页。

④《郡斋读书志校正》、《文献通考》作十卷。

⑤《四库全书总目》卷 91《帝学》，第 775 页。

⑥《四库全书总目》卷 91《帝学》，第 775 页。

⑦《太史范公文集》卷 14《乞置〈无逸〉〈孝经〉图札子》。

⑧《太史范公文集》卷 21《乞复迩英阁记注札子》。

⑨《太史范公文集》卷 23《迩英阁奏对札子》。

⑩《太史范公文集》卷 24《进〈仁皇训典〉札子》。

⑪《帝学》卷 1 "太昊伏羲氏"条，第 730 页。

⑫《玉海》卷 26《帝学》，第 517 页。

祖禹之心切矣"①。

　　《帝学》有许多难得之处，此择其要以述：第一，能够比较客观地看待问题，不盲目吹捧古圣先王。范祖禹将帝王学问提升到非常重要的地位，例如"太平之天子能持盈守成，夫岂由他哉？唯强于学问而已"②。第二，继承《唐鉴》的成功范例，"每条后间附论断"③，基本上保持了一叙一议的格局。不过，与《唐鉴》相比，《帝学》叙史比较详细，尤其是后 6 卷宋代部分，列举了许多典型事例，甚至有大段大段君臣在讲筵上的对话，语言比较平易直白，不像《唐鉴》那样凝练，例如卷 7 就收录了吕公著为英宗解经的大段文字。第三，范祖禹"以史职侍经筵"④，于史于经均有相当造诣，他的著作往往将经、史有机结合。例如，在《唐鉴》近三百条评论中，直接引用三代故事及周公、孔子、孟子等人论说及"五经"经文的就有 166 条⑤。《帝学》叙古圣先王问学之史，评论中也多次引经据典。范祖禹职在太史，稽缃册之存；责在进德，举古昔之善⑥，这两个重要条件既成就了《帝学》，也使该书具备了独特的地位。例如就有人做出如是评价："有补一时，有补来者，盖不止《帝学》一书而已，然而《帝学》独能开端倪，澄其源，正其本，使不哆不异。"⑦第四，重点突出，针对性强。"论圣学之博，不若论圣学之精；论圣学之勤，不若论圣学之专"⑧。范祖禹围绕"帝王之学"这个中心组织典型材料，尽管时间跨度很大，但语简而理不陋，"数千年上窥精蕴，三万言中得肇端"⑨。

　　《帝学》在宋代即受到相当的重视，例如，"嘉定十一年（1218），记注之

① ［宋］唐士耻撰：《灵岩集》卷 3《帝学序》，《文渊阁四库全书》（第 1181 册），第 535 页。

②《帝学》卷 8 "臣祖禹拜手"条，第 778 页。

③《四库全书总目》卷 91《帝学》，第 775 页。

④《太史范公文集》卷 21《乞进〈帝学〉札子》。

⑤ 晨舟：《范祖禹与〈唐鉴〉》，《史学史研究》1982 年第 2 期，第 37 页。

⑥《灵岩集》卷 3《帝学序》，第 535 页。

⑦ ［宋］唐士耻撰：《灵岩集》卷 3《帝学序》，第 535 页。

⑧ ［宋］林骃撰：《古今源流至论·前集》卷 5《圣学》，《文渊阁四库全》（第 942 册），第 67 页。

⑨ 按：见《文渊阁四库全书》本《帝学》前所收录之《皇子恭和诗》。

臣纪五宗之懿",续《帝学》为 10 卷,史称《嘉定续帝学》①。清朝乾隆皇帝对《帝学》也极为喜爱,称其为"千秋金鉴"②。《帝学》"玉音嘉纳,缉熙光明"③,受到当时及后世君臣的推崇,正所谓:"千秋史法弘纲在,十四经文旧目遗。两部圣言齐鲁论,一编《帝学》古今师。"④

　　继《帝学》之后,范祖禹又"录天禧以来讫于嘉祐五十年之事"⑤,著成《仁皇训典》一书,共 6 卷,"凡三百十有七篇"⑥,并目录 1 卷,缮写为七册⑦,于元祐八年正月十九日进呈⑧。与著《帝学》之目的一致,也是希望哲宗"法则仁宗,以至诚好学为先"⑨。该书已佚⑩,《太史范公文集》中保留有序文一篇⑪,使我们尚得以了解其撰述之缘由。从序文"陛下又命臣以神宗之训上继五朝,以备迩英进读"可知,《仁皇训典》属奉旨编纂。不过,首先以仁宗朝事编成进奏,再次说明了范祖禹对仁宗一朝的尊崇,例如说仁宗"言为谟训,动为典则,实守成之规矩,致治之准绳"⑫。另从南宋王应麟所著《玉海》中收录的序文可知《仁皇训典》的大致内容结构,即"首上性至孝,次却伞扇下庙门,次录囚徒,终于仁民爱物"⑬。另据《直斋书录解题》著录可知,该书

---

① 《玉海》卷 26《元祐帝学·嘉定续帝学》,第 517 页。
② [清]庆桂等编纂,左步青校点:《国朝宫史续编》卷 79《宋版帝学》(八卷)御题语:"每于几余展阅,不特芬流楮墨,足备石渠东观之遗。而自宓义迄宋,凡帝王务学求师之要,灿然眉列,实为千秋金鉴。"北京古籍出版社,2001 年,第 749 页。
③ [清]陆心源撰:《皕宋楼藏书志》卷 39《帝学》,《清人书目题跋丛刊一》,北京:中华书局,1990 年,第 435 页。
④ [清]沈嘉辙等撰:《南宋杂事诗》卷 2,《宋史资料萃编》(第三辑),台北:文海出版社,1981 年,第 13 页。
⑤ 《太史范公文集》卷 36《仁皇训典序》。
⑥ 《太史范公文集》卷 36《仁皇训典序》。
⑦ 《太史范公文集》卷 24《进〈仁皇训典〉札子》。
⑧ 《玉海》卷 49《元祐仁皇训典》注曰:"一本云元祐七年十二月辛亥乞撰录成书,八年正月十九日进。《长编》同。《序》亦云八年正月上。"第 929 页。
⑨ 《太史范公文集》卷 24《畏天札子》。
⑩ 《永乐大典》(辑本)卷一万四千七百七有引文一则。至于亡佚时间待考。
⑪ 《太史范公文集》卷 36《仁皇训典序》。
⑫ 《太史范公文集》卷 36《仁皇训典序》。
⑬ 《玉海》卷 49《元祐仁皇训典》,第 929 页。

"大略亦用'宝训体'"①。《帝学》记仁宗学问之事，而《仁皇训典》"惟纪述仁政大略"②，二书各有侧重，均受到较高的重视，例如，建炎四年七月，谢克家等札子称"二书有益治道，可备睿览"，乞请奏御③。

---

① 《直斋书录解题》卷 5，第 164 页。
② 《玉海》卷 49《元祐仁皇训典》，第 929 页。
③ 《皕宋楼藏书志》卷 39《帝学》，第 436 页。

第六章　援经入史　以古鉴今：
范祖禹的史学思想分析

　　前两节所介绍的著述中，以《唐鉴》最为突出，叙史凝练翔实，论断精辟独到，是一部不可多得的史学精品著作，它是范祖禹一生的史学代表作，比较全面地反映了他的史学思想。本章将对这种史学思想的形成原因、具体内容以及影响等问题进行阐述。

　　范祖禹史学思想的形成以《通鉴》修撰完毕为界，可以划分为前后两个时期。元丰七年十二月，《通鉴》修成，范祖禹受司马光举荐，迁秘书省正字，从此开始了长达十余年在京为官的人生历程，这也是他史学思想、人生观形成的一个新阶段。我们可以将范祖禹考中进士以前、担任资州龙水知县以及协助司马光编修《通鉴》这三个人生阶段划归在一起，看作第一个时期，因为在这一时期里，范祖禹史学思想形成的主要来源是通过读书、父辈亲朋的言传身教，以及受时局影响产生的个人感观。《通鉴》完工后，范祖禹先后担任了多种官职，尤其是侍讲及谏官二职，需要为官者具备很高的素养，要达到"日新辉光，仰备顾问"①，以及"言足以广君心，学足以知治体"的程度②，析言之，即要求担任此职务者能够引经据典，以圣贤语录、儒家经典之语以及前代的经验教训来比照当前现实，警策当朝皇帝。在这种职业的驱使下，为了能够胜任，不辜负朝廷的重用，范祖禹格外重视对经史的研习及时局的关注，所以这可以看作是他史学思想形成的第二个时期。当然，这只是从时间层面的粗略划分，其实两个时期并非截然脱节，他们之间有着非常密切的关系。如果说第一时期是理论层面的话，那么第二时期就是其史学思想的实践阶段，表现形式主要是奏章中的政论，在这个时期里，范祖禹积极地用自己的言论影响当政者，显示

① 《太史范公文集》卷4《辞免兼侍讲状（一）》。
② 《太史范公文集》卷4《辞免除谏议大夫状》。

出其"直言敢谏"的品性。

宋代重视儒学，北宋中期，儒学发生嬗变，理学兴起，史学领域也受到这种思潮的强烈影响，阐发经典之意，探寻为史之道，强调儒家经典对史学的指导意义，成为史家的共识，例如，苏洵《史论》曰："经不得史无以证其褒贬，史不得经无以酌其轻重。经非一代之实录，史非万世之常法，体不相沿而用实相资焉。"①以史明道、明理，或劝或戒，必以儒经为旨归，这在北宋中期成为史家普遍接受的信条。引经入史，是这一时期史学著作的显著特点。《唐鉴》正是在这种风气的影响下产生的，其以理学思想为指导，阐发儒家纲常伦理，成为宋代义理史著的典范之作，是对此前新史风的总结和发扬。本章将结合《帝学》《仁皇训典》以及《范太史文集》中的部分内容，对范祖禹前后两期的史学思想与政论进行综合考察。

首先，历史具有鉴戒作用，应当为现实服务，这是贯穿全书的一个指导思想。与北宋中期大多数史家一样，范祖禹非常重视重视历史的借鉴作用，坚持"以史为鉴，古为今用"的实用态度，例如"自昔下之戒上，臣之戒君，必以古验今，以前示后"②，"前事之不忘，后之师也"③。《唐鉴》以史实为依据，通过对典型事件的分析来论证事理，使史著与政论有机结合。《唐鉴》的写作目的就定位于总结前朝的治乱兴衰，为本朝统治者提供历史借鉴。在"取鉴资治"思想的指导下，《唐鉴》主要从以下几个方面展开论述：

第一，为君之道。《唐鉴》与《通鉴》的编纂目标是一致的，均是为帝王治理国家提供借鉴。在此大前提下，为君之道自然是要特别强调的问题，例如《唐鉴》就提到：①君主当"正而不谲"④。唐高祖李渊以书诈召李密，范祖禹认为在形势本就不利于李密的情况下，高祖完全没有必要那样做，认为这是"召之以纳辱""骄之以行诈"，非为君者所当有，并以"晋文公谲而不正，孔子讥之"为例，表达了对高祖行为的讥讽。太宗未采纳"上书请去佞臣者"所

---

① 《嘉祐集笺注》卷9《史论上》，第229页。

② 《太史范公文集》卷13《进〈唐鉴〉表》。

③ 《太史范公文集》卷13《进〈唐鉴〉表》。

④ 《唐鉴》卷1《高祖》"高祖以书召李密"条吕祖谦注："《论语·宪问》：'晋文公谲而不正，齐桓公正而不谲。'"第7页。

建议的测试直臣、佞臣的办法，并将君、臣喻为源、流，指出源浊则流不清，君诈则臣不直，决意以至诚治天下，范祖禹充分地肯定了太宗的做法，称赞道："太宗可谓知君道矣。"①②唯其"忠厚仁爱"，才能"享国长世"②。范祖禹对高祖"始即位而录隋之子孙"③，"并付所司，量才选用"的做法给予了极高的赞誉④，称其为自汉代以来最为忠厚的举措。批评魏晋以来"强臣篡夺，除君之族而代其位"的做法是"非道"之举⑤。提出君主唯有以忠厚立国，不滥杀无辜，才能长久统治，充分体现了儒家思想中的"仁爱"思想。例如，对于李世民奉高祖旨意进攻西河郡⑥，世民只杀郡丞高德儒，"余不戮一人，秋毫无犯"的做法评价较高，⑦以之比拟"武王克商，释箕子之囚，封比干之墓"的行为⑧，认为太宗"成王业之速"正是因为早年就已经具备了忠厚仁爱的品性⑨，从而赢得了民心。③要重视教育，求师务学。《唐鉴》中与教育有关的史实及评论较少，有一条比较重要，是针对教育的一般性理论。以孟子"学，所以明人伦也"为理论依据⑩，范祖禹提醒"有国者"应重视人才培养，要从教育的每一个阶段抓起，"教之有素"⑪、"养之有渐"⑫，唯其如此，才能使"成人有德，小子有造，贤才不可胜用"⑬。反之，不遵循教育的基本规律，仅凭"聚天下之士而乌合于京师"⑭，只会炫耀一时，"非有教育之实也"⑮。《帝学》中也列举了大量从伏羲至宋神宗

---

①《唐鉴》卷2《太宗上》"有上书"条，第28页。
②《唐鉴》卷1《高祖》"五月诏曰"条，第9页。
③《唐鉴》卷1《高祖》"五月诏曰"条，第9页。
④《唐鉴》卷1《高祖》"五月诏曰"条，第9页。
⑤《唐鉴》卷1《高祖》"五月诏曰"条，第9页。
⑥《唐鉴》卷1《高祖》"高祖使建成"条，第6页。
⑦《唐鉴》卷1《高祖》"高祖使建成"条，第6页。
⑧《唐鉴》卷1《高祖》"高祖使建成"条，第6页。
⑨《唐鉴》卷1《高祖》"高祖使建成"条，第6页。
⑩《唐鉴》卷3《太宗下》"贞观十四年"条，第57页。
⑪《唐鉴》卷3《太宗下》"贞观十四年"条，第57页。
⑫《唐鉴》卷3《太宗下》"贞观十四年"条，第57页。
⑬《唐鉴》卷3《太宗下》"贞观十四年"条，第57页。
⑭《唐鉴》卷3《太宗下》"贞观十四年"条，第57页。
⑮《唐鉴》卷3《太宗下》"贞观十四年"条，第57页。

朝重视教育的事例。就在《帝学》进呈后不久，范祖禹又撰成《进幸学故事札子》①，列举宋太祖、太宗、真宗等宋朝先祖幸国子监之事，目的还是提醒哲宗效法祖宗，重视人才教育。"求师务学"是《帝学》的主旨内容，详细论述了学习对于帝王的重要性。在《帝学》进呈之前三年，即元祐三年八月，范祖禹还著有《劝学札子》一篇②，上自尧、舜、禹、汤、文、武之君，下至宋神宗问学之事，论述顺序与结构甚至某些语句都与《帝学》极为接近，看起来就像是《帝学》的内容简介，笔者推测这可能就是《帝学》的基本框架，而《帝学》可能就开始撰述于这一年。从《唐鉴》到《劝学札子》再到《帝学》《进幸学故事札子》，可以看出，劝诫皇帝以学为重是范祖禹一贯的立场。

第二，人才任用。范祖禹认为"天下治乱，系于用人"，强调人主应选贤任能，摒弃奸佞。《唐鉴》中有多处涉及人才选择与任用的问题，下面从两方面阐述：①择才。范祖禹认为君主应以德行兼备为择才标准，对魏徵"天下未定，则专取其才；丧乱既平，则非才行兼备不可用也"的观点进行了严厉的批驳③，认为魏徵所说的"才"是小人之才，此种人才"学驳而不纯"④，"故所以辅道其君者，卒不至于三王之治也"⑤。②用才。范祖禹认为广求贤人是宰相的职责，而"人主之职在于任贤"⑥。君主任贤要注意四个方面：一要知人善任，如果能"使人各当其所"⑦，则"万事治"⑧。贞观三年，太宗"责宰相以求贤而不使之亲细务"⑨，范祖禹评价为"任相以其职矣"⑩；对于魏徵提出的"委大臣以大体，责小臣以小事"的为治之道，范祖禹也深表赞同。二要疑人不用，用人不疑，"苟知其非贤而姑用之，既用而复疑之，以一人之聪

---

①《太史范公文集》卷 22。

②《太史范公文集》卷 14。

③《唐鉴》卷 2《太宗上》"帝谓魏徵曰"条，第 46 页。

④《唐鉴》卷 2《太宗上》"帝谓魏徵曰"条，第 46 页。

⑤《唐鉴》卷 2《太宗上》"帝谓魏徵曰"条，第 46 页。

⑥《唐鉴》卷 3《太宗下》"言事者"条，第 61 页。

⑦《唐鉴》卷 11《僖宗》"（中和）四年五月"条，第 319 页。

⑧《唐鉴》卷 3《太宗下》"言事者"条，第 61 页。

⑨《唐鉴》卷 2《太宗上》"（贞观）三年"条，第 32 页。

⑩《唐鉴》卷 2《太宗上》"（贞观）三年"条，第 32 页。

明而欲周天下之务，则君愈劳而臣愈惰，此治功所以不成也"①。明皇末年，偏信佞幸，以致"朝臣无忠贤，左右无正人"②，最终酿成大乱，以此为戒，范祖禹发出了"存亡在所任"的疾呼③，要求君主用人应倍加慎重。三要尊重人才，以开元之初明皇优礼故老，尊崇姚、宋二相，天宝以后倦求贤俊、薄礼厚情为例，发出"人君不体貌大臣，则贤者日退而小人日进"的警示④。四要立场坚定，不可"因噎废食"。德宗初即位，疏斥宦官而亲任朝士，其中两人张涉、薛邕继以赃败，宦官以此进谗言，德宗"乃疑朝士皆不可依伏"⑤，"卒委宦者以为腹心"⑥。范祖禹认为德宗"是以噎而废食也"⑦，指出不要"以失于一人而不取于众"⑧，应该继续选贤任能。

宦官与宰相的任免也是属于人才任用方面的问题，《唐鉴》中与之相关的内容非常多。任用贤相、君子，摒弃小人、佞臣，是范祖禹反复强调的重点。关于宰相任用问题以及君子与小人之辩已在本篇第五章第一节中讲过，此不赘述。宦官擅权为历代王朝之大忌，宋代虽然尚未出现此类严重局面，但为了防微杜渐，还是有不少朝臣就此著述立论。例如，"宋初三先生"之一石介所著《唐鉴》中就提到"鲜不以阉官用权而倾社稷者"⑨，司马光《通鉴》对汉、唐二代宦官专权祸国的事情记载甚详。范祖禹也不例外，据笔者粗略统计，《唐鉴》中直接与宦官相关的评论就有十余条，其基本观点为：中人近而易以为奸，故不可以假威权⑩。玄宗宠信高力士，甚至使其省决奏章，范祖禹认为"失君道甚矣"⑪。肃宗以鱼朝恩为观军容宣慰处置使，致使"九节度使之师六十万

---

① 《唐鉴》卷3《太宗下》"言事者"条，第61页。
② 《唐鉴》卷5《玄宗下》"十五载"条，第143页。
③ 《唐鉴》卷5《玄宗下》"十九年正月"条，第121页。
④ 《唐鉴》卷4《玄宗上》"姚宋相继"条，第115页。
⑤ 《唐鉴》卷6《德宗上》"帝初即位"条，第175页。
⑥ 《唐鉴》卷6《德宗上》"帝初即位"条，第175页。
⑦ 《唐鉴》卷6《德宗上》"帝初即位"条，第175页。
⑧ 《唐鉴》卷6《德宗上》"帝初即位"条，第175页。
⑨ 《祖徕石先生文集》卷18《〈唐鉴〉序》，第211页。按："宋初三先生"，指被理学家推崇的孙复、石介与胡瑗三人。
⑩ 《唐鉴》卷4《玄宗上》"开元元年"条，第109页。
⑪ 《唐鉴》卷5《玄宗下》"十九年正月"条，第121页。

溃于相州"①，范祖禹指出："自古宦者预军政，未有不败国丧师者，而唐为甚，后世亦可以鉴矣。"②宦者权崇势重则内外依附者众，会危及君主之位，即"其易置天子不难矣"③。人主应该尽早疏远宦者，引进贤能，否则就会像"木之有蠹，人之有膏肓之疾，……必俱亡而后已"④。

此外，《范太史文集》中也有不少关于人才的议论，多是范祖禹为朝廷举荐贤才的奏章，足以见得他非常看重人才举荐之事，认为："报国之忠，莫如荐贤；负国之罪，莫如蔽贤。"⑤他以自己的人才标准为朝廷举荐人才，这是《唐鉴》中所反映的人才观在实践中的应用。下面我们就通过几个具体例子来进行考察：①人才应该德行兼备。以元祐三年十一月，举荐司马康担任讲官为例，奏章是这样描述司马康的："笃志好学，行如古人，资性端方，克肖其父。……操守如一。"⑥②举才不避亲仇。元祐四年八月，范祖禹举荐冯京、赵卨以补枢密院阙官。冯、赵二人并非常人：冯是蔡确的岳父，而蔡确属新党，与范祖禹应该算是政敌，但是范祖禹并不以此简单地将冯划归到蔡确一边，而是客观评价冯之学识及为人并积极向朝廷举荐；赵卨是范祖禹"叔母之兄"⑦，有"亲嫌"，如果得到任用，范祖禹"自当引避"⑧，但是这还是没能影响到他向朝廷举荐赵卨。这两个事例正好与《唐鉴》中范祖禹的一段评论中所表明的观点对应："孔子曰：'举尔所知。'宰相之于人才苟知之也，则内虽亲不避，外虽怨不弃也。……私亲而抱怨者固不足言矣。"⑨其实，正如范祖禹自己所说，"陛下选用执政，臣不当预"⑩，也就是说本来选任枢密院官并非他分内之事，但是他惜才心切，也就顾不了那么多了，这也反映出范祖禹参政后对自己人才观的积极实

①《唐鉴》卷6《肃宗》"（乾元元年）九月"条，第157页。
②《唐鉴》卷8《德宗下》"先是"条，第233页。
③《唐鉴》卷8《德宗下》"十二年六月"条，第226页。
④《唐鉴》卷8《德宗下》"十六年"条，第232页。
⑤《太史范公文集》卷19《荐士札子》。
⑥《太史范公文集》卷14《荐讲官札子》。
⑦《太史范公文集》卷16《论枢密院阙官札子》。
⑧《太史范公文集》卷16《论枢密院阙官札子》。
⑨《唐鉴》卷9《宪宗》"帝尝于"条，第263页。
⑩《太史范公文集》卷16《论枢密院阙官札子》。

践。范祖禹择才与用才的观点中有不少合理之处，但是也有局限性。通观他一生中所举荐之人就可以发现，这些人政治立场均属以司马光为首的保守派，这也是他在相对应举荐札子中着重强调的问题，例如，举荐冯京时，极力说明冯、蔡翁婿二人"趣向各异，何尝相党"①，再如说韩维"未尝少屈于安石之党"②，举荐苏颂札子讲道："熙宁中，王安石用选人李定为御史，颂知制诰，封还词头，再三不肯草制，坐落职归班。"③诸如此类的例证还有很多，这就说明范祖禹也是无法超脱其政治立场的。

第三，重视民本。范祖禹继承了我国古代传统的"民惟邦本，本固邦宁"的民本思想，比较重视民众的力量。他认为，民心的向背直接决定着封建政权的兴亡，因此，重民爱民者则国运长祚，损民虐民者必丧天下。关于如何教化民众，范祖禹认为"民莫不恶危而欲安，恶劳而欲息"④，所以要想治理天下，就必须"以仁义治之"⑤。指出败亡之道有二：不忧百姓贫而疑其财之有余，取之不已；不恤其劳而疑其力之有余，使之不已⑥。他认为人君如果能得民心，则"王天下犹反掌也"⑦，如果失去民心，则犹如"欲除疮痏而疾溃于腹心，欲求四支而祸发于头"⑧，以致"民散而国亡"⑨。并告诫为君者说："君者，民之所戴也，剥民不已，必害于君。"⑩范祖禹爱民重民，念"生民休戚"⑪，恤"万民之疾苦"⑫，呼吁"取之有制"⑬、"用之有节"⑭，其言论及行为体

---

① 《太史范公文集》卷16《论枢密院阙官札子》。
② 《太史范公文集》卷19《荐士札子（一）》。
③ 《太史范公文集》卷19《荐士札子（二）》。
④ 《唐鉴》卷2《太宗上》"帝之初即位"条，第39页。
⑤ 《唐鉴》卷2《太宗上》"帝之初即位"条，第39页。
⑥ 《唐鉴》卷2《太宗上》"（贞观）十三年五月"条，第54页。
⑦ 《唐鉴》卷7《德宗中》"朱泚攻围"条，第193页。
⑧ 《唐鉴》卷7《德宗中》"李希烈"条，第187页。
⑨ 《唐鉴》卷2《太宗上》"八月马周上疏"条，第52页。
⑩ 《唐鉴》卷7《德宗中》"（建中四年）五月初行税"条，第184页。
⑪ 《太史范公文集》卷5《辞免给事中状》。
⑫ 《太史范公文集》卷15《正始札子》。
⑬ 《唐鉴》卷5《玄宗下》"八载二月"条，第134页。
⑭ 《唐鉴》卷5《玄宗下》"八载二月"条，第134页。

现着浓厚的民本思想。《范太史文集》中《论农事札子》①、《乞不限人数收养贫民札子》②、《论封桩札子》③、《论常平札子》等奏章中也充分体现出范祖禹对民众的重视与爱惜④。

以上只是从三个大的方面论述了范祖禹"以史为鉴"的思想，除此之外，还有几个方面值得关注，此处仅略述其观点梗概与史实出处，以供研究者参考：①《唐鉴》中映射王安石变法的内容。②礼制方面。范祖禹认为："礼不可多也，不可寡也，三代之礼所以为后世之法者尽矣。"⑤又说："朝廷者，礼仪之所出也，……委巷鄙慝之礼，法之所当禁也。"⑥范祖禹对唐代相应史事发表评论，就是在这种思想的指导之下形成的，例如，《唐鉴》卷 3《太宗三》"十一月"条、卷 4《高宗》"永徽元年"条，并且在实际中加以运用，例如《太史范公文集》卷 13《论丧服俭葬疏》《再论丧服疏》、卷 18《论大使臣持服状》均是针对"丧服"之礼的论述。另外，《唐鉴》卷 4《玄宗上》"［开元十年］六月"条针对"昭穆"制度；卷 5《玄宗中》"［开元］十四年四月"条认为"太子"之称号并非官爵，不可以之赠人。③修史观。范祖禹认为史臣应秉笔直书，以"儆其君心而全其臣职"⑦，君王如果想传美名于后世，就应该注重"自修"，对唐太宗要求观看起居注的做法进行了批评。唐太宗要求读本朝国史，修国史房玄龄与给事中许敬宗等删定后进呈，范祖禹评论为："古者官守其职，史书善恶。……后世人君得以观之，而宰相监修，欲其直笔，不亦难乎！……后之为史者务褒贬而忘事实，失其职矣。"⑧认为唯有"人君任臣以职而宰相不与史事，则善恶庶乎其信也"⑨。从理论层面来讲，范祖禹的修史观无疑是进步的，但是如果结合他在元祐中参与修撰《神宗实录》的作为，我们就不免对此打个

---

① 《太史范公文集》卷 14。

② 《太史范公文集》卷 14。

③ 《太史范公文集》卷 15。另见同卷《再论封桩札子》。

④ 《太史范公文集》卷 15。另见同卷《再论常平札子》。

⑤ 《唐鉴》卷 4《玄宗上》"（开元十年）六月"条，第 116 页。

⑥ 《唐鉴》卷 8《德宗下》"（贞元）十三年六月"条，第 230 页。

⑦ 《唐鉴》卷 3《太宗下》"（贞观）十六年"条，第 64 页。

⑧ 《唐鉴》卷 3《太宗下》"初帝谓"条，第 71 页。

⑨ 《唐鉴》卷 3《太宗下》"初帝谓"条，第 71 页。

折扣了。除此之外，范祖禹的法制观、国家职能观①、葬仪观②、女性观以及对于公共救济事业的看法都是值得深入研究的问题③。

其次，史学家应该正纲常、辨名分、维护名教伦理道德，坚持正统的历史观。探讨如何用伦理纲常来维护封建统治秩序，是范祖禹在《唐鉴》中所着重讨论的问题。在编纂《唐鉴》时，无论是史实的取舍、历史事件的评价，还是国家治乱兴衰的剖析，都是以是否符合礼乐教化、名分纲常为主要尺度。范祖禹认为巩固封建统治秩序的关键就在于维护君主的至尊权位，严守君臣之道。在此基础上，他指出达到这种目的的具体做法，即为君者应正心修身、显善除恶，以使"民知向方"④；做臣子的则应"守臣节"，绝对不可有僭越之举⑤。这种正统思想突出表现在以下几件事上：

（1）晋阳起兵。《唐鉴》开篇就点评了晋阳起兵一事，最主要的目的是强调创业之君应谨守正道，为子孙后世树立好榜样，创立"正家之法"⑥。范祖禹对整个事件持否定态度，他认为："匹夫欲自立于乡党，犹不可不自重也，况欲图王业、举大事，而可以不正启之乎？"⑦从这几句话里，我们可以看出范祖禹在特意强调一个字，即"正"，而他之所以对晋阳起兵不满，并不是不懂王朝更替的必然规律，而是对这个事件得以促成的幕后因素耿耿于怀。在他看来，太宗应"以正启"其父高祖起兵，如果高祖不从，则应"终守臣节"⑧，而不应采用阴谋胁迫的手段。在这起事件上，范祖禹对太宗进行了极其严厉的

---

① 按：可参见原瑞琴：《〈唐鉴〉史论的政治思想——兼论范祖禹的国家职能观》，《学习与探索》2007 年第 2 期，第 210—213 页。

② 按：例如《唐鉴》卷 4《太宗二》"十一年二月"条，第 49 页；卷 8《睿宗》"二年正月"条，第 108 页。

③ 按：妇女观在这里主要指范祖禹对于妇女"孝"与"贤"的看法，主要参看《太史范公文集》中所收录的若干篇范祖禹所撰女性墓志铭。目前已经有文章论及，如《由墓志铭看道学家对妇女的书写》，《宋人墓志中的女性形象解读》。《太史范公文集》卷 14《乞不限人数收养贫民札子》中就有范祖禹针对公共救济事业的言论。

④《唐鉴》卷 1《高祖》"高祖使建成"条，第 6 页。

⑤《唐鉴》卷 1《高祖》"隋大业"条，第 5 页。

⑥《唐鉴》卷 1《高祖》"隋大业"条，第 5 页。

⑦《唐鉴》卷 1《高祖》"隋大业"条，第 5 页。

⑧《唐鉴》卷 1《高祖》"隋大业"条，第 5 页。

谴责，即"惜乎太宗有济世之志、拨乱之才而不知义也"①。这里的"义"就是范祖禹所秉持的为臣之道，这也是他封建正统思想的一个重要组成部分。

（2）玄武门事变②。对于这起事件，范祖禹在评论部分用了四百多个字，足见其重视之程度。司马光在评议的首句就提出"立嫡以长，礼之正也"③，与范祖禹所说的"立子以长不以有功，以德不以有众，古之道也"如出一辙④，也都承认太宗有功而建成无功，如司马光说"高祖所以有天下，皆太宗之功，隐太子以庸劣居其右"⑤，范祖禹说"建成虽无功，……太宗虽有功"⑥，但是二人从相同理论基础中所阐发出的观点却有不同，简而言之：司马光在一定程度上为太宗辩护而范祖禹严正批评太宗。司马光指出了太宗与建成"地嫌势逼，必不相容"的客观局势是因"功"而起⑦，玄武门事变则是"为群下所迫"而导致⑧，尽管有同情理解的成分在里面，但是他并不是完全站在太宗一边，与范祖禹一样，他也非常看重开国之君言行举止对后继君王的影响，如"夫创业垂统之君，子孙之所仪刑也"⑨，在这个层面上，他一反同情的态度，指出了由玄武门事变所引致的恶果："彼中、明、肃、代之传继，得非有所指拟以为口实乎！"⑩对于太宗在玄武门事变中的所作所为，范祖禹则进行了毫不留情的批判，指出："太子，君之贰，父之统也，而杀之，是无君父也。"⑪也就是说，无论出于何种原因，杀太子都是不符合封建礼制的，都是不可宽恕的。

---

① 《唐鉴》卷1《高祖》"隋大业"条，第5页。
② 按：牛致功先生《唐代史学与墓志研究·从范祖禹对玄武门之变的评论看〈唐鉴〉与〈通鉴〉的异同》有针对此事件的专门论述，可参看。第241—245页。
③ ［宋］司马光主编，［元］胡三省音注：《资治通鉴》卷191"（武德九年六月）癸亥"条，北京：中华书局，1997年，第1530页。
④ 《唐鉴》卷1《高祖》"五年"条，第14页。
⑤ 《资治通鉴》卷191"（武德九年六月）癸亥"条，第1530页。
⑥ 《唐鉴》卷1《高祖》"九年六月"条，第20页。
⑦ 《资治通鉴》卷191"（武德九年六月）癸亥"条，第1530页。
⑧ 《资治通鉴》卷191"（武德九年六月）癸亥"条，第1530页。
⑨ 《资治通鉴》卷191"（武德九年六月）癸亥"条，第1530页。
⑩ 《资治通鉴》卷191"（武德九年六月）癸亥"条胡三省注："明皇不称庙号而称帝号者，温公避本朝讳耳。中宗、肃宗之季，玄宗、代宗并以兵清内难而后继大统。"第1530页。
⑪ 《唐鉴》卷1《高祖》"九年六月"条，第20页。

这就是他与司马光的分歧所在。为了使论证更充分，更具有说服力，范祖禹还重点批判了两种观点，其一，"论者或以太宗杀建成、元吉比周公诛管、蔡。"① 这里的"论者"其实指的是唐太宗本人。《唐鉴》卷 3《太宗四》载：太宗读国史，"见书杀建成、元吉事多微隐，谓玄龄曰：'昔周公诛管、蔡以安周，季友鸩叔牙以存鲁，朕之所为，亦类是耳。'"对于太宗的这种说法，范祖禹"以为不然"②。他认为管、蔡"得罪于天下"③，周公诛之是替天行道而非为一己之私；而建成、元吉非得罪于天下，"则杀之者，己之私也"④，二者性质如此不同，太宗"亦类是耳"的说辞自然不能成立。其二，"或者又以为使建成为天子，又辅之以元吉，则唐必亡。"⑤ 这种观点来源于《旧唐书》卷 64《隐太子建成传》之"史臣曰"⑥，批判这种观点也就表明了范祖禹对《旧唐书》的不满。他以"古之贤人守死而不为不义"为立论根据⑦，认为与其像太宗那样"为子不孝、为弟不弟、悖天理、灭人伦而有天下，不若亡之愈也"⑧。范祖禹之所以采用"为唐史者"所书之"秦王世民杀皇太子建成、齐王元吉，立世民为皇太子"的记载手法⑨，就是为了彰显太宗之罪。对于太宗"取之或可以逆，得而守之不可以不顺"的说法⑩，范祖禹也不赞同，认为"太宗于是失言"⑪。除此之外，范祖禹还在《唐鉴》中多次申明对玄武门之变的批判态度，典型的例子有两个：其一，魏徵、王珪等人改事太宗，范祖禹极力贬斥，评论道："王、魏受命为东宫之臣，则建成其君也，岂有人杀其君而夺其位而可北面为之臣乎！且以弟杀兄，以藩王杀太子而夺其位！王、魏不事太宗可也，夫

---

① 《唐鉴》卷 1《高祖》"九年六月"条，第 20 页。
② 《唐鉴》卷 1《高祖》"九年六月"条，第 20 页。
③ 《唐鉴》卷 1《高祖》"九年六月"条，第 20 页。
④ 《唐鉴》卷 1《高祖》"九年六月"条，第 20 页。
⑤ 《唐鉴》卷 1《高祖》"九年六月"条，第 20 页。
⑥ 内容略为："建成残忍，岂主鬯之才？元吉凶狂，有覆巢之迹，若非太宗逆取顺守，积德累功，何以至三百年之延洪，二十帝之篡嗣？"
⑦ 《唐鉴》卷 1《高祖》"九年六月"条，第 20 页。按：《孟子·公孙丑上》："行一不义、杀一不辜而得天下，皆不为也。"
⑧ 《唐鉴》卷 1《高祖》"九年六月"条，第 20 页。
⑨ 《唐鉴》卷 1《高祖》"九年六月"条，第 20 页。
⑩ 《唐鉴》卷 2《太宗上》"帝与侍臣"条，第 29 页。
⑪ 《唐鉴》卷 2《太宗上》"帝与侍臣"条，第 29 页。

食君之禄而不死其难，朝以为仇，暮以为君，于其不可事而事之，皆有罪焉。"①
范祖禹对待这件事情的态度虽与司马光不同，但与程颐有共通之处。据记载，
司马光曾与程颐就如何评价魏徵改事太宗的行为进行过一番论争，程颐认为
"魏徵事皇太子，太子死，遂忘戴天之仇而反事之，此王法所当诛"②。以此
观点比对《唐鉴》之议论，范祖禹受程颐学术之影响显而易见。其二，太宗纳
元吉之妃杨氏。在这件事上，范祖禹的批评力度更大，他说："太宗手杀兄弟，
曾不愧耻，而复纳元吉之妃，恶莫大焉。"③从这两个事例中不难看出范祖禹借
事发挥的目的，总之，对于太宗以非常手段取得太子之位乃至帝位，范祖禹批
判的立场是坚定的。

　　除晋阳起兵、玄武门事变之外，还有一个事例体现了范祖禹的正统史观，
那就是他对于武则天废唐建周的看法。本篇第五章第二节《唐鉴》"编纂体例与
评论特色"部分已经论述过，此不赘述。以史为鉴、坚持封建正统史观，是范
祖禹史学思想的两个重要方面，不过，通观《唐鉴》，我们发现他的史学思想也
有矛盾之处，即相时通变与守旧法古并存的矛盾史观，例如，他认为"三代封
国，后世郡县，时也；因时制宜，以便其民，顺也"④，后世如果不顾现实状况，
"必欲法上古而封之"⑤，就会出现"弱则不足以藩屏，强则必至于僭乱"的弊
端⑥，进而得出结论："古之法不可用于今，犹今之法不可用于古也。"⑦范祖禹
这种相时通变的观点非常可贵，但是，他同时又提出"不师古不足为后世法"
的观点⑧，多次以"圣人之言""先王之道""祖宗家法"作为论事的依据。如果
结合范祖禹所身处的社会大环境以及他本人的政治立场，那么这种看似矛盾的
观点就不难理解了。详见前文《唐鉴》"内容结构与史料采择"部分。

---

① 《唐鉴》卷 1《高祖》"初"条，第 17 页。
② 《二程遗书》卷 2 上《二先生语二上》，第 69 页。
③ 《唐鉴》卷 3《太宗下》"（贞观二十一年）八月"条，第 83 页。
④ 《唐鉴》卷 2《太宗上》"五年初"条，第 41 页。
⑤ 《唐鉴》卷 2《太宗上》"五年初"条，第 41 页。
⑥ 《唐鉴》卷 2《太宗上》"五年初"条。第 41 页。
⑦ 《唐鉴》卷 2《太宗上》"五年初"条。第 41 页。
⑧ 《唐鉴》卷 2《太宗上》"四年灭突厥"条，第 33 页。

　　本篇开头说过，范祖禹的史学思想分为理论与实践两个阶段，《唐鉴》就属于理论层面上的，实践阶段则指的是元祐中范祖禹在朝为官针对时事政治所上的奏章，以及因所任官职（例如经筵讲官）需要而编纂的著作如《帝学》，也就是说，元祐中范祖禹所上奏章中包含的政论思想其实就是其史学思想在实践中的运用。

　　总之，范祖禹既有以史为鉴的历史鉴戒思想，又有维护封建伦理纲常的正统思想，还有相时通变与法古守旧的矛盾史观，可以说他的史学思想既丰富又复杂，因此在研究中应全面考察，才能获得一个较为客观的认识。

余　论

　　本篇着重介绍了范祖禹在史学方面所取得的成就,除此之外,在经学方面,范祖禹亦有建树,著有《三经要语》《论语说》《中庸论》《孟子节解》等作品,还与吕希哲、刘恕等为友,谈论经书,相得益彰,形成"华阳学派"。范祖禹在宋代蜀学中也占有重要的地位,其所著《唐鉴》开创了以理学治史的风气,是宋代义理史著的典范之作,极大地促进了蜀学的发展①。此外,范祖禹还有一些诗词存世,55 卷的《太史范公文集》中,前 3 卷都是诗歌,有的是为别人撰写的挽词,有的是范祖禹工作、生活实录,有的表现了范祖禹寂寞冷落的情怀,有的描写了蜀地的自然风光,有的是咏史诗,表达了范祖禹对历史人物的褒贬。因为经学和诗词不是本书讨论的重点②,所以仅概述于此。另外,范祖禹还"擅豪翰"③,其墨迹杂见于《群玉堂法帖》之中④。《宝真斋法书赞》卷 16《宋名人真迹·范正献书毕帖》记载:"范正献公祖禹字淳夫《书毕帖》真迹一卷"⑤,行书,八行。同卷《范正献奏议帖》之下收录范祖禹所作《荐贤札子》(共四札)、《进无逸讲义札子》、《传宣进讲义札子》、《疏决札子》、《简易疏》⑥,《范正献奏议帖》下注文曰:"草书,稿本,共二十副,两卷,通二百五十一行。多有涂注改乙处,并依本书誊写。"

---

① 《朱熹与宋代蜀学》,第 13—14 页。
② 按:范祖禹所著《诗解》(佚),朱熹认为"范《诗》无甚发明"。见《朱子全书》第 22 册《晦庵先生朱文公文集》卷 51《答曹立之(一)》,第 2384 页。
③ [明] 陶宗仪撰:《书史会要》卷 6 "范祖禹"条,上海:上海书店,1984 年,第 263 页。
④ 《书史会要》卷 6 "范祖禹"条,第 263 页。
⑤ 《宝真斋法书赞》卷 16,第 745 页。
⑥ 按:札子的具体内容见《宝真斋法书赞》卷 16,此略,第 745—752 页。

结　　语

　　本书通过上下两篇对范祖禹的生平以及史学成就进行了研究，总体而言，有以下几方面的创见：第一，将范祖禹的生平划分为三个大的时期，即成长奋斗期、修书蓄积期以及政治生涯期，使脉络更清晰，避免了许多文献记载转相抄引、简略粗疏的不足。第二，非常注意对一些前人忽略的看似细碎的问题，例如母梦邓禹、受教育背景、改字缘起、婚姻状况以及范祖禹心理动态等的研究。第三，部分挖掘和利用了《范太史文集》的史料价值，主要体现在三个方面：①结合《文集》前3卷所收录之诗文对范祖禹赴任龙水知县途中、任期内的生活工作状况以及任满回京途中一系列过程中的心理活动进行了分析。②利用《文集》中唱和诗文以及部分祭文、墓志铭补充了与范祖禹交游相关研究中资料的不足。③以其他文献记载为基础，结合《文集》中范祖禹所上之奏章考证了《唐鉴》以及《帝学》等著作的写作时间，并对范祖禹的史学与政论思想进行了贯通研究。第四，对在不同时期与范祖禹有往来的人进行了较为全面且不失重点的阐述，并分析了这些人对他各个方面的影响。结合时代大环境、前人著述、个人条件以及偶然机缘等因素，对《唐鉴》的成因进行了系统深入的分析。第五，制作了成都范氏的族系表，编制了范祖禹年谱，并汇集了范祖禹著作之诸家著录序跋题识，以供研究者参考。

　　由于笔者能力及精力有限，还有一些问题没有得到研究，现将其归结在一起，希望能为研究者提供一些思考的线索。①《范太史文集》版刻源流以及史料价值尚待研究与挖掘，《文集》中所收录的墓志铭尤其是有关女性的墓志铭及祭文对于研究宋代女性的社会地位以及其他相关问题，都具有重要的价值，可补文献记载之不足及缺失。可以利用《宋朝名臣言行录》《三朝名臣言行录》《历代名臣言行录》《名臣碑传琬琰集》《续资治通鉴长编》等资料，对《文集》中某些复收录于其他文献的内容尤其是奏章，以及未收入文集、散逸于其他文献中的部分内容进行盘点梳理，并将其汇聚起来，最好能制作成表格，注明标题、出处，这样就能极大地丰富资料，有利于进行全面的研究。②范祖禹的大部分著作已经亡佚，我们可以利用现代化的检索手段对其进行辑佚，例如，《长编》以及宋人笔记中保存了不少有关《范祖禹家传》《范太史遗事》的内容，此外，朱熹是对范祖禹研究较为深入的一位学者，可以以朱熹的相关著作为基础，对范祖禹的《论语说》《诗解》《范氏家祭礼》等著作进行辑佚。不过，在辑佚的过程中一定要注意对搜集到的资料进行认真的考证与鉴别。③对《唐鉴》的版本源流进行全面的研究也非常有必要。

参 考 文 献

古籍文献

［汉］司马迁撰：《史记》，北京：中华书局，1982 年。

［汉］赵岐注，［宋］孙奭疏，廖名春、刘佑平整理，钱逊审定：《孟子注疏》，《十三经注疏》（整理本），北京：北京大学出版社，2000 年。

［汉］郑玄注，［唐］孔颖达疏，龚抗雪整理，王文锦审定：《礼记正义》，《十三经注疏》（整理本），北京：北京大学出版社，2000 年。

［魏］何晏注，［宋］邢昺疏，朱汉民整理，张岂之审定：《论语注疏》，《十三经注疏》（整理本），北京：北京大学出版社，2000 年。

［刘宋］范晔撰，［唐］李贤等注：《后汉书》，北京：中华书局，1965 年。

［唐］刘知幾撰，［清］浦起龙释：《史通通释》，国学基本丛书选印，上海：上海书店，1988 年。

［唐］萧嵩等撰：《大唐开元礼》，北京：民族出版社，2000 年。

［宋］蔡绦撰，冯惠民、沈锡麟点校：《铁围山丛谈》，《唐宋史料笔记丛刊》，北京：中华书局，1997 年。

［宋］晁公武撰，孙猛校证：《郡斋读书志校证》，上海：上海古籍出版社，1990 年。

［宋］晁说之撰：《晁氏客语》，《文渊阁四库全书》（第 863 册），上海：上海古籍出版社，1987 年（以下凡标明"《文渊阁四库全书》"者，均为上海古籍出版社影印本）。

［宋］陈均撰：《九朝编年备要》，《文渊阁四库全书》（第 328 册）。

［宋］陈普撰：《石堂先生遗集》，《北京图书馆古籍珍本丛刊》（第 86 册），北京：书目文献出版社，1996 年。

［宋］陈思编，［元］陈世隆补：《两宋名贤小集》，《文渊阁四库全书》（1362 册）。

［宋］陈祥道撰：《论语全解》，《文渊阁四库全书》（第 196 册）。

［宋］陈振孙撰，徐小蛮、顾美华点校：《直斋书录解题》，上海：上海古籍出版社，

2005 年。

［宋］程颢、程颐著，王孝鱼点校：《二程集》，《理学丛书》，北京：中华书局，1984 年。

［宋］程颢、程颐撰，［宋］朱熹编：《二程外书》，《文渊阁四库全书》（第 698 册）。

［宋］程颢、程颐撰：《二程遗书》，上海：上海古籍出版社，2000 年。

［宋］杜大珪撰：《名臣碑传琬琰集》，《宋史资料萃编》（第二辑），台北：文海出版社，1969 年。

［宋］范祖禹撰：《帝学》，《文渊阁四库全书》（第 696 册）。

［宋］范祖禹著，贾二强、高叶青、焦杰校点：《太史范公文集》，北京：北京大学出版社，2014 年。

［宋］范祖禹撰，［宋］吕祖谦音注：《（明刊）唐鉴》，《景印岫庐现藏罕传善本丛刊》，台北：商务印书馆，1973 年。

［宋］范祖禹撰，［宋］吕祖谦音注：《范太史唐鉴》，《清麓丛书续编》，清同治至民国间传经堂刊本。

［宋］范祖禹撰，［宋］吕祖谦音注：《唐鉴》，《金华丛书》，扬州：广陵古籍刻印社，1983 年。

［宋］范祖禹撰：《唐鉴》，上海：上海古籍出版社，1984 年。

［宋］费衮撰，金圆校点：《梁溪漫志》，上海：上海古籍出版社，1985 年。

［宋］高似孙撰：《纬略》，《文渊阁四库全书》（第 852 册）。

［宋］韩淲撰：《涧泉日记》，《文渊阁四库全书》（第 864 册）。

［宋］何薳撰，张明华点校：《春渚纪闻》，《唐宋史料笔记丛刊》，北京：中华书局，1997 年。

［宋］洪迈撰，孔凡礼点校：《容斋随笔》，《唐宋史料笔记丛刊》，北京：中华书局，2005 年。

［宋］胡仔撰集，廖德明校点：《苕溪渔隐丛话（后集）》，北京：人民文学出版社，1981 年。

［宋］黄𩒨撰：《山谷年谱》，《文渊阁四库全书》（第 1113 册）。

［宋］黄庭坚著，刘琳、李勇先、王蓉贵校点：《黄庭坚全集》，成都：四川大学出版社，2001 年。

［宋］黎靖德编，王星贤点校：《朱子语类》，《理学丛书》，北京：中华书局，1986 年。

［宋］李璧撰：《王荆公诗注》，《文渊阁四库全书》（第 1106 册）。

［宋］李焘撰，［清］黄以周等辑补：《续资治通鉴长编》，上海：上海古籍出版社，1986 年。

［宋］李焘撰，［清］黄以周等辑注，顾吉辰点校：《续资治通鉴长编拾补》，北京：中华书局，2004 年。

［宋］李心传撰：《建炎以来系年要录》，《宋史资料萃编》（第二辑），台北：文海出版社，1980 年。

［宋］李攸撰：《宋朝事实》，《宋史资料萃编》（第一辑），台北：文海出版社，1967 年。

［宋］李之仪撰：《姑溪居士后集》，《文渊阁四库全书》（第 1120 册）。

［宋］李廌撰，孔凡礼点校：《师友谈记》，《唐宋史料笔记丛刊》，北京：中华书局，2002 年。

［宋］林骃撰：《古今源流至论》，《文渊阁四库全书》（第 942 册）。

［宋］林之奇撰：《拙斋文集》，《文渊阁四库全书》（第 1140 册）。

［宋］刘安世撰：《尽言集》，《四部丛刊续编》（第 14 册），上海：上海书店，1984 年。

［宋］刘跂撰：《学易集》，《文渊阁四库全书》（第 1121 册）。

［宋］刘羲仲撰：《通鉴问疑》，《文渊阁四库全书》（第 686 册）。

［宋］刘挚撰，裴汝诚、陈晓平点校：《忠肃集》，北京：中华书局，2002 年。

［宋］楼钥撰：《攻媿集》，《四部丛刊初编》（第 189 册），上海：上海书店，1989 年。

［宋］陆游撰，李剑雄、刘德权点校：《老学庵笔记》，《唐宋史料笔记丛刊》，北京：中华书局，1997 年。

［宋］吕本中撰：《童蒙训》，《文渊阁四库全书》（第 698 册）。

［宋］吕中撰：《宋大事记讲义》，《文渊阁四库全书》（第 686 册）。

［宋］吕祖谦编，齐治平点校：《宋文鉴》，北京：中华书局，1992 年。

［宋］吕祖谦撰：《少仪外传》，《文渊阁四库全书》（第 703 册）。

［宋］欧阳修等纂修：《新唐书》，北京：中华书局，1997 年。

［宋］欧阳修撰，李逸安点校：《欧阳修全集》，北京：中华书局，2001 年。

［宋］彭乘撰，孔凡礼点校：《墨客挥犀》，《唐宋史料笔记丛刊》，北京：中华书局，2002 年。

［宋］邵伯温撰，刘德权、李剑雄点校：《邵氏闻见录》，《唐宋史料笔记丛刊》，北京：
　　中华书局，1997 年。

［宋］邵博撰，刘德权、李剑雄点校：《邵氏闻见后录》，《唐宋史料笔记丛刊》，北京：
　　中华书局，1997 年。

［宋］石介撰，陈植锷点校：《徂徕石先生文集》，北京：中华书局，1984 年。

［宋］司马光撰：《书仪》，《文渊阁四库全书》（第 142 册）。

［宋］司马光主编，［元］胡三省音注：《资治通鉴》，北京：中华书局，1997 年。

［宋］司马光撰：《温国文正公文集》，《四部丛刊初编》（第 138—139 册），上海：上
　　海书店，1989 年。

［宋］苏轼著，傅成、穆俦标点：《苏轼全集》，上海：上海古籍出版社，2000 年。

［宋］苏轼撰，［清］冯应榴辑注，黄任轲、朱怀春校点：《苏轼诗集合注》，上海：上
　　海古籍出版社，2001 年。

［宋］苏洵著，曾枣庄、金成礼笺注：《嘉祐集笺注》，《中国古典文学丛书》，上海：
　　上海古籍出版社，2001 年。

［宋］苏辙撰，陈宏天、高秀芳点校：《苏辙集》，《中国古典文学基本丛书》，北京：
　　中华书局，1990 年。

［宋］孙觌撰：《鸿庆居士集》，《文渊阁四库全书》（第 1135 册）。

［宋］孙甫撰：《唐史论断》，《文渊阁四库全书》（第 685 册）。

［宋］唐士耻撰：《灵岩集》，《文渊阁四库全书》（第 1181 册）。

［宋］汪应辰撰：《文定集》，《文渊阁四库全书》（第 1138 册）。

［宋］王称撰：《东都事略》，《文渊阁四库全书》（第 382 册）。

［宋］王霆震撰：《古文集成前集》，《文渊阁四库全书》（第 1359 册）。

［宋］王象之撰：《舆地纪胜》，《中国古代地理总志丛刊》，北京：中华书局，1992 年。

［宋］王应麟撰：《小学绀珠》，北京：中华书局，1987 年。

［宋］王应麟撰：《玉海》，南京：江苏古籍出版社；上海：上海书店，1990 年。

［宋］王铚撰，朱杰人点校：《默记》，《唐宋史料笔记丛刊》，北京：中华书局，
　　1997 年。

［宋］魏了翁撰：《重校鹤山先生大全文集》，《四部丛刊初编》（第 205 册），上海：

上海书店，1989 年。

［宋］魏泰撰，李裕民点校：《东轩笔录》，《唐宋史料笔记丛刊》，北京：中华书局，
　　1997 年。

［宋］吴曾撰：《能改斋漫录》，《宋元笔记丛书》，上海：上海古籍出版社，1979 年。

［宋］许应龙撰：《东涧集》，《文渊阁四库全书》（第 1176 册）。

［宋］杨仲良撰：《续资治通鉴长编纪事本末》，北京：北京图书馆出版社，2003 年。

［宋］叶适撰：《水心先生文集》，《四部丛刊初编》（第 203 册），上海：上海书店，
　　1989 年。

［宋］佚名：《皇宋中兴两朝圣政》，北京：北京图书馆出版社，2007 年。

［宋］佚名编：《宋大诏令集》，北京：中华书局，1997 年。

［宋］佚名撰：《锦绣万花谷》，《北京图书馆古籍珍本丛刊》（第 73 册），北京：书目
　　文献出版社，1995 年。

［宋］佚名撰：《两朝纲目备要》，《宋史资料萃编》（第一辑），台北：文海出版社，
　　1967 年。

［宋］尹洙撰：《河南集》，《文渊阁四库全书》（第 1090 册）。

［宋］尤袤撰：《遂初堂书目》，《文渊阁四库全书》（第 674 册）。

［宋］岳珂撰：《宝真斋法书赞》，《文渊阁四库全书》（第 813 册）。

［宋］詹大和等著，裴汝诚点校：《王安石年谱三种》，《年谱丛刊》，北京：中华书局，
　　1994 年。

［宋］张端义著：《贵耳集》，《中国文学参考资料丛书》，北京：中华书局，1958 年。

［宋］张方平撰：《乐全集》，《宋集珍本丛刊》，北京：线装书局，2004 年。

［宋］赵汝愚著，北京大学中国中古史研究中心校点整理：《宋朝诸臣奏议》，上海：上
　　海古籍出版社，1999 年。

［宋］赵善璙撰：《自警编》，《文渊阁四库全书》（第 875 册）。

［宋］郑居中等撰：《政和五礼新仪》，《文渊阁四库全书》（第 647 册）。

［宋］郑思肖撰：《心史》，《北京图书馆古籍珍本丛刊》（第 90 册），北京：书目文献
　　出版社，1988 年。

［宋］周行己撰：《浮沚集》，《文渊阁四库全书》（第 1123 册）。

［宋］朱弁，孔凡礼点校：《曲洧旧闻》，《唐宋史料笔记丛刊》，北京：中华书局，
　　2002 年。

［宋］朱熹撰，黄坤、张祝平校点：《论孟精义》，《朱子全书》（第 7 册），上海：上
　　海古籍出版社；合肥：安徽教育出版社，2002 年。

［宋］朱熹撰，李伟国校点：《三朝名臣言行录》，《朱子全书》（第 12 册），上海：上
　　海古籍出版社；合肥：安徽教育出版社，2002 年。

［宋］朱熹撰，刘永翔、朱幼文校点：《晦庵先生朱文公文集》，《朱子全书》（第 20—
　　25 册），上海：上海古籍出版社；合肥：安徽教育出版社，2002 年。

［宋］朱熹撰：《伊洛渊源录》，《朱子全书》（第 12 册），上海：上海古籍出版社；合
　　肥：安徽教育出版社，2002 年。

［宋］朱熹纂集：《宋名臣言行录》，《文渊阁四库全书》（第 449 册）。

［宋］祝穆撰，［宋］祝洙增订，施和金点校：《方舆胜览》，中国古代地理总志丛刊，
　　北京：中华书局，2003 年。

［宋］祝穆撰：《古今事文类聚》，《文渊阁四库全书》（第 925—929 册）。

［元］陈桱撰：《通鉴续编》，《文渊阁四库全书》（第 332 册）。

［元］脱脱等撰：《宋史》，北京：中华书局，1977 年。

［元］佚名撰，李之亮校点：《宋史全文》，哈尔滨：黑龙江人民出版社，2005 年。

［元］詹道传撰：《四书纂笺》，《文渊阁四库全书》（第 204 册）。

［明］曹学佺撰：《蜀中广记》，《文渊阁四库全书》（第 591—592 册）。

［明］陈邦瞻撰：《宋史纪事本末》，北京：中华书局，1977 年。

［明］邓球撰：《闲适剧谈》，《四库全书存目丛书》（子部·杂家类，第 84 册），济南：
　　齐鲁书社，1995 年。

［明］高濂撰：《遵生八笺》，《文渊阁四库全书》（第 871 册）。

［明］何栋如撰：《梦林玄解》，《四库全书存目丛书》（子部·术数类，第 70 册），济
　　南：齐鲁书社，1995 年。

［明］胡广等奉敕编：《性理大全书》，《文渊阁四库全书》（第 711 册）。

［明］胡广等撰：《诗传大全》，《文渊阁四库全书》（第 78 册）。

［明］李濂撰：《汴京遗迹志》，北京：中华书局，1999 年。

〔明〕李贤等纂修：《大明一统志》，西安：三秦出版社，1990 年。

〔明〕李贽撰：《藏书》，北京：中华书局，1974 年。

〔明〕刘绩撰：《管子补注》，《文渊阁四库全书》（第 729 册）。

〔明〕陆楫等辑：《古今说海》，成都：巴蜀书社，1988 年。

〔明〕马峦撰，〔清〕顾栋高编著，冯惠民整理：《司马光年谱》，北京：中华书局，
　　　1990 年。

〔明〕牛衷增修：《增修埤雅广要》，《四库全书存目丛书》（子部·小说家类，第 250
　　　册），济南：齐鲁书社，1995 年。

〔明〕欧阳保等纂：《（万历）高州府志》，《日本藏中国罕见地方志丛刊》，北京：书
　　　目文献出版社，1991 年。

〔明〕商辂等撰，〔明〕周礼发明，〔明〕张时泰广义：《御批续资治通鉴纲目》，《文
　　　渊阁四库全书》，第 693 册。

〔明〕商辂撰：《商文毅疏稿》，《文渊阁四库全书》（第 427 册）。

〔明〕陶宗仪撰：《书史会要》，上海：上海书店，1984 年。

〔明〕吴国伦撰：《甔甀洞稿》，《四库全书存目丛书》（集部·别集类，第 123 册），
　　　济南：齐鲁书社，1997 年。

〔明〕杨慎辑：《全蜀艺文志》，《文渊阁四库全书》（第 1381 册）。

〔明〕杨士奇等撰：《历代名臣奏议》，《文渊阁四库全书》（第 437 册）。

〔明〕湛若水撰：《格物通》，《文渊阁四库全书》（第 716 册）。

〔明〕张凤翼撰：《梦占类考》，《四库全书存目丛书》（子部·术数类，第 70 册），济
　　　南：齐鲁书社，1995 年。

〔清〕毕沅编著，"标点续资治通鉴小组"校点：《续资治通鉴》，北京：中华书局，
　　　1979 年。

〔清〕邓显鹤辑：《沅湘耆旧集前编》，影印上海图书馆藏清道光二十四年邓氏小九华山
　　　楼刻本。

〔清〕丁丙撰：《善本书室藏书志》，《清人书目题跋丛刊》（二），北京：中华书局，
　　　1990 年。

〔清〕黄廷桂等修纂：《四川通志》，《文渊阁四库全书》（第 559 册）。

［清］黄宗羲撰，全祖望补修，陈金生、梁运华点校：《宋元学案》，北京：中华书局，
　　1986 年。

［清］纪昀、陆锡熊等著，长沙四库全书研究所编，李学勤主审：《钦定四库全书总目》（整
　　理本），北京：中华书局，1997 年。

［清］李光地等纂修：《御定月令辑要》，《文渊阁四库全书》（第 467 册）。

［清］厉鹗著，钱钟书补正：《宋诗纪事补正》，沈阳：辽宁人民出版社，2003 年。

［清］陆心源撰：《皕宋楼藏书志》，《清人书目题跋丛刊》（一），北京：中华书局，
　　1990 年。

［清］陆心源撰：《仪顾堂题跋》，《清人书目题跋丛刊》（二），北京：中华书局，1990 年。

［清］陆心源撰：《元祐党人传》，扬州：广陵古籍刻印社，1987 年。

［清］缪荃孙等撰，吴格整理点校：《嘉业堂藏书志》，上海：复旦大学出版社，1997 年。

［清］莫友芝编，傅增湘订补，傅熹年整理：《藏园订补邵亭知见传本书目》，北京：中
　　华书局，1993 年。

［清］钱大昕撰，陈文和、孙显军校点：《十驾斋养新录》，南京：江苏古籍出版社，
　　2000 年。

［清］庆桂等编纂，左步青校点：《国朝宫史续编》，北京：北京古籍出版社，2001 年。

［清］瞿镛撰，瞿果行标点，瞿凤起覆校：《铁琴铜剑楼藏书目录》，上海：上海古籍出
　　版社，2000 年。

［清］阮元监修，李默校点：《广东通志》，广州：广东人民出版社，1981 年。

［清］沈嘉辙等撰：《南宋杂事诗》，《宋史资料萃编》（第三辑）台北：文海出版社，
　　1981 年。

［清］汪森编：《粤西丛载》，《文渊阁四库全书》（第 1467 册）。

［清］王鸣盛著：《十七史商榷》，北京：中国书店，1987 年。

［清］吴振棫撰：《养吉斋丛录》，北京：北京古籍出版社，1983 年。

［清］徐乾学撰：《资治通鉴后编》，《文渊阁四库全书》（第 343 册）。

［清］徐松撰：《宋会要辑稿》，北京：中华书局，1957 年。

［清］永瑢等撰，朱学勤标注，朱修伯批本：《四库简明目录》，北京：北京图书馆出版
　　社，2001 年。

〔清〕俞正燮撰，涂小马等校点：《癸巳类稿》，《新世纪万有文库》（第五辑），沈阳：

　　辽宁教育出版社，2001年。

〔清〕张廷玉等撰：《清朝文献通考》，上海：商务印书馆，1936年。

〔清〕张英等纂：《渊鉴类函》，北京：中国书店，1985年。

〔清〕张之洞著，朱维铮点校：《书目答问二种》，北京：生活·读书·新知三联书店，

　　1998年。

〔清〕周中孚撰：《郑堂读书记》，《清人书目题跋丛刊》，北京：中华书局，1993年。

〔清〕朱彝尊撰：《经义考》，《文渊阁四库全书》（第677—680册）。

　　曾枣庄、刘琳主编：《全宋文》，成都：巴蜀书社，1994年。

　　傅璇琮、倪其心等主编：《全宋诗》，北京：北京大学出版社，1995年。

近人论著

　　北京图书馆善本部编：《北京图书馆善本书目》，北京：中华书局，1959年。

　　昌彼得、王德毅等编：《宋人传记资料索引》，北京：中华书局，1988年。

　　邓小南著：《祖宗之法——北宋前期政治述略》，北京：生活·读书·新知三联书店，

2006年。

　　丁传靖辑：《宋人轶事汇编》，北京：中华书局，2003年。

　　傅增湘纂辑：《宋代蜀文辑存》，北京：北京图书馆出版社，2005年。

　　顾吉辰著：《宋史比事质疑》，北京：书目文献出版社，1987年。

　　李裕民著：《宋史新探》，西安：陕西师范大学出版社，1999年。

　　栗品孝著：《朱熹与宋代蜀学》，北京：高等教育出版社，1998年。

　　梁启超著：《中国历史研究法（外二种）》，石家庄：河北教育出版社，2000年。

　　刘琳、沈治宏编：《现存宋人著述总录》，成都：巴蜀书社，1995年。

　　马克思、恩格斯著：《马克思恩格斯全集》，北京：人民出版社，1960年。

　　苗书梅著：《宋代官员选任和管理制度》，开封：河南大学出版社，1996年。

　　牛致功著：《唐代史学与墓志研究》，西安：三秦出版社，2006年。

　　钱穆著：《国史大纲》，北京：商务印书馆，2001年。

瞿林东著：《中国史学的理论遗产》，《当代中国史学家文库（瞿林东卷）》，北京：北京师范大学出版社，2005 年。

饶宗颐著：《中国史学上之正统论》，《学术集林丛书》，上海：上海远东出版社，1996 年。

上海图书馆编：《中国丛书综录》，上海：上海古籍出版社，1982 年。

沈松勤著：《北宋文人与党争——中国士大夫群体研究之一》，北京：人民出版社，1998 年。

王德保著：《司马光与〈资治通鉴〉》，北京：中国社会科学出版社，2002 年。

谢巍编撰：《中国历代人物年谱考录》，北京：中华书局，1992 年。

许肇鼎著：《宋代蜀人著作存佚录》，成都：巴蜀书社，1986 年。

张邦炜著：《宋代婚姻家族史论》，北京：人民出版社，2003 年。

中国古籍总目编纂委员会编：《中国古籍善本总目》，北京：线装书局，2005 年。

祝尚书著：《宋人别集叙录》，北京：中华书局，1999 年。

邹重华、栗品孝编：《宋代四川家族与学术论集》，成都：四川大学出版社，2005 年。

学术论文

陈光崇：《范祖禹与〈资治通鉴〉——读〈范太史札记〉》，《辽宁大学学报》1980 年第 6 期。

陈红胜：《宋代名人范祖禹与化州南山寺》，http://tieba.baidu.com/f?kz=284584252/08/11/2007。

陈勇、韦庆缘：《〈唐鉴〉何以见重于宋室》，《吉林师范学院学报》1994 年第 4 期。

陈勇：《从〈唐鉴〉看范祖禹的史学思想》，《四川师范大学学报》（哲学社会科学版）1993 年第 1 期。

晨舟：《范祖禹与〈唐鉴〉》，《史学史研究》1982 年第 2 期。

单侠：《宋代〈孝经〉学研究初探》，《聊城大学学报》（社会科学版）2007 年第 2 期。

丁永玲：《〈唐鉴〉与禁书试析》，《新世纪图书馆》2004 年第 6 期。

钝叟：《历代名人在永州（一）》，《零陵师专学报》1983 年第 1 期。

房鑫亮：《〈唐鉴〉及其在历史编纂学上的地位》，《安徽史学》1993 年第 2 期。

高平：《〈唐鉴〉——一部通论唐室盛衰的史学精品》，《北京教育学院学报》1997 年第 4 期。

高叶青：《范祖禹与资治通鉴》，《兰台世界》2012 年第 18 期。

顾永新：《日宋传本〈古文孝经〉回传中国考》，《北京大学学报》（哲学社会科学版）2004 年第 2 期。

胡昭曦：《〈神宗实录〉朱墨本辑佚简论》，《四川大学学报》（哲学社会科学版）1979 年第 1 期。

黄勇：《浅论范祖禹的文献学贡献》，《前沿》2007 年第 2 期。

姜鹏：《〈资治通鉴〉长编分修再探》，《复旦学报》（社会科学版）2006 年第 1 期。

刘丽丽：《司马光与范祖禹交游考述》，《华北水利水电学院学报》（社会科学版）2007 年第 2 期。

彭久松：《〈资治通鉴〉五代长编分修人考》，《四川师院学报》（哲学社会科学版）1983 年第 1 期。

邱佳慧：《由墓志铭看二程对妇女的书写》，《东吴历史学报》2004 年第 12 期。

瞿凤起：《读宋刻十二卷本〈唐鉴〉书后》，《文物》1962 年第 1 期。

畲彦焱：《〈唐鉴〉版本述略》，《上海博物馆集刊》（第八期），上海：上海书画出版社，2000 年。

申慧青：《论范祖禹〈帝学〉与宋代的皇帝教育》，《保定学院学报》2012 年第 3 期。

申慧青：《论司马光的史学思想对范祖禹及其所著〈唐鉴〉的影响》，《社科纵横》2000 年第 1 期。

施懿超：《范祖禹年谱简编》，《文献》2001 年第 3 期。

施懿超：《范祖禹与〈资治通鉴〉》，《史学史研究》1991 年第 3 期。

舒大刚：《〈孝经〉名义考——兼及孝经的成书年代》，《西华大学学报》（哲学社会科学版）2004 年第 1 期。

舒大刚：《试论大足石刻范祖禹书〈古文孝经〉的重要价值》，《四川大学学报》（哲学社会科学版）2003 年第 1 期。

舒大刚：《司马光指解本〈古文孝经〉的源流与演变》，《烟台师范学院学报》（哲学社会科学版）2003 年第 1 期。

宋馥香：《论〈唐鉴〉的编纂特色及其历史评论特色》，《郑州大学学报》（哲学社会科学版）2004 年第 2 期。

宋馥香：《论北宋的唐史编纂和政治诉求》，《史学理论研究》2006 年第 3 期。

唐明贵：《范祖禹〈论语说〉的诠释特色》，《湖南大学学报》（社会科学版）2015 年第 4 期。

汪高鑫：《司马光范祖禹唐史观点不一致论》，《安徽史学》2000 年第 1 期。

王曾瑜：《关于编写〈资治通鉴〉的几个问题》，《文史哲》1977 年第 3 期。

王德毅：《范祖禹的史学与政论》，《宋史研究论集（一）》，台北：商务印书馆，1968 年。

王靖宇：《两部〈范祖禹年谱简编〉中的纪元问题》，《西安文理学院学报》（社会科学版）2013 年第 5 期。

王盛恩、黄秋啸：《北宋中期的唐史研究述略》，《平原大学学报》2006 年第 1 期。

温哲君、文畅平：《从〈唐鉴〉看范祖禹的史学思想》，《惠州大学学报》（社会科学版）1998 年第 3 期。

文畅平：《〈唐鉴〉与范祖禹的史学思想述评》，《大同高专学报》1997 年第 4 期。

邬国义：《新发现的司马光〈与范梦得内翰论修书帖〉考论》，《华东师范大学学报》（哲学社会科学版）1988 年第 1 期。

吴荣政：《试论〈资治通鉴〉编撰的成功及其原因》，《档案学研究》2017 年第 3 期。

熊克：《缪艺风旧藏活字本范祖禹〈帝学〉辨证》，《四川文物》1990 年第 2 期。

徐小蛮：《宋刻珍本〈唐鉴〉》，《文物》1981 年第 7 期。

徐严华：《浅析〈唐鉴〉中的政治思想》，《山东行政学院学报》2014 年第 10 期。

杨果：《宋人墓志中的女性形象解读》，《东吴历史学报》2004 年第 11 期。

袁伯诚：《〈资治通鉴〉编修考证》，《固原师专学报》1981 年第 2 期。

原瑞琴：《〈唐鉴〉史论的政治思想——兼论范祖禹的国家职能观》，《学习与探索》2007 年第 2 期。

张邦炜：《论宋代"无内乱"》，《四川师范大学学报》（社会科学版）1988 年第 1 期。

　　张邦炜：《宋代避亲籍制度述评》，《四川师范大学学报》（社会科学版）1986 年第 1 期。

　　张传玺：《〈资治通鉴〉是怎样编写的——读司马光〈答范梦得〉书后》，《光明日报》（史学版）1961 年 12 月 20 日。

　　张利荣：《试以〈唐鉴〉析论范祖禹的史学风格》，《兰州学刊》2007 年第 4 期。

　　张新民：《通鉴编修与史馆制度》，《郑州大学学报》（哲学社会科学版）1988 年第 1 期。

附　录

附录一　范祖禹年谱相关

凡　例

一、本谱采用"儒藏"整理本《太史范公文集》。此整理本系以二〇〇四年线装书局版《宋集珍本丛刊》所影印之清钞本《太史范公文集》作为底本，以源出汪启椒家藏本之影印文渊阁四库全书本《范太史集》作为对校本。

二、本谱旨在纪述范祖禹一生行实，与此相关之人及事，视其疏密程度予以采择收录。

三、史料记载，如《续资治通鉴长编》《宋大诏令集》《宋会要辑稿》《东都事略》《宋史》及宋元方志，乃考察范祖禹行实之重要依据，本谱详加采录。散见于总集、别集有关范祖禹之制文同此例。

四、本谱以年隶事，亦兼用纪事本末体。例如，关于"回河"一事范祖禹曾先后多次上奏，若以上奏时间为断限则显凌乱且不足以表明谱主于此事之关注。凡此等类，均于谱中原始要终，综贯叙述。

五、范祖禹行实，宋人笔记、诗话记载颇多，后代亦间有。其中或有一事杂见于多种书，辗转相传，内容歧异，文字增损不一，本谱为采其时代较早或时代虽不早而记述较为完备者，益以其所不及，附注其并见之书。其中或有真疑参半，本谱则在谱文正文中突出其真实部分，其可疑部分，则在注文中予以说明；其错误部分，则径去之。其或记载之事全出附会或依托，则仅书其篇目卷次，其内容不予采录。

六、同时代人或晚辈为范祖禹所作赞、贺诗，及范祖禹自作之诗词，与考察行实关系不甚密切者，唯录其题，不采其内容；其较密切者则视其程度，略取之或详取之。其往来文字，着重表述个人仰慕之情，则略取之；涉及交往踪迹，或以切磋、劝诫为内容者，则详取之。以上所云，乃就有专集留存至今者而言，其无专集行世者，有关上述各类文字，均详取之。

七、范祖禹交游中，史书有传，有行状、碑铭可考者，叙述文字从简。其人事迹，久隐而不显，则深入搜求，别择收录。其尚待考者，则或提出若干线索，以供探讨。其首见本谱，略说明其字、贯；其未见者，则略述其此后仕历。其事迹在《太史范公文集》中者，若于考证无益，则仅列出在集中之具体卷数及篇名。

八、为节省篇幅，前人与当代人研究中疏误，唯其影响较大者乃为辨之。基于同一理由，如《续资治通鉴长编》《宋史》同载某一事，文字歧异或文字全同，但引《续资治通鉴长编》，重要不同者为勾出。

九、凡所征引文字，均以五号字低两格排比于各条目之下，其排列次第，唯本因事系文之例，不尽以各书著述先后为序。凡所征引之文字，其意义须加引申或有分歧需辨释，则均以小五号字附加按语置于其下，以避免旧说新证混淆之嫌。

十、《范祖禹年谱》旧已成书者有一种，但已不得见，仅据《中国历代人物年谱考录》"正编第六卷宋代"可知其编者为鄞县（今浙江宁波）陈宏美，稿本，著者自藏。我国台湾学者王德毅亦撰有《范祖禹年谱》2 卷，6 万余言，该谱对范祖禹仕历记述尤详。成文者如施懿超所编《范祖禹年谱简编》《文献》，2001 年第 3 期，第 83—104 页），是谱于了解谱主之梗概尚可，然存在问题亦为不少，本谱在编排时尽量加以更正。

十一、本谱需加按语之处，均以"按"标明。

十二、古人纪日，例用干支。今据陈垣《二十史朔闰表》统一为：凡正文有关干支之文字后，加括号，注所合日期之具体数字，如"初六""十八"等。

十三、为避免重复，本谱对出现次数较多的文献采用了简称，见表 5：

表 5　《范祖禹年谱》文献简称对照表

全称	简称
《宋史》卷 337《范祖禹传》	《本传》
《太史范公文集》	《本集》
《名臣碑传琬琰集》	《琬琰集》
《续资治通鉴长编》	《长编》
《续资治通鉴长编拾补》	《长编拾补》

表 6　成都范氏族谱简表

```
隆①——履冰
昌祐
  └璨②
     └度
        ├镃
        │  └百常
        └锴③
            ├百祉
            │   ├祖禹
            │   │   ├冲——┬仲艺
            │   │   │     ├仲苣
            │   │   │     └仲熊
            │   │   └温
            │   └祖哲
            ├百朋④
            │   └祖睿
            ├百禄
            │   ├祖德
            │   ├祖修
            │   ├祖述
            │   │   └濯——┬仲黼⑤
            │   │         └仲芸
            │   ├祖羲
            │   ├祖和
            │   ├祖临
            │   └祖言
            └镇
                ├燕孙⑥
                ├百揆⑦
                │   └祖淳——埙
                ├百嘉
                │   ├祖野
                │   ├祖恩
                │   └祖某
                ├百岁⑧
                └百虑
     └详
  └璨
```

【说明】本谱系据《全蜀艺文志》卷 53《谱·范式》、《宋人传记资料索引》、《宋代蜀人著作存轶录》、《范太史文集》等资料综合制成，凡关系不明确者不录。

【注释】①隆为履冰之 11 世孙。②璇，《全蜀艺文志》作"璨"。③锴有五子，长曰百祉，次曰百朋，季曰百禄，其余二人不详。④百朋有孙曰游，曾孙曰仲恺、仲侃独不第，三子后先登科，曰子修、子奕、子庚。⑤范仲黼：字文叔，淳熙进士。籍贯为原华阳。诗一首，收入《宋诗纪事补遗》卷五十四《华阳人物志》卷 4 记载仲黼为"祖禹孙，濯之子"，而《方舟集》卷 15《范叔原墓志铭》记载范濯为范祖述之子、范祖禹之侄，也即范仲黼为祖禹之从孙，并非直系孙子《朱文公文集》卷 90《安人王氏墓表》。⑥未名而夭。⑦三子，姓名事迹不详。⑧三子，姓名事迹不详。

范祖禹传略

范祖禹，字淳甫，一字梦得。

《本传》："范祖禹字淳甫，一字梦得。其生也，母梦一伟丈夫被金甲入寝室，曰：'吾汉将军邓禹。'既寤，犹见之，遂以为名。"

《锦绣万花谷》前集卷 18《孕育》之"梦邓禹"条："范祖禹母梦一丈夫被金甲至寝曰：'吾故汉将邓禹也。'范祖禹是日生，公遂以名。初字梦得，温公以传称邓禹仲华内文明，笃行淳备，改字淳，或配以甫，故字淳甫。"（《家传》）

按：《藏书·儒臣传》卷 26"范祖禹"条、《元祐党人传》卷 2《范祖禹传》之记载与《本传》《家传》相类。《增修坤雅广要》卷 8《人道门》"邓禹后身范祖禹"条记此梦系范祖禹之父所作，《梦林玄解》卷 15《梦占》"贵人入阁"条记金甲大将步入"香阁"，《梦占类考》卷 7《汉将军邓禹》引《宋书》不云"金甲大将"而云"梦一异人入寝室"。《春渚纪闻》卷 5《邹张邓谢后身》云："范纯夫为邓仲华后身，故名祖禹。"朱熹批驳此说法，《朱子语类》卷 126《释氏》"问轮回之说"条："厚之云：'或传范淳夫是邓禹后身。'曰：'邓禹亦一好人，死许多时，如何魄识乃至今为他人！'"

《梁溪漫志》卷 3《范淳夫字》："范淳父内翰之母，梦邓禹来而生淳父，故名祖禹，字梦得。温公与之帖云：'按《邓仲华传》，仲华内文明，笃行淳备，辄欲更表德曰"淳备"，既惬吉梦，又可止讹，且与令德相应，未审可否？'次日，复一帖云：'昨夕再思，"淳备"字太显而尽，不若单字"淳"，临时配以"甫"、"子"而称之。五十则称伯、仲，亦犹子路或称季路是也。如何，如何？'"

按：此记载为"淳甫"一字之来由，另外，有些文献记载将"淳"作"纯""醇"，"甫"作"夫""父"，于是就有纯甫、醇夫、淳夫、淳父等字。按照司马光的设想，祖禹在活到五十岁时，就可以改字为"淳伯"或"淳仲"，不过，在各种文献中均未发现有采用这两个字的，可见自从改字后，范祖禹一直以"淳甫"字行世。至于改字时间，《苏轼诗集集注》卷 35《次韵范淳父送秦少章》"范淳父"条注："元丰末，司马公易之以淳父。"《苕溪渔隐丛话》后集卷 22《迁叟》亦云改字在元丰末。邓禹（2—58 年），字仲华，南阳新野（今河南省新野）人，东汉中兴名将，"云台二十八将"之首。据《后汉书》卷 16《邓寇列传》记载：邓禹"年十三，能诵诗"，"内文明，笃行淳备，事母至孝"，且善谋略、骁勇善战，曾随光武帝刘秀征战南北、平定山西，功效尤著。

人称范侍讲、范内翰、范太史、范谏议、范内相、范十三、三郎、华阳先生、唐鉴公、范龙图、小范，自称范秀才，"三范"之一。

《宋元学案》卷 21《华阳学案·涑水门人》之"正献范华阳先生范祖禹"条："东坡……每与他人谐谑，属曰：'勿使范十三知也！'……蜀公……谓人曰：'吾几欲造朝，而三郎劝我，遂不行。'……先生（按：范祖禹）曰：'吾出剑门，一范秀才耳！'"

《本传》："《唐鉴》深明唐三百年治乱，学者尊之，目为'唐鉴公'云。"

　　按：《本传》载范祖禹"幼孤"，据《本集》卷 37《祭妹文》《祭赵端明文》可知其有一妹封仙源县君，一弟祖哲曾任夔州司理参军，范祖禹为长子（《本集》卷 37《告先妣文》），又父母早丧（考证详见下文），必无众多之兄弟姊妹，而成都范氏至范祖禹这一辈，姓名可考者众多，如：祖亮、祖德、祖舒、祖京、祖恩等，故苏轼称其为"范十三"，当为族里之排序。蜀公即范镇，镇称其为"三郎"，《自警编》卷 5 记载："乃范祖禹第行"，不知是以何标准之排行。在当时社会中，以官爵、地望、乡里代称某位有名望之人，于范祖禹则称范侍讲、范内翰、范太史、范谏议等，此不一一细述。范祖禹与吕希哲、刘恕等友人谈论经书，相得益彰，从而形成"华阳学派"，因祖籍成都华阳，学者称其为"华阳先生"。"三范"即与范镇、范百禄之并称，见《小学绀珠》卷 7《氏族类》"三范"条、《方舆胜览》卷 51《成都府路·人物·范祖禹》之记载。"小范"之称见《苏轼诗集合注》卷 36 苏轼自注。

系出长安。

　　《本集》卷 44《资政殿学士范公墓志铭》（以下简称《范百禄墓志铭》）："范氏之先，本家长安，唐末避乱徙蜀，为成都华阳人。"卷 37《祭叔母宇文氏文》："有唐之季，中原荼毒。宇文及范自秦徙蜀，……"

　　《苏轼全集》卷 39《范景仁墓志铭》（以下简称《范景仁墓志铭》）："公姓范氏，讳镇，字景仁。其先自长安徙蜀，六世祖隆，始葬成都之华阳。"

　　按：唐末，成都范氏即由长安入蜀。《新唐书》卷 61《表第一·宰相》记载：其祖先范履冰武则天时为春官尚书。范隆是范履冰的十一世孙、范镇的六世祖，于唐僖宗"广明间入蜀，家成都孙绍温处"（见《全蜀艺文志》卷 53《谱·范氏》），范隆始葬成都之华阳，成都范氏自此始。

　　五世祖昌佑，妣索氏。高祖瑝，妣张氏，追封嘉国太夫人。曾祖度，赠开府仪同三司；妣李氏，赠荣国太夫人（一作汉国太夫人），庞氏，赠昌国太夫人（一作唐国太夫人）。度以文艺节行，为蜀守张咏所知，有子三人：曰镃，曰锴，曰镇。（《范景仁墓志铭》；《全蜀艺文志》卷53《谱·范氏》）

按：锴为镇之兄、范祖禹之祖，故据镇之世系可推知范祖禹之源出。范度，《默记》作"范文度"，《太史范公文集》作"范度"，今从后者。有关范度的记载较少，故附其事一则于下。

《默记》卷中："范景仁父名文度（朱杰人校语曰："'文度'，各本均同。按苏轼《范景仁墓志铭》：'考讳度，……为蜀守张咏所知。'《四川通志》卷144《人物》'范度'条亦作'度'。疑本书误。"），为蜀孔目官。事张乖崖，时见发郡人阴事而诛之，而不知其何以知之。但默观一小册，每钩距得人阴事，必记之册上，书讫入箱，封题甚密。文度日侍其旁而莫测也。然每观小册，则行事多杀人或行法。一日，乖崖方观小册，忽内迫，遽起，不及封箱。文度遽取其小册观之，尽记人细故，有已行者，即朱勾之，未行者尚众也。文度阅毕，始悟平生所行乃多布耳目所得，遂毁而焚之。乖崖还，见几上箱开，已变色。及启观，小册已失之，大怒之次，文度遽前请命曰：'乃某毁而焚之，今愿以一命代众人死，乞赐诛戮。'乖崖问其故，答曰：'公为政过猛，而又阴采人长短，不皆究实而诛，若不毁焚，恐自是杀人无穷也。'乖崖徐曰：'贷汝一死，然汝子孙必兴。'自是益用之。"

从叔祖镃，陇城令，卒于陇城。遗腹子百常，以镇荫，为承议郎。

《范景仁墓志铭》："兄镃卒于陇城，无子，闻其有遗腹子在外，公时未仕，徒步求之两蜀间，二年乃得之，曰：'吾兄异于人，体有四乳，是儿亦必然。'已而果然，名之曰百常，以公荫，今为承议郎。"

《曲洧旧闻》卷3"范蜀公薨前须眉变苍黑"条："李方叔言：'范蜀公将薨数日，须眉皆变苍黑，眉目郁然如画也。'东坡云：'平生虚心养气，数尽神往而血气不衰，故发于外，如是尔。然范氏多四乳，故与人异。忠文立德如此，其化必不与万物斯尽也。'"

从叔祖镇，字景仁。端明殿学士，官至翰林学士，赠金紫光禄大夫，累封蜀郡公，谥忠文。妣张氏，追封清河郡君；李氏，封长安郡君。五子一女，孙男十人，孙女六人，曾孙女三人。（《范景仁墓志铭》）

按：有关记载另见《宋史》卷337《范镇传》，《本集》卷37《祭蜀公文》，《全宋文》卷1561《祭范蜀公文》（范纯仁），《宋文鉴》卷23《范忠文公挽词二首》（黄庭坚），卷134《祭范蜀公文》（苏轼）。

从叔百嘉，字子丰。妣李氏，朝奉郎李大昕之女；曾氏，资政殿学士曾孝宽之女。子三人。（《本集》卷37《祭从叔承事文》，卷39《承事郎范君墓志铭》）

《曲洧旧闻》卷8"范子丰宽量"条："范百嘉，字子丰，忠文蜀公之子也。识量颇类忠文。尝宴客，客散，熟寝。偷儿入其室，酒器满前，子丰觉之，起坐，呼偷儿，曰：'汝迫于贫，至此勿怖也。'以白金盂子二与之，偷儿拜而去。其后事败，有司尽得其情，子丰犹不肯言，闻者美之。"
《范景仁墓志铭》："次百嘉，承务郎，先公一年卒。"
《苏文忠公全集》卷50《答范蜀公书》第九、十、十一书深表悲痛并安慰范镇。《书（九）》略曰："今晚忽得报，承子丰承事遽至大故，闻之悲痛，……丈丈高年，罹此苦毒，……上为朝廷，下为子孙亲友自重。"

曾孝宽（1025—1090），字令绰，晋江（今福建泉州）人。《宋史》卷312有传。从叔百岁，字子老。妣韩氏，直秘阁韩宗师之女。子三人。（《本集》卷37《祭从叔主簿文》、卷39《开封府太康县主簿范君墓志铭》）
《范景仁墓志铭》："次百岁，太康主簿，先公六年卒。"

　　按：《本集》卷 37 有《祭从叔母靳氏文》："惟忠文公与夫人先君有场屋之旧，
岁寒不改，重以昏姻。一为布衣，一仕贵显，乡曲士论以为美谈。……"又《祭从叔
母文》："维元祐十年（元祐九年四月即改元绍圣元年，此处云"十年"显为误记）
岁次壬申二月（《库本》作"三月"）甲寅朔十二日乙丑，具位范某……致祭于县君
叔母程氏之灵：惟灵生于相门，令德淑哲，作配君子，逮事皇舅。惟忠文公，一世师
表，邱园退老，垂二十年，实赖冢妇庇其家事。祭祀宾客，率礼不违；抚育诸孤，均
爱如一。"据上文可知靳氏、程氏均为范镇之儿媳。镇之长子燕孙未名而夭，故必定
未曾婚娶，三子百嘉妻李氏、曾氏，四子百岁妻韩氏，因此靳氏、程氏只可能是百揆
或百虑之妻。此处言"冢妇"，即嫡长子之妻，燕孙卒后，百揆为长，故程氏必为百
揆之妻无疑。靳氏归属待考。

　　祖锴，赠太尉，以卫尉寺丞致仕。妣郭氏，追赠昌国太夫人。五子，长曰
百祉，仲曰百朋，季曰百禄，余二子不可考。（《范百禄墓志铭》）
　　仲父百朋，妣杨氏，封寿安县君。

　　　《全蜀艺文志》卷 53《谱·范氏》："百禄，位至中书侍郎，赠荣国
公。……荣公之仲兄曰百朋。"
　　　《本集》卷 37《祭叔母文》："维元祐九年岁次甲戌闰四月辛未朔日，
侄……某……致祭于叔母寿安县君之灵：杨氏范氏，世为昏姻。夫人之归，
逮事祖妣，配德仲父，温慈惠和，垂四十年。"

　　季父百禄，字子功。赠银青光禄大夫，谥文简。妣赵氏、宋氏，均追封为
蜀郡夫人。子七人、女三人，孙男十三人、女十一人。（《范百禄墓志铭》）
　　父百祉，宝元元年（1038）登科，官太常博士。母封高平郡君。

　　　《本集》卷 37《祭蜀公文》："昔先考大夫与公亲虽父子，义实朋友。
并游太学，同年登科。"

按：《两宋名贤小集》卷39《范蜀公集》记载仁宗宝元元年（1038）范镇中进士，百祉既与镇"同年登科"，亦当为1038年。

《本集》卷37《告先妣文》："维元祐七年岁次壬申十月庚戌朔，长子……某敢昭告于先妣高平郡太君：某奉七月癸巳诏书，登进讲职。……谨遣弟侄展礼致诚，伏惟昭鉴，膺兹宠渥，谨告。"

按：《三朝名臣言行录》卷13《内翰范公》引《家传》称范祖禹之母为"河南君"。范祖禹父辈多以"百"名，《师友谈记》记载趣闻一则，范蜀公曰："家中子弟，连名百字，几乎尽矣。至百发百中，亦取以为名。"李荐曰："百伶百俐，百巧百穷，必不取以为名也。"蜀公大笑。

弟、妹可考者均一人。弟祖哲。妹封仙源县君。（《本集》卷37《祭赵端明文》《祭妹文》）

妻吕氏，吕公著之女。

二子，长曰冲，次曰温。二女可考，一女许嫁司马康之子植，一女嫁与耿氏。

范冲（1067—1141），字元长，华阳人，范祖禹长子。绍圣元年（1094）进士，累官翰林侍读学士，寻以龙图阁直学士奉祠。绍兴十一年十二月卒于婺州，年七十五。（《宋史》卷435《儒林五》有传）范温（生卒年不详），字元实，华阳人，范祖禹次子，秦观之婿。学诗于黄庭坚，有《潜溪诗眼》。

《铁围山丛谈》卷4："范内翰祖禹作《唐鉴》，名重天下。坐党锢事。久之，其幼子温，字元实，与吾善。政和初，得为其尽力，而朝廷因还其恩数，遂官温焉。温，实奇士也。一日，游大相国寺，而诸贵珰盖不辨有祖禹，独知有《唐鉴》而已。见温，辄指目，方自相谓曰：'此《唐鉴》儿也。'又，温尝预贵人家会，贵人有侍儿，善歌秦少游长短句，坐间略不顾，温亦谨，不敢吐一语。及酒酣欢洽，侍儿者始问：'此郎何人耶？'温遽起，叉手而对曰：'某乃"山抹微云"女婿也。'闻者多绝倒。"

《本集》卷5《乞避亲状》略曰："臣伏见司马康除左司谏，臣有女许嫁康之子承奉郎植，于今月二十四日已行定礼。"

《本集》卷34《纳采启》："凤仰庆闳，愿修嘉好。某第二子温朴愚粗立，日训义方。贤女令淑有闻，尚勤姆教。已协宜家之卜，敢先纳采之仪。欣幸所深，喻言奚悉。"

《二程外书》卷11："范淳夫之女读《孟子》'出入无时，莫知其乡，惟心之谓与'，语人曰：'孟子不识心，心岂有出入。'先生闻之曰：'此女虽不识孟子，却能识心。'"注曰："后嫁耿氏而卒。"

范祖禹年谱

宋仁宗庆历元年辛巳（1041）　　　1岁
范祖禹生于华阳。是年十一月改元。

按：据《本集》卷37《祭妹文》"庆历戊子（1048），大江之南，惟汝初生，后我八年"，可推知范祖禹生于1041年。但是根据现存史料无法确知其出生日期。《疑年录》卷2："范淳夫，五十八，生康定二年（1041）辛巳，卒元符元年戊寅。"康定二年十一月改元庆历元年，不少论著将范祖禹的出生时间系于庆历元年。

是年，范镇（1008—1088）34岁。
司马光（1019—1086）23岁。
王安石（1021—1086）21岁。
范百禄（1030—1094）12岁。
苏轼（1037—1101）5岁。

皇祐二年庚寅（1050）　　　10岁
是年，司马康生。

皇祐五年癸巳（1053）　　　13岁

父母先后去世。

《三朝名臣言行录》卷13《内翰范公》引《家传》："公弱不好弄，博学强记，年十三，通议、河南君皆早世，叔祖忠文公抚育如己子。"

至和元年甲午（1054）　　　14岁

初至京师。

《本集》卷37《祭从叔主簿文》："某至和之初，越来京师。"

幼孤，叔祖范镇抚育如己子。读书勤奋，亦受学于叔父百禄。

《本集》卷37《祭蜀公文》："某自为儿童，居公膝下，抚育教诲，均于所生。不幸早孤，公实哀念。"卷39《开封府太康县主簿范君墓志铭》："忠文公官于京师，门生寓馆者常十余人，退朝教诲不倦，继之以夜，子孙受学，皆有家法。"卷37《祭资政文》："某爱自幼少学于公所，先公训言：'视尔季父'。"

《本传》："幼孤，叔祖镇抚育如己子。祖禹自以既孤，每岁时亲宾庆集，惨怛若无所容，闭门读书，未尝预人事。"

嘉祐三年戊戌（1058）　　　18岁

十月二十七日，王安石献万言书，极陈当世之务。（《长编纪事本末》卷59）

嘉祐五年庚子（1060）　　　20岁

再至京师，镇盛赞。

《本集》卷37《祭蜀公文》："及夫既冠，再至京师，猥以艺文，随例求举。公一见称奖，延誉于公卿之间。"

《本传》："既至京师，所与交游，皆一时闻人。镇器之曰：'此儿，天下士也。'"

七月十二日，欧阳修、宋祁、范镇等上所修《新唐书》。

《长编》卷192"嘉祐五年七月戊戌"条："翰林学士欧阳修等上所修《唐书》二百五十卷，刊修及编修官皆进秩或加职，仍赐器币有差。"

欧阳修（1007—1072），字永叔，庐陵（今江西吉安）人。《宋史》卷319有传。

宋祁（998—1061），字子京，雍丘（今河南杞县）人。《宋史》卷284有传。

嘉祐六年辛丑（1061）　　　21 岁

六月二日，以王安石知制诰。（《王安石年谱三种》第351页《王荆公年谱考略》卷9）

嘉祐八年癸卯（1063）　　　23 岁

是年，来京赴举，登进士甲科。

《本集》卷37《祭从叔主簿文》："某……嘉祐之末，再来赴举。"

卷36《王延嗣传》："祖禹嘉祐中就试礼部，始识君之曾孙端于京师逆旅中，……是年，端登进士丙科，而祖禹亦幸尘忝。"

《琬琰集》下集卷19《范直讲范祖禹传》："中嘉祐八年进士第，授试校书郎，知资州龙水县。"

《宋史》卷12《仁宗纪四》："（嘉祐八年三月）甲子，御延和殿，赐进士、诸科及第同出身三百四十一人。"

按：《本集》卷1《乐通神明（御试）》《春蒐初登（锡庆院试）》，卷35《寅畏以飨福赋（御试）》《天子龙衮赋（锡庆院试）》《成败之几在察言论（御试）》《省试策问二首》均应作于此时。

登第甲科之后，曾欲上《进论》应贤良，未遂。

　　《能改斋漫录》卷 12《范淳父焚进论不应贤良》："范祖禹淳父，极
为司马文正奖识。尝为进论，求教于公，公每见，则未始有可否。淳
父疑而质于公，公久而言曰：'子之进论，非不美也。顾念世人获甲科者绝少，
而子既已在前列，而复习进论，求应贤良。以光观之，但有贪心耳。光之
不喜者，非为进论也，不喜子有贪心也。'淳父于是焚去进论，不应贤良。"

三月二十九日，仁宗崩于福宁殿。（《宋史》卷 12《仁宗纪四》）
四月一日，英宗即位。（《宋史》卷 13《英宗本纪》）
四月十一日，授试校书郎，知资州龙水县（今四川资中市西北）。赋诗若
干首，记沿途所见并言志。（《本传》；《琬琰集》下集卷 19《范直讲范祖禹传》）

　　《四川通志》卷 7 上《名宦·直隶资州》"范祖禹"条："字淳夫。治
平中任资州龙水令，宽简爱民，尤以兴学校为首务。"

　　按：有关范祖禹任资州龙水令期间作为的记载非常少，足见此则材料之珍贵，故
谨录于此。另《本集》卷 1《资水》《资中八首》《资州路月山亭》《资州路东津寺》
《月夜船行入资州》《七月五日热退喜凉资中有怀二十四韵》，《宋诗纪事补正》第
四册所收录之《资山》《龙水县斋作》等诗，均当作于赴任途中。

治平三年丙午（1066）　　26 岁
正月，司马光进《通志》八卷。（顾栋高《司马光年谱》；《司马光集》卷 57
《进〈通志〉表》）
四月十二日，司马光奉旨编次历代君臣事迹，并奏请于崇文院设局，召刘
恕、刘攽为局僚。
是年，刘攽（1023—1089）44 岁。字贡父，临江新喻（今江西新余）人，
《宋史》卷 319 有传。刘恕（1032—1078）35 岁。字道原，筠州高安（今属

江西）人，《宋史》卷 444 有传。

治平四年丁未（1067）　　27 岁

正月八日，英宗崩，神宗即位。

闰三月十九日，王安石出知江宁府。（《王安石年谱三种》第 65 页《王荆国文公年谱》卷上）

九月二十三日，召王安石为翰林学士。（《王安石年谱三种》第 66 页《王荆国文公年谱》卷上）

十月九日，司马光初赴经筵进读《通志》，神宗赐名《资治通鉴》，制序赐光，令书成写入。

神宗熙宁元年戊申（1068）　　28 岁

刘恕在汴京修《通鉴》。

《古今事文类聚（续集）》卷 9《冰玉堂记》："熙宁中，余为临淮主簿，始得拜刘公道原于汴上，是时道原方修《资治通鉴》。"

熙宁二年己酉（1069）　　29 岁

二月三日，王安石任右谏议大夫、参知政事。（《王安石年谱三种》第 74 页《王荆国文公年谱》卷中）夏四月，始行新法。

熙宁三年庚戌（1070）　　30 岁

刘恕在汴京修《通鉴》。

正月，诏诸路散青苗钱，禁抑配。（《王安石年谱三种》第 449 页《王荆公年谱考略》卷 16）

四月，范镇复为翰林学士兼侍读、知通进银台司。

四月二十五日，刘攽外任为泰州通判。（《宋史》卷 319《刘攽传》；《长编》卷 210 "熙宁三年四月乙酉"条）

六月十九日，司马光举荐范祖禹为《通鉴》"同编修"，分掌唐史。

《本集》卷36《唐鉴序》："臣祖禹受诏与臣司马光修《资治通鉴》，臣祖禹分职唐史，得以考其兴废治乱之所由。"

《长编》卷212："(熙宁三年六月戊寅)，翰林学士司马光乞差试校书郎、前知龙水县范祖禹同修《资治通鉴》，许之。"同书卷350"元丰七年十二月戊辰"条："敏在局五年，通判泰州，知资州龙水县范祖禹代之。"

九月二十六日，司马光出知永兴军。(《宋史》卷336《司马光传》)

十二月，范镇落翰林学士，依前户部侍郎致仕。

《范景仁墓志铭》载其举苏轼、孔文仲为谏官，遭谢景温、王安石弹劾，皆不报，即上言："臣言不行，无颜复立于朝，请致仕。"疏五上，落翰林学士，以本官致仕。

十二月十一日，王安石自右谏议大夫、参知政事除礼部侍郎、同中书门下平章事、监修国史。

熙宁四年辛亥（1071）　　31岁

在汴京书局修唐长编，已完成唐实录的附注，欲据之以作长编。司马光有《与范梦得内翰论修书帖》述长编编写的具体方法、步骤及原则等。

刘恕离开京师，在南康军酒监任内修《通鉴》。

《刘道元十国纪年序》："光出知永兴军，道原曰：'我以直道忤执政，今官长复去，我何以自安！且吾亲老，不可久留京师。'即乞监南康军酒，得之。"

《东都事略》卷87《刘恕传》："诏即官下编修，和恕居母丧，又诏就第续成前书。"

四月十八日，司马光判西京留台。

熙宁五年壬子（1072）　　32 岁

在汴京继续唐长编的丛目工作。

正月，司马光奏迁书局于洛阳，设局崇德寺。（《司马温公年谱》；《刘道原刘道元十国纪年序》；《邵氏闻见录》卷 18）

闰七月二十三日，欧阳修卒，年六十六。

八月，杭州举行贡试，苏轼为监试，于试院致书范祖禹叙近况。

　　《苏文忠公全集》卷 56《与范梦得（一）》："某旬日来，被差本州岛监试，得闲二十余日。日在中和堂、望海楼闲坐，渐觉快适。有诗数首寄去，以发一笑。"

熙宁六年癸丑（1073）　　33 岁

三月二十四日，因点检试卷一事遭贬。由开封至洛阳书局，随司马光修书。

　　《长编》卷 243"熙宁六年三月丁卯"条："诏别试所考试官馆阁校勘蒲宗孟、黄履各展磨勘三年，点检试卷官蒋夔、范祖禹并降远小处差遣，坐进士李士雍对义犯仁宗藩邸名，误以为合格故也。"

富弼谢事居洛，素严毅，杜门，罕与人接，待祖禹独厚。

　　《御定月令辑要》卷 24《占验·绿衣客》："《清尊录》：富韩公居洛，一日，邵康节来谒，适病足卧小室，延康节至卧床前，康节曰：'日中当有一绿衣少年骑白马候公，后此人当秉史笔记公事。'公素神其言，因戒阍人曰：'今日客至，立为通。'既午，果范祖禹来，遂延入，问劳稠叠，后十余年修《裕陵实录》，梦得修撰韩公传。"
　　《闲适剧谈》卷 1："富郑公病谢客，尧夫侯之。郑公指胡床曰：病中设此唯待君耳。尧夫顾左右吏，取一胡床曰：日中当有一绿衣少年侯公，公虽病，强见之。公薨后，此人当秉笔纪公事。公听之。既午，果范祖禹至，遂延入。公曰：老病即死，念平生粗怀忠朴，他日笔削累君，愿少留意。吁，似失之矣。富公相业耀海内，史氏自以公书，尧夫何如人也，他日纪公事，一言动富公，则近于私矣。富公正人也。所谓盖棺事定，而愿少留意一言不已陋乎？范祖禹一时之贤，自当秉天下后世公议，而顾遗公可书之美，必嘱而后书，则失其为范祖禹矣。度是时富已气息奄奄，欲托后事，所谓病中设此待君便是他动念处，而尧夫之数神矣。"

按：范祖禹拜见富弼的具体时间没有详细记载，故系于其初到洛阳之时。《古今说海》卷102《说略》的记载与《御定月令辑要》相类。

富弼（1004—1083），字彦国，河南（今河南洛阳）人。《宋史》卷 313有传。

熙宁七年甲寅（1074）　　　34 岁
在洛阳作唐长编。
四月十九日，王安石首次罢相，以观文殿大学士知江宁府。（《王安石年谱三种》第 99 页《王荆国文公年谱》卷下）
五月二十七日，屯田员外郎、直集贤院范百禄同知谏院。（《长编》卷 253 '熙宁七年五月甲子"条；《宋史》卷 337《范百禄传》）
九月，苏轼以太常博士直史馆权知密州军州事，十月，离杭北上。

熙宁八年乙卯（1075）　　　35 岁
二月十一日，复起王安石同平章事。（《王安石年谱三种》第 103 页《王荆国文公年谱》卷下）

熙宁九年丙辰（1076）　　　36 岁
在洛阳作唐长编，已完成一部分。

《纬略》卷12《通鉴》引司马光《与宋次道书》曰："某自到洛以来，专以修《资治通鉴》为事，于今八年，仅了得晋、宋、齐、梁、陈、隋六代以来奏御。……自课三日删一卷。有事故妨废则追补。自前秋始删，到今已二百余卷，至大历末年耳。向后卷数，又须倍此，共计不减六七百卷，须更三年，方可粗成编。又须细删，所存不过数十卷而已。

刘恕至洛阳，与司马光议修书事。十月，归。俄得风疾，抱病作《通鉴前纪》。

　　《刘道元十国纪年序》："道原奏请身诣光议修书事，朝廷许之。道原水陆行数千里至洛阳，自言'比气羸惫，必病且死，恐不复再见。'留数月而归。"
　　《刘道元十国纪年序》："其自洛阳南归也，时已十月。"
　　《通鉴外纪后序》："熙宁九年，恕罹家祸，悲哀愤郁，遂中瘫痹，右肢既废，凡欲执笔，口授稚子羲仲书之。常自念平生事业，无一成就，史局十年，俛仰窃禄，因取诸书，以《国语》为本，编《通鉴前纪》。"

十月，王安石以使相判江宁府，领经局。（《王安石年谱三种》第107页《王荆国文公年谱》卷下）
十二月，苏轼罢密州任，以礼部员外郎直史馆移知河中府。

熙宁十年丁巳（1077）　　37 岁
二月，苏轼改知徐州，不得入国门，寓郊外范镇东园。四月二十一日到任。
六月十五日，王安石以使相为集禧观使。（《王安石年谱三种》第107页《王荆国文公年谱》卷下）
七月五日，邵雍卒于洛阳。（《本集》卷37《康节先生诔文》）
邵雍（1011—1077），字尧夫，祖籍范阳（今河北涿州），《宋史》卷 427有传。

元丰元年戊午（1078）　　38 岁
刘恕抱病修《通鉴》。八月，编定《通鉴前纪》，更曰《外纪》，共 10 卷，目录 3 卷。九月二十七日病卒，年四十七岁。范祖禹撰文以悼恕。（《本集》卷38《秘书丞刘君墓碣》）黄庭坚为之作墓志铭。

《刘道元十国纪年序》："每呻吟之隙，辄取书修之，病益笃，乃束书归之局中。"

《刘道原墓志铭》(黄庭坚)略曰："观其言自攻其短，不舍秋毫，可谓君子之学矣。"

正月九日，特授王安石开府仪同三司、尚书左仆射，封舒国公。(《王安石年谱三种》第 109 页《王荆国文公年谱》卷下)

十月十四日，司马康入书局，任《通鉴》校阅文字。(《长编》卷 293 "元丰元年十月乙卯"条)

元丰二年己未（1079）　　　39 岁

二月，改京官，仍留洛阳书局作唐长编。

《长编》卷 296 "元丰二年二月壬子"条："端明殿学士兼翰林侍读学士、提举崇福宫司马光言：'同编修《资治通鉴》范祖禹已改京官罢任，乞留在局编修。'从之。"

三月，苏轼以礼部员外郎直史馆移知湖州，四月二十九日到任。

按：是年七月，御史中丞李定、御史舒亶、何正臣等人言苏轼罪，二十八日，轼被捕赴京。八月十八日，押赴台狱，苏辙、范镇、张方平等人多方营救，十二月二十九日获释出狱，责授黄州团练副使，本州岛安置，不得签署公事。苏轼于湖州曾有《答范纯夫（一）》(见《苏文忠公全集》卷 50)："向者深望轩从一来。而还（按："而"，《欧苏书简》作"人"），领手教，知径赴治，实增怅惘。比日起居佳胜。日对五老，想有佳思。此间湖出信美，而衰病不堪烦，但有归蜀之兴耳。未由会集，千万以时自爱。"

四月六日，宋敏求卒。

宋敏求（1019—1079），字次道，赵州平棘（今河北赵县）人，《宋史》卷

291 有传。

五月，蔡确参知政事。

六月二十七日，范百禄权唐州。（《长编》卷298"元丰二年六月甲子"条）

十二月，范镇被任命知开封府，不到半年，仍致仕。

元丰三年庚申（1080）　　40 岁

正月一日，苏轼离京赴黄州，二月一日到任。

二月，章惇参知政事。

元丰四年辛酉（1081）　　41 岁

已完成唐长编，协助司马光删减。

《文献通考》卷 193："唐长编六百卷。……温公与范太史议修《唐纪》，初约为八十卷，此帖云已及百卷，既而卒为八十卷，删削之功盛矣。"

元丰六年癸亥（1083）　　43 岁

十月，撰文以记龙门山胜善寺药寮。（《本集》卷 36《龙门山胜善寺药寮记》）

元丰七年甲子（1084）　　44 岁

正月二十日，致祭于叔母宇文氏之灵。（《本集》卷 37《祭叔母宇文氏文》）

十二月三日，《资治通鉴》书成嘉奖，迁秘书省正字。

《宋朝事实》卷 3《圣学》："元丰七年十二月戊辰，端明殿学士司马光上《资治通鉴·五代纪》三十卷。自治平三年置局，每修一代史毕，上之，至是书成，总二百九十四卷，《目录》、《考异》各三十卷。"

《长编》卷 350"元丰七年十二月戊辰"条："端明殿学士兼翰林侍读学士、太中大夫、提举崇福宫司马光为资政殿学士，降诏奖谕，赐银、绢、衣带、马，奉议郎范祖禹为秘书省正字：并以修《资治通鉴》书成也。"

元丰八年乙丑（1085）　　45 岁

三月五日，神宗卒，次日，哲宗即位，尊皇太后为太皇太后，权同处分军国大事。

诏特进王安石为司空。

三月，转承议郎，赐五品服。（《琬琰集》下集卷19《范祖禹传》）

五月，司马光过阙入见。以蔡确为尚书左仆射兼门下侍郎，章惇知枢密院，司马光为门下侍郎。

六月七日，上疏论大行皇帝丧服，乞令群臣依典礼三年之制。并附《唐鉴》中两篇论厚葬及丧服之文以进。（《本集》卷13《论丧服简葬疏》《唐鉴二篇（太宗、高宗）》）七月九日，再上疏以论，认为君臣当同服衰服，宜禁民举乐三年。（《本集》卷13《再论丧服疏》）

七月，以吕公著为尚书左丞。

九月十七日，与司马康等奉圣旨用副本重校《通鉴》。（《通鉴》卷末《资治通鉴表》）

刘安世（1048—1125），字器之，魏（今河北大名西北）人。《宋史》卷345有传。

孔武仲（1041—1097），字常父，临江新喻（今江西新余）人。《宋史》卷344有传。

黄庭坚（1045—1105），字鲁直，洪州分宁（今江西修水）人。张耒（1054—1114）字文潜，楚州淮阴（今江苏淮阴西南）人。晁补之（1053—1110）字无咎，济州钜野（今山东巨野）人。三人传均见《宋史》卷444。

十月十七日，为避亲嫌，改右正言为著作佐郎。

> 《长编》卷360"元丰八年十月丁丑"条："初，中旨除……正字范祖禹为右正言。……由是吕公著以范祖禹……亲嫌为言。……范祖禹为著作佐郎。"

十一月二十七日，授程颐汝州团练推官，西京国子监教授。颐辞，寻召赴阙。（《二程遗书》附录《伊川先生年谱》）

哲宗元祐元年丙寅（1086） 46 岁

正月，苏轼入侍延和殿，黄庭坚始拜门下。

二月二十八日，进《唐鉴》十二卷。（《本集》卷 13《进唐鉴表》《又上太皇太后表》，卷 36《唐鉴序》）

《唐鉴》一出，好评不断，范祖禹被尊为"唐鉴公"。

《本传》："《唐鉴》深明唐三百年治乱，学者尊之，目为'唐鉴公'云。"

《晁氏客语》："元祐中，客有见伊川先生者，几案间无他书，惟印行《唐鉴》一部，先生谓客曰：'近方见此书，自三代以后无此议论。'崇宁初，纯夫子冲见栾城先生于颍昌，栾城曰：'老来不欲泛观书，近日且看《唐鉴》。'"

《铁围山丛谈》卷 4："范内翰范祖禹作《唐鉴》，名重天下。……一日，游大相国寺，而诸贵珰盖不辨有祖禹，独知有《唐鉴》而已。见（范）温，辄指目，方自相谓曰：'此《唐鉴》儿也。'"

《鸿庆居士集》卷 32《读唐鉴》："翰林学士范祖禹撰《唐鉴》十二卷，……后有侍讲帷幄之臣，欲孳孳纳诲者，莫若陈此书，日诵书百言，无婴鳞犯雷霆之怒，而有陈善闭邪之实矣。"

《贵耳集》卷上："德寿与讲官言：'读《资治通鉴》，知司马光有宰相度量；读《唐鉴》，知范祖禹有台谏手段。'"

按：《唐鉴》现行本 24 卷，为吕祖谦注本。《东都事略》卷 77《范祖禹传》、《文献通考》卷 200、《蜀中广记》卷 92 均作 20 卷。今存 24 卷本收入《四库全书》史部史评类、《摘藻堂四库全书荟要》史部、《金华丛书》、《丛书集成初编》史地类等著作中。

闰二月二日，蔡确罢相，以司马光为尚书左仆射、门下侍郎。（《宋史·哲宗纪》）

闰二月八日，为《神宗实录》院检讨官。

　　《长编》卷368"元祐元年闰二月丙申"条："命宰臣司马光提举编修《神宗皇帝实录》，著作佐郎范祖禹为实录院检讨官，校书郎孔文仲为礼部员外郎。"

三月，以程颐为通直郎充崇政殿说书。（《二程遗书》附录《伊川先生年谱》）
三月，苏轼免试为中书舍人。不久，即迁翰林学士。
三月十九日，司马光荐黄庭坚与范祖禹、司马康同校《通鉴》。是月，司马光《稽古录》修成，范祖禹等缮写上进。

　　《长编》卷371"元祐元年三月辛未"条："宰臣司马光言：'今讨论经史，上自伏羲，下至周威烈王二十二年，略序大要，合为二十卷，名曰《稽古录》。伏望看详，送秘书省正字范祖禹等，令缮写上进。候读祖宗宝训了日，乞取此书进读。'从之。又言："校书郎黄庭坚好学有文，即日在本省别无职事，欲望特差与范祖禹及男康同校定《资治通鉴》。'从之。"

四月四日，迁为著作郎。

　　《长编》卷374"元祐元年四月辛卯"条："著作佐郎范祖禹为著作郎。"
　　《苏文忠公全集》卷38《范祖禹可著作郎制》："敕具官范祖禹：左右起居，东观著作，皆史事也。今左右独书已行之政，有司之常事。至于廊庙大议，君臣相与之际，所以兴坏治忽之由，一归于东观。则著作之任，顾不重欤？非得直亮多闻，古之所谓益友者，奋笔于其间，则善恶贸乱，后世无所考信。汝既任其事矣，益进而专之。朕苟有过，犹当直书，而况其余乎？往祗厥官，无旷乃职。可。"

四月六日，王安石薨，年66岁。（《王荆公年谱考略》）

六月二十日，与苏轼、韩忠彦议以富弼配享神宗，从之。（《苏文忠公全集》卷27《议富弼配享状》）

八月，诏常平依旧法，罢青苗钱。

八月六日，司马光、韩维等力荐为著作郎兼侍讲。之后连上两状辞免，第一状以才学浅陋为由，第二状以避妇翁吕公著嫌为由。（《本集》卷4《辞免兼侍讲状》）不允。

《长编》卷384"元祐元年八月辛卯"条："吏部侍郎兼侍讲傅尧俞以职烦目病，乞罢侍讲。司马光请改尧俞为侍读，而用著作郎范祖禹兼侍讲。范祖禹，吕公著之婿也，请避嫌。光奏：'宰相不当以私嫌废公议。'韩维奏：'朝廷遴选执政，本以进达贤能为职，今乃以执政妨用人，不可。方今人材难得，幸而有可用之人，又以执政故退罢。若七八执政各避私嫌，甚妨贤路，且多存形迹，非大公之道。'遂以祖禹兼侍讲。"

《长编》卷385"元祐元年八月己亥"条："是日，王岩叟、朱光廷入对延和殿，岩叟进札子，论及人材之难。上……谕光庭曰：'卿言范祖禹，亦闻其贤，已用之经筵也。'"

长于劝讲且态度谨严。

《二程遗书》卷22上《伊川先生语八上》："在讲筵时，曾说与温公云：'更得范纯夫在筵中尤好。'温公彼时一言亦失，却道他见修史自有门路。某应之曰：'不问有无门路，但筵中须得他。'温公问何故，某曰：'自度少温润之气，纯夫色温而气和，尤可以开陈是非，道人主之意。'后来遂除侍讲。"

《晁氏客语》："范纯夫每次日当进讲，是夜讲于家，群从子弟毕集听焉，讲终点汤而退。"

《本传》："每当讲前夕，必正衣冠，俨如在上侧，命子弟侍，先按讲其说。开列古义，参之时事，言简而当，无一长语，义理明白，粲然成文。

苏轼称为讲官第一。……祖禹长于劝讲，平生论谏，不啻数十万言。其开陈治道，区别邪正，辨释事宜，平易明白，洞见底蕴，虽贾谊、陆贽不是过云。"

《师友谈记·东坡言范淳夫得讲书三昧》："东坡先生谓某曰：'范淳夫讲书，为今经筵讲官第一，言简而当，无一冗字，无一长语，义理明白，而成文粲然，乃得讲书三昧也。'"

九月一日，司马光薨，年68岁。（《宋史》卷336《司马光传》）二十五日，祭奠司马光。（《本集》卷37《祭司马文正公文》）二年正月，再祭。（《本集》卷37《又祭文正公文》）七年二月二十日，《资治通鉴》印成进奏，颁及公卿，范祖禹祭告司马光之灵。绍圣元年七月，再祭奠。（《本集》卷37《告文正公庙文》《祭文正公墓文》）

九月，以吕公著代司马光提举修《神宗实录》，范祖禹因是上避亲状。（《本集》卷4《实录院乞避亲状》）

十月十四日，《资治通鉴》校毕，奉敕镂刻于杭州。（《通鉴》卷末《资治通鉴表》）

十一月，吕大防为中书侍郎，御史中丞刘挚为尚书右丞。

元祐二年丁卯（1087）　　47 岁

四月四日，乞太皇太后崇俭戒奢。（《本集》卷13《上太皇太后乞崇俭戒奢疏》，《诸臣奏议》卷11《上宣仁皇后乞崇俭戒奢》）

四月三十日，饯送顾临。（《本集》卷 2《四月三十日慈孝寺山亭席上次韵经父舍人送子敦都运待制赴河北》）

五月二十五日，范百嘉卒，年三十九。

六月五日，乞假回颍昌府探望范镇。（《本集》卷4《乞给假至颍昌状》）

六月十一日，哲宗派内侍省内侍高班李正臣到范祖禹家传圣旨，赐范镇实封御前文字一封，实封银合一具，令其捎与范镇。（《本集》卷4《奏知状》）

《晁氏客语》："纯夫著作郎兼侍讲谒告省蜀公于许上，以手诏抚问蜀公，并赐茶药，又遣中使赐纯夫银百两为路费，自太母垂帘未尝有此赐也。"

六月二十一日，奏请罢开乐宴。（《本集》卷14《乞罢开乐宴札子》）

七月，苏轼以翰林学士兼侍读。

七月十日，以所见闻许昌境内庄稼及农民生活状况，规劝哲宗留意于农政，以保惠小民为先。（《本集》卷14《论农事札子》）

七月二十八日，范镇再致仕，苏轼有贺书。（《苏文忠公全集》卷50《答范蜀公书（八）》）

九月十五日，讲《论语》毕，赐宴及赐御书唐诗。范祖禹上表、赋诗以谢。是月，辑众讲读、起居之官所进谢诗名曰《东宫锡燕》以进。三年四月，复进《三经要语》。（《本集》卷4《谢讲论语毕赐燕表》《又谢赐御书诗表》，卷2《谢赐御书诗五言十韵并序》，卷14《进经书要言札子》，卷36《东宫锡燕序》）

《渊鉴类函》卷70设官部十《侍讲一》："《范祖禹家传》曰：祖禹兼侍讲，讲《论语》毕，赐宴东宫，上遣赐御书唐人诗。公表谢。又赋诗以献。退而节略《尚书》、《论语》、《孝经》要切之语、训戒之言，得二百一十九事，名曰《三经要语》，进之。"

十月二十九日，劝哲宗效法仁宗，于迩英阁张列《无逸》《孝经》二图。十一月一日迩英进讲，二图皆张挂。（《本集》卷14《乞置无逸孝经图札子》）

十二月二十日，建议扩建四福田院，不限人数收养贫民，存活、死损、殿最亦依四厢使臣法；广惠仓每岁以时举行，并派专人巡历案视，以达到实惠及民的目的。三年正月庚戌，从其言，复置广惠仓。（《本集》卷14《乞不限人数收养贫民札子》）

元祐三年戊辰（1088）　　48岁

正月十三日，司马光葬于夏县。

四月十二日，除为起居舍人。连上四状辞免。复上状三省表明辞免之意坚

决，五月八日，三省同奉圣旨依所乞。（《本集》卷 4《辞免除起居舍人状一、二、三、四》《申三省状》）

四月，节略《尚书》《论语》《孝经》切要之语、训诫之言，以劝诫哲宗仿效古圣帝王自修之事。（《本集》卷 14《进经书要言札子》）

六月十日，致祭于太傅康国献肃公之灵。（《本集》卷 37《祭韩献肃公文》）

七月八日，作文以记司马温公之布衾铭。（《本集》卷 36《司马温公布衾铭记》）

八月二十日，进《古文孝经说》一册。（《本集》卷 14《进〈古文孝经说〉札子》，卷 36《〈古文孝经说〉序》）按：大足石刻有范祖禹所书《古文孝经说》。

八月二十二日，至此罢侍讲已逾两月，上章劝哲宗效法古圣帝王、本朝祖宗，趁少年之时以学为急，温习《论语》，及早开讲《尚书》。（《本集》卷 14《劝学札子》）

十一月十七日，举荐司马康进补劝讲一职。二十二日，司马康除侍讲。（《本集》卷 14《荐讲官札子》）

闰十二月一日，范镇致仕，赐诏奖谕。同日，镇卒。苏轼有祭文。（《苏文忠公全集》卷 40 诏，卷 14 镇墓铭，卷 63 祭文）

元祐四年己巳（1089）　　49 岁

正月七日，与崇政殿说书颜复同进《说命讲义》三册。（《本集》卷 14《进〈尚书说命讲义〉札子》）

　　　　《文献通考》卷 177："《颜吴范司马无逸说命解》，三卷。晁氏曰：皇朝吴安诗、范祖禹、司马康元祐中侍讲筵，颜复说书崇政殿日所进讲说也。"

二月七日，请假"旬日"为范镇送葬。三月一日，镇葬于颍昌府阳翟县。（《本集》卷 4《请假往颍川状》）

二月三日，吕公著卒。二十六日，祭奠。五月十四日，再祭，同日，祭其岳母申国夫人。（《本集》卷 37《祭吕正献公文》《又祭正献公文》《奠申国夫人文》）

三月四日，刘攽卒。

　　《长编》卷 423 "元祐四年三月乙亥"条："中大夫、中书舍人刘攽卒。"

　　三月十四日，召试中书舍人，连上二状恳辞，不允。十八日，除中书舍人，连上二状辞免，不允。（《本集》卷 4《辞免召试中书舍人状》《辞免除中书舍人状》）七月八日，复申辞免之意。（《本集》卷 5《辞免中书舍人状》）

　　三月十六日，诏苏轼以龙图阁学士知杭州，轼四月离京赴杭，六月迁吏部侍郎，旋改翰林学士知制诰，仍知杭州，七月三日到任。

　　四月四日，命试右谏议大夫兼侍讲，充实录修撰，上书力辞。（《本集》卷 4《辞免除谏议大夫状》）

　　五月二日，除右谏议大夫。后又举朝散郎守礼部郎中陈轩以自代。（《本集》卷 4《谢谏议表》《谢太皇太后表》《举自代状》）

　　《长编》卷 426 "元祐四年五月辛未"条："著作郎范祖禹为右谏议大夫，依前兼侍讲、充实录院修撰，赐三品服。"

　　五月十六日，论人君正心修身之要。（《本集》卷 15《正始札子》）

　　五月十七日，以蔡确罪恶重大，乞处以典刑，更重行窜谪。准奏，责降确英州别驾、新州安置。二十三日，上奏朝廷不可因确之罪延及士大夫，以至相继黜逐不已。（《本集》卷 15《乞再贬蔡确札子》《乞宽刑札子》）

　　六月八日，以户部尚书韩忠彦已除尚书左丞，上状乞避亲。十二日，内批特不许回避。十六日，复于延和殿进呈避亲札子，不允。（《本集》卷 5《乞避亲状》《上殿乞避亲札子》）

　　六月十八日，奏请不可使蔡京镇蜀知成都府。（《本集》卷 15 上《论李之纯蔡京札子》）

　　七月七日，以安焘母病在假，孙固老疾求退，执政阙官，乞择才德兼备、公正无邪之人替补。（《本集》卷 15《论执政阙官札子》）

　　七月十四日，以五月中上旬所乞改东西南三面偏门瓮城曲门为方城直门，

减濠广阔三分之二，以正王城之体、惜民力、省国用一事未蒙施行，又上奏以论。（《本集》卷 15《再论城濠札子》）

七月二十日，乞朝廷修复常平之法，广谋收籴，以时发敛。二十三日，再奏请哲宗务农贵谷，修常平之政，以厚天下。（《本集》卷 15《论常平札子》《再论常平札子》）

七月二十三日，奏请以熙宁十年以来诸路提刑司封桩阙额禁军请受钱帛斛斗悉归之户部、诸路转运司，以佐经费、纾困急。（《本集》卷 15《论封椿札子》《再论封椿札子》）

七月二十六日、八月连上两状以韩忠彦执政而其弟嘉彦已授驸马都尉不合祖宗故事，乞早罢忠彦政事。（《本集》卷 16《乞罢韩忠彦札子》）八月一日，韩忠彦乞罢，不许。

八月十二日，举荐冯京、赵禼以补枢密院阙官。（《本集》卷 16《论枢密院阙官札子》）

九月七日，劝诚哲宗虔恭祀事，以教天下之孝。（《本集》卷 16《明堂札子》）

九月十八日，乞请修复祖宗旧政，自官制、兵制、将法、民事有未便者，更加修完。（《本集》卷 16《上殿论法度札子》）

九月二十八日，劝朝廷息意回河，罢都提举修河司，散遣官吏兵夫。（《本集》卷 16《论回河状》）

十月四日，除为给事中。因五日、七日连上二状言河不可回之事未被采纳，八日、十三日、二十日，连上三状辞免给事中，乞外任或京师一闲慢差遣。二十一日内批依前降指挥，不许辞免，二十三日受告，上表谢恩。十一月六日，复奏请罢河役。（《本集》卷 5《辞免给事中状》《谢给事中表》《谢太皇太后表》，卷 17《乞罢回河札子》《又乞罢回河札子》《乞罢河役状》）

十二月十五日，以高阳关路兵马钤辖兼河北第六将杨永节为母亡乞解官行服未被允准一事为例，乞今后大使臣以上丁忧者，虽系缘边任使，并解官行服。如遇有边事，即许本路奏留，系自朝廷指挥。（《本集》卷 18《论大使臣持服状》）同日，上《乞夏国人使只从密院指挥状》。（《本集》卷 18）

十二月二十三日，因病家居，劝诚哲宗进德爱身，勿过早亲近女色。二十四日，吕大防遣吏告知过厅相见，以病未赴。二十五日，上疏乞请太皇太后督责哲宗专意学问，以养圣躬，勿为女色所误。二十七日，见吕大防于门下省，方得知二十四日圣旨，遂上奏以谢，以为外议虽虚，亦足为先事之戒。（《本集》卷 18《乞进德爱身疏》《上太皇太后乞保护皇帝圣体疏》《谢宣谕札子》）

《长编》卷 436 "元祐四年十二月甲子" 条："祖禹奏曰：臣自今月二十三日为吐泻，腹脏不安，请假将理。于二十七日参假朝见。至门下省见宰相吕大防谕臣二十四日面奉圣旨，两谏议并臣所言后宫幸御无此事者。臣自二十三日为病家居，当日上皇帝疏。至二十四日，吕大防令实录院吏语臣，如入省，即过厅相见。臣以方病，未能入。至二十五日，又上太皇太后疏。缘臣二十五日以前未见大防，不知已有圣旨，所以更入后来文字。"

元祐五年庚午（1090）　　50 岁

正月，乞不允文彦博再除致仕，宜使之以太师就第，留京师，以备访问。（《本集》卷 18《乞留文彦博札子》）

正月十九日，举荐韩维、苏颂、赵君锡、郑穆、郑雍可备经筵之选，苏轼可补尚书之阙官。（《本集》卷 19《荐士札子》）

二月八日，进呈《无逸》讲义。同日，与司马康、吴安诗同进《传宣进讲义札子》。十月二十八日，进全篇《无逸讲义》一册。（《本集》卷 19《进〈无逸讲义〉札子》）

二月十三日，天旱，朝廷仅疏决在京及三京系囚，遂上书乞请推惠泽以及四方。（《本集》卷 19《乞疏决札子》）

三月六日，封还李伟请支钱和雇修河人夫等录黄，乞罢李伟差遣。（《本集》卷 19《论支钱和雇修河人夫状》）

三月二十二日、二十五日，四月一日，以朝廷新除范百禄兼侍读，连上三状乞避亲罢讲职，并举吴师仁以自代。（《本集》卷 5《讲筵乞避亲状》）

四月十二日，乞御驾临奠亡故大臣时尽量不拆毁所经民屋。（《本集》卷 19《乞车驾所过不毁民屋札子》）

四月十三日，入侍经筵，见哲宗气体清羸，遂劝来日不要御驾临奠孙固。（《本集》卷19《乞车驾不出札子》）

五月，乞哲宗以永日观书之暇，间览《观文鉴古图记》《三朝训谏图》二图。（《本集》卷19《迩英留对札子》）

五月二十六日，以司马康除左司谏，乞避亲。

《本集》卷5《乞避亲状》略曰："臣伏见司马康除左司谏，臣有女许嫁康之子承奉郎植，于今月二十四日已行定礼。……今臣与康门下后省及讲筵所实录院并职事相干，合回避。伏乞罢臣职任，以协公议。"

六月四日，乞依祖宗旧制，令学士院每岁冬夏，降诏恤刑。二十六日，从其请。（《本集》卷19《乞复降诏恤刑状》）

六月八日，与司马康、吴安诗、赵彦若、范百禄等讲读官领旨编修《孟子节解》十四卷。（《本集》卷19《编〈孟子节解〉札子》）

六月十五日，程颢卒。（《本集》卷37《明道先生哀词》）

程颢（1006—1090年）字伯淳，世居中山，后徙河南。《宋史》卷427有传。

六月十八日，诏充大辽国贺坤成节人使在京馆伴使者，上状以"脾胃之疾"辞免。依奏。（《本集》卷5《乞免馆伴状》）

六月二十一日，以司马康因疾请假将理停俸，家用窘迫，与范百禄、赵彦若、吴安诗同乞依熙宁中常秩例，特自停给月日依旧支给。寻有旨给俸。（《本集》卷19《乞司马康给俸札子》）六月丁酉，司马康卒。（《本集》卷3《哭司马公休》）九月七日，乞优赐赙赠司马康家，二十五日，奏请朝廷遣使照管司马康本家骨肉及园宅、赐书等。依奏。（《本集》卷19《乞优恤司马康家札子》《乞照管司马家并留使臣札子》）十一月六日，祭奠司马康。（《本集》卷37《祭司马谏议文》）

七月二十二日，举荐张咸试应贤良方正。（《本集》卷19《举张咸贤良札子》）

七月二十四日，以疾请京西一闲郡休养。八月一日、四日，又上第二、第三状，乞知襄州一次。不允。（《本集》卷5《乞郡状》）

八月九日、十四日，连上二状以疾重误职为由，乞解给事中或领在京宫观

一处。（《本集》卷 5《乞解给事中状》）

十月二十八日，论太常博士陈祥道专意礼学，所著《礼书》详究先儒义说，比聂崇义《三礼图》更为精审该洽，乞送学士院及两制或经筵看详。十一月二日得旨送两制看详。后擢置陈祥道秘省校正之职。（《本集》卷 19《乞看详陈详道礼书札子》，卷 55《手记》）七年四月二日，复举荐陈祥道可充任太常礼官。（《本集》卷 23《荐陈祥道礼官札子》）

十一月十九日，进言太皇太后纳后四礼：一曰族姓，二曰女德，三曰隆礼，四曰博议。（《本集》卷 20《论立皇后上太皇太后疏》；《诸臣奏议》卷 27 帝系门·皇后上《上宣仁皇后论有纳后宜先知者四事》）

元祐六年辛未（1091）　　　　51 岁

三月十四日，《神宗实录》二百卷、《事目》十卷修成进呈，书成赏劳，迁官一等。（《本集》卷 5《进神宗皇帝实录表》）

> 《长编》卷 456 "元祐六年三月癸酉" 条："诏……邓温伯……赵彦若，左朝奉郎、给事中范祖禹……曾肇……林希各迁一官。龙图阁待制、知颍州陆佃为龙图阁直学士，著作佐郎黄庭坚为起居舍人。……并以《神宗皇帝实录》书成赏功也。"
>
> 《山谷年谱》卷 26："元祐六年三月癸酉（十四日），诏邓伯温、赵彦若、范祖禹、曾肇、林希各迁一官……并以神宗实录书成赏劳也。"

五月二十六日，苏轼被任命为翰林学士承旨兼侍读，与范祖禹书，约登门造访。

> 《苏文忠公全集》卷 56《与范梦得（八）》："违远二年，瞻仰为劳。辱书，承起居佳胜，慰喜可量。觐罢，当往造门，并道区区。"

六月十六日，兼修国史。（《长编》卷 459 "元祐六年六月甲辰" 条）

七月十三日、二十七日，连上两状以为不当专置解盐使，建议择知盐事者为监司，使之兼领盐务，以避免增添冗官，空耗官费且不利事体。（《本集》卷20《封还解盐专置使状》，卷21《再封还解盐置使状》）

七月二十二日、二十四日、二十九日，拟《赐翰林学士承旨苏轼乞郡不允诏》《赐新除宣徽南院使检校太傅依前太子太保致仕张方平辞免恩命不许诏》《西岳开启祈雨道场青词》。（《本集》卷28）

七月二十四日，浙西水灾，朝廷设方略遣监司赐钱物以救济，部分大臣恐地方谎报灾情，贪占官财，故欲朝廷考察虚实、惩责谬妄。范祖禹封还其奏折，认为当戒饬官司，以存活人命为当务之急。（《本集》卷20《论封还臣僚论浙西赈济事状》）

八月，苏轼以龙图阁学士知颍州，二十二日到任。

八月四日，封还准中书省纳后仪制录黄，认为当以旧尚书省而非都亭驿权为皇后行第；皇帝临轩、发册、命使、奉迎及皇后入内，当并服衮冕而非通天冠、绛纱袍。（《本集》卷21《封还纳后仪制状》）

八月五日、七日、十一日、十二日、十七日、二十日，拟《赐太师文彦博辞免温溪心马不允诏》《赐新除枢密直学士提举万寿观赵彦若辞免乞齐州一任不允诏》《就驿赐交州进奉人使朝辞御筵口宣》《赐同枢密院事韩忠彦生日诏》《醴泉观感通等殿疏漏翻修奏告青词》《赐新授龙图阁学士知颍州苏轼辞免赐银不允诏》。（《本集》卷28）

八月十四日，乞进《帝学》。十八日，奉御宝批进以进，其书八卷，共八册，为一幞。（《本集》卷21《乞进帝学札子》《进帝学札子》）

八月二十一日，经筵官同入札子乞如仁宗朝故事，复修迩英阁记注。（《本集》卷21《乞复迩英阁记注札子》）

八月二十六日，乞朝廷依祖宗朝故事罢泸州梓夔路钤辖司，泸州止存留沿边安抚一司，梓州路转运司官常置使副一员，其遂州、知州选差及任满升擢并依旧制。（《本集》卷21《奏乞罢泸州梓夔路钤辖司状》）

闰八月八日，驳斥秘书监王钦臣等所乞差陈景元校黄本道书一事，并封还其奏状。（《本集》卷21《封还差道士陈景元校道书事状》）

闰八月十六日、十七日、十八日、十九日、二十日，拟《就驿赐于阗国进奉人进发御筵口宣》《赐冯京乞致仕不允诏》《赐张方平辞免恩命允诏》《赐资政殿学士新除守吏部尚书王存赴阙诏》《赐冯京再乞致仕不允诏》。（《本集》卷28）

闰八月二十五日，认为不当以恶贯满盈、贬黜数年之宋用臣叙遥郡刺史。（《本集》卷21《论宋用臣叙官状》）

闰八月二十七日，保举杨国宝、朱勃充监察御史。（《本集》卷21《举监察御史状》）

九月十八日，特授试礼部侍郎，二十二日，上状辞免，并乞一闲慢差遣，不允，复上表谢恩。（《本集》卷5《辞礼部侍郎状》《谢礼部侍郎表》）

> 《长编》卷466"元祐六年九月癸卯"条："龙图阁待制、权礼部尚书梁焘为翰林学士，中书舍人韩川为吏部侍郎，给事中兼侍讲范祖禹为礼部侍郎。"

十月三日，举吴安诗以自代。（《本集》卷5《举自代状》）

十月四日，《神宗御笔文字》修毕进呈。（《本集》卷6《进神宗御笔文字》）八年二月十日、十六日，连上两状乞朝廷收回所赐之一银合茶。（《本集》卷6《辞赐茶合状》）

是月，乞特除章元弼太学或诸州教授一官以成就其才、以待任使，且可表率士人。圣旨以其无历任，不允。（《本集》卷21《荐元弼札子》）七年十月十六日，再乞除元弼太学正录一官。（《本集》卷24《再荐章元弼札子》）

是月，进宋太祖、太宗、真宗等先祖幸国子监之事。（《本集》卷22《进幸学故事札子》）

十一月三十日，（准御史台牒：十二月一日文德殿视朝，轮当转对奏事）转对言四事：一，乞朝廷诏大臣专门针对诸路监司郡守举行考课黜陟之法。二，乞宽简举殿中侍御史、监察御史等官的资格限制。三，乞复祖宗三路之法以任转运使，储备人才以备边帅之选。四，乞除盗贼重法、兴教化、选良吏以止盗。（《本集》卷22《转对条上四事状》）所乞除贼盗重法未蒙施行，于七年十月二十七日复

上奏以闻。(《本集》卷 24《乞除贼盗重法状》)

元祐七年壬申（1092） 52 岁

正月八日，乞不可因廨舍遗火、逼近原庙而改迁开封府于旧南省而以开封府为试院。建议因旧兴葺，稍徙近南。(《本集》卷 22《乞不迁开封府状》；《汴京遗迹志》卷 3 官署二《开封府治》)

二月，诏苏轼以龙图阁学士守扬州，三月二十六日到任。八月，以兵部尚书召还，十一月迁端明殿侍读学士。

二月十二日，祭奠从叔母程氏。(《本集》卷 37《祭从叔母文》)

二月二十日，《资治通鉴》刊成，赐执政从官及曾预编校者，张舜民亦被赐，与范祖禹有文字往来。(《宋诗纪事补正》卷 24《赐〈资治通鉴〉呈范淳父学士跋》；《宋文鉴》卷 69《谢赐〈资治通鉴〉表》；《本集》卷 3《和张芸叟左司被赐〈资治通鉴〉》)

三月，程颐服阕，三省拟除馆职，判检院苏辙上言阻止，范祖禹遂为颐辩解。

> 《宋史纪事本末》卷 45《洛蜀党议》："(元祐)七年三月，程颐服阕，三省拟除馆职，判检院苏辙进曰：'颐入朝，恐不肯静。'太后纳之。范祖禹言：'颐经术行义，天下共知，司马光、吕公著岂欺罔（上）〔者〕耶？但草茅之人，未习朝廷事体则有之，宁有他故，如言者所指哉！乞召劝讲，必有补于圣明。'"

三月二十七日，乞法仁宗畏天、爱民、奉宗庙、好学、纳谏五事。(《本集》卷 23《迩英阁奏对札子》；《诸臣奏议》卷 12《上哲宗乞法仁宗五事》)

四月二十四日，作《太师堂记》。(《本集》卷 36《太师堂记》)

五月四日，撰集所闻先圣先贤之言为《解义》一篇以进。(《本集》卷 23《进〈家人卦解义〉札子》《家人卦》)

五月十八日、二十六日，六月七日，以病笃学尽三次乞知梓州，不允。(《本集》卷 5《乞梓州表》《乞梓州札子》)

六月十六日，除为翰林学士，以百禄方执政，乞避嫌，不允。二十日、二十五日、二十八日，七月七日以避百禄亲嫌四上状辞免翰林学士，乞知梓州，不允。（《本集》卷 5《辞免翰林学士状》）

七月，乞哲宗效法先圣帝王仁心爱民、广开言路、别白是非。（《本集》卷 23《论求言札子》）

七月十二日，限期一年，参修《神宗皇帝正史》。同日，拜翰林侍讲学士，不就，十七日，上章辞免，不许，复上表谢恩。（《本集》卷 6《辞免翰林侍讲学士状》《谢翰林侍讲学士表》《谢太皇太后表》）

　　《长编》卷 475 "元祐七年秋七月癸巳" 条："以翰林学士范祖禹、枢密直学士赵彦若修《神宗皇帝正史》，宰臣吕大防提举，著作佐郎张耒编修，限一年毕。……诏复置翰林侍讲学士，翰林学士范祖禹为翰林侍讲学士兼修国史，祖禹固请避。范百禄补外，乃用王洙避兄子尧臣故事，特有是除。"

九月一日，与张璪、吴立礼、乔执中等同上奏，乞请合祭天地如祖宗故事至将来亲行北郊之礼方罢。不允。十日，复上第二奏。又上《进合祭故事札子》。（《本集》卷 23《议合祭状》）

九月十一日，与讲官同入札子以《礼记》非圣人全经，当有去取，乞节选讲读。依奏。（《本集》卷 24《乞节讲礼记札子》）

九月二十七日，苏轼致书恭贺范祖禹与其族叔范百禄同侍迩英阁。

　　《苏文忠公全集》卷 50《答范纯夫（五）》："与子功同侍迩英，此最缙绅之所荣慕。"

十月九日，祭奠亡妹仙源县君。（《本集》卷 37《祭妹文》）

十月二十八日，乞请特赐差鲜于之武充诸宫教授或内外学官一次。同日，乞特赐差张康国充内外学官一任。（《本集》卷 24《荐鲜于之武札子》《荐张康国札

子》）二十九日，乞特赐差王周道充太医局丞一次。（《本集》卷24《荐王周道札子》）

　　是月，苏轼以月石砚屏赠范百禄，以涵星砚、月石风林屏赠范祖禹，有诗，（《苏轼诗集》卷36）范祖禹有和。（《本集》卷3《子瞻尚书惠涵星砚月石风林屏作歌以送之赋十二韵以谢》）八年正月，苏轼复以墨及端溪砚赠范祖禹，范祖禹亦有诗答谢。（《本集》卷3《谢子瞻尚书惠墨端溪砚二首》）

　　　　《苏轼诗集合注》卷36苏轼自云："近以月石砚屏献子功中书公，复以涵星砚献纯父侍讲。子功有诗，纯父未也，复以月石风林屏赠之，谨和子功诗，并求纯父数句。"苏诗略曰："故将屏砚送两范，要使珠璧栖窗棂。大范忽长谣，语出月胁令人惊。小范当继之，说破星心如鸡鸣。床头复一月，下有风林横。急送小范家，护此涵星泓愿从少陵，博一句，山木尽与洪涛倾。"

　　是月，祭奠亡母高平郡太君。（《本集》卷37《告先妣文》）
　　十二月三日，乞专法仁宗，并乞撰录仁宗圣政数百事为书以进。（《本集》卷24《迩英留对札子》）八年正月十九日，《仁皇训典》编成，凡六卷，并目录一卷，缮写为七册。（《本集》卷24《进仁皇训典札子》，卷36《仁皇训典序》）

　　　　《文献通考》："大略用宝训体。"

　　十二月九日，乞将陈祥道新注《仪礼》下两制看详，并与其前所进《礼图》付太常，以备礼官讨论。（《本集》卷24《荐陈祥道仪礼解札子》）

元祐八年癸酉（1093）　　　53岁

　　正月二十一日，乞特降指挥下国子监印造《资治通鉴》并《目录考异》二部赐刘恕及刘攽家子孙。（《本集》卷24《乞赐故修书官〈资治通鉴〉札子》）
　　正月二十九日，乞特落常安民致仕，恢复其开封府推官一职。（《本集》卷24《荐常安民札子》）
　　三月十三日，劝诫哲宗效法仁宗畏天修德、诚于事天。（《本集》卷24《畏

天札子》)

三月十四日,中书侍郎范百禄罢。

三月二十日,乞哲宗仿效祖宗孝德、严敬奉先,罢进呈《神宗纪草》后一日之独看。(《本集》卷 24《进纪草札子》)

三月二十六日,特授翰林学士兼侍讲学士。(《长编》卷 482 "元祐八年三月癸卯"条)

四月,乞特差李晞、孙勰、晁将之充内外学官一任,以助长育人才。(《本集》卷 24《举学官状》)

四月二日、六日,上二状辞免翰林学士兼侍讲学士,乞依旧例止兼侍讲,不带学士。(《本集》卷 6《辞免翰林学士兼侍讲学士状》)八日,依先朝故事,令范祖禹止兼侍讲,遂为翰林学士兼侍讲。(《本集》卷 6《谢宣召入院表》《谢太皇太后表》)

　　《续资治通鉴》卷 82:"四月甲寅,令范祖禹依先朝故事止兼侍讲。"

四月十八日,举张耒以自代。(《本集》卷 6《举自代状》)

四月二十四日,上《谢敕设表》。

五月五日,乞命太医局从上差拨学生以改变病者妄请、医者妄散的局面,有效控制疾疫。(《本集》卷 24《救疾疫札子》)

五月七日,与苏轼、吕希哲等人同奏请校正唐宰相陆贽之奏议以进呈。(《续资治通鉴》卷 82 "元祐八年五月癸未"条)

五月二十日,上《中太一宫正室殿开启谢晴道场青词》。

七月十二日,乞特差龚史、尚颖充内外学官一次,以助长育人才。(《本集》卷 25《荐龚史尚颖札子》)

八月,诏苏轼出知定州军州事,十月二十三日到任。

八月十五日,乞对冯山、张举并加不次进擢,置之清要,以厉风俗。(《本集》卷 25《荐冯山张举札子》)七年四月,范祖禹曾乞请特以不次擢置张举于馆阁或且令校黄本书籍,以待任使。(《本集》卷 23《荐张举札子》)

八月十六日，太皇太后高氏有疾。

《苏文忠公全集》卷50《答范纯夫（九）》："所示连日入问圣候，极是！极是！见说执政逐日入问，宗师亦逐日问候也。"

八月十五日、二十三日、二十八日，拟《故赠开府仪同三司驸马都尉李玮堂祭文》《内外神庙开启消灾祈福道场祝文》《故赠永嘉郡夫人王氏堂祭文》。（《本集》卷30）

九月三日，高太后崩，哲宗亲政。

九月八日、九日、十二日、十五日、二十一日、二十二日、二十七日，拟《崇庆宫开启大行太皇太后初七水陆道场斋文》《赐文武百僚请听政第一表不允批答》《赐文武百僚第三表请听政不允批答》《大行太皇太后二七于崇庆宫设九幽醮青词》《大行太皇太后殿蕆祭告祝文》《崇庆宫开启大行太皇太后三七水陆道场斋文》《大行太皇太后大祥祭告祝文》。（《本集》卷30）

九月十五日，与苏轼同上《听政札子》，论当今所宜先者在循太皇太后之法度而谨守之。二十三日，上第二札。（《本集》卷25《听政札子》《听政第二札子》）

十月十日，乞谥大行太皇太后曰"宣仁圣献"。（《本集》卷25《议谥状》）

十月十四日，乞特授支渐一长史、助教或更优与名目，以旌其侍母丧之孝行，从而激励风俗、补孝治之化。（《本集》卷25《旌孝札子》）

十一月十一日，乞特差石景略、李瑞新、杨彭充内外学官一次，以待任使。（《本集》卷25《举学官札子》）

十一月十六日，乞哲宗常以社稷为念，深惩倾危国家之小人，明谕执政大臣，凡向来所逐之人，除已死亡外，存者屏废，永不复用。同日，以古今宦官误国害政之例劝诫哲宗疏远小人，慎重处理除用内臣一事。（《本集》卷26《论邪正札子》《论宦官札子》）

十二月十五日，辞免怀州防御使孝诒为答谢撰故魏王墓志所送润笔银二百两、绢三百匹。（《本集》卷26《辞润笔札子》）

绍圣元年甲戌（1094）　　　54 岁

按：元祐九年四月癸丑改元绍圣，为便于行文，将《本集》中标注元祐九年之事系于绍圣元年之下。

正月八日，知贡举。

《宋会要辑稿·选举》一之一三："（绍圣元年正月八日）翰林学士范祖禹同知贡举。"

三月二十四日，乞省试举人时差礼部郎官一员，专治杂务，令知举官得专意考校；考试刑法举人，差官随数增减；专治牒亲戚官，止令考试刑法官一员兼领。同日留对，以本月一日日食异常，劝诫哲宗畏天修德。（《本集》卷 26《上殿论试院事札子》《畏天札子》）

三月二十五日、二十六日，四月五日、九日，连上四章乞外任。（《本集》卷 6《乞郡札子》）

四月九日，时绍述之论已兴，有相章惇意。范祖禹力言惇不可用，不见从，遂请外。上且欲大用，而内外梗之者甚众，乃以龙图阁学士知陕州（今河南三门峡西）军州事，上表谢恩。（《本集》卷 6《谢除龙图阁学士知陕州表》《笏记》）二十六日到任。（《本集》卷 6《陕州谢到任表》）

《长编拾补》卷 9："（绍圣元年四月癸丑）翰林学士兼侍读范祖禹为龙图阁学士，知陕州。先是，祖禹屡乞补外，上曰：'不须入文字，俟执政有阙。'明日，苏辙责汝州，祖禹再上章请郡。不许。盖上欲以祖禹代辙也。既而沮之者甚众，祖禹固求出，乃有是命。"

章惇（1035—1105）字子厚，福建浦城人。《宋史》卷 471 有传。

四月，乞请哲宗宽简刑狱。（《本集》卷 26《朝辞论恤刑札子》；《诸臣奏议》卷 99《上哲宗乞用中典勿尚严刑为威》）

闰四月三日，范百禄卒，年六十五。范祖禹为之撰墓志铭。（《本集》卷44《资政殿学士范公墓志铭》）七月九日，祭奠。（《本集》卷37《祭资政文》）

闰四月三日，诏削苏轼端明殿学士兼翰林学士，以左朝奉郎知英州，途中复论罪，降为左承议郎，六月二十五日又削左承议郎，责授建昌军司马，惠州安置，八月，又贬宁远军节度副使，仍惠州安置，十月二日到任。

六月十八日，诏提举亳州明道宫，并于开封府界居住，就近报应国史院取会文字。（《本集》卷6《开封府界居住报应国史院取会文字状》）

《三朝名臣言行录》卷13《内翰范公》引《家传》："章惇拜相，蔡卞修国史，公罢郡宫观，令与同进书官赵尚书彦若、黄校理庭坚同于京畿居住，报应史院取会文字。初，卞以前史官直书王安石罪，欲中伤以诋诬神考之罪，实录中出千余条，以谓皆无证据，欲逮诸史官系诏狱覆实。既而检寻悉有据，故所问止三十二事，公以实报，遂与赵公黄公皆坐贬，公得永州。"

《三朝名臣言行续录》卷1《黄庭坚传》："章惇并与群奸论实录诋诬，前史官分居畿甸以待，案摘千余条示之，谓为无验证。继而院吏考阅悉有据依，所余才三十二事。"

绍圣二年乙亥（1095）　　55岁

正月五日，责授武安军（今湖南长沙）节度副使、永州（今湖南零陵）安置。七日，起程离开开封府界，二十五日至永州。三月，上表谢恩。（《本集》卷3《永州作》；卷6《永州谢表》；《宋史》卷18《哲宗本纪二》；《宋大诏令集》卷207政事六十贬责五《范祖禹赵彦若散官安置制》）

正月九日，以御使中丞黄履言其修纂先帝实录（《神宗皇帝实录》）厚加诬毁，吕大防特追夺两官，范祖禹、曾肇等各追夺一官。（《宋会要辑稿·职官》六七之一一）

绍圣三年丙子（1096）　　56岁

八月二十三日，以元祐乳媪之事遭陷害，责授昭州别驾、贺州安置。十月

十七日到贺州，上表谢恩。（《本集》卷6《贺州谢表》）

　　《宋史纪事本末》卷47《孟后废复》："绍圣三年八月，窜范祖禹于
贺州，刘安世于英州。时刘婕好专宠内庭。前祖禹元祐中闻禁中觅乳媪，
以帝年十四，非近女色之时，与安世上疏，劝进德爱身；又说太皇太后保
护圣躬，言甚切至。太后谓曰：'乳媪之说，外间虚传也。'祖禹对曰：'外
议虽虚，亦足为先事之戒。'太后深嘉之。至是，章惇、蔡卞摭谏乳媪事
乃指婕好也，于是坐二人构造诬谤之罪。"

绍圣四年丁丑（1097）　　57岁
闰二月十九日，移送宾州（今广西宾阳县北）安置。（《宋史》卷18《哲宗
本纪二》）
二月十四日，苏轼白鹤峰新居成，闰三月五日，与范祖禹书叙及，并赠和
陶渊明《时运》诗。

　　《苏文忠公全集》卷50《答范纯夫（一一）》略曰："丁丑二月十四
日，白鹤峰新居成，嘉祐寺迁入。……今皆在万里，欲复见此，岂可得
乎？……此诗慎勿示人也。"

四月，责授苏轼琼州别驾，昌化军安置，不得签署公事，七月二日到任。
元符元年戊寅（1098）　　58岁
七月二十四日，移化州（今广东化州县）安置。

　　《宋史纪事本末》卷46《绍述》："（元符元年）秋七月，再窜范祖禹
于化州，安置刘安世于梅州。初，章惇怨范祖禹、刘安世尤深，必欲置诸
死地。……祖禹寻卒。"
　　《晁氏客语》："纯夫自宾移化，朝旨严峻，群官不敢相闻。既出城外，
父老居民皆出送，或持金帛来献，纯夫谢遣之，一无所受，皆感涕而去。"

十月十日，卒于化州，墓庐于郡南二里南山之阳。苏轼多简慰其子冲。

《长编》卷 503："（元符元年十月）甲午，责授昭州别驾、化州安置范祖禹卒。"

《晁氏客语》："化州城外寺僧一夕见大星殒门外，中夜闻传呼开门，果然是夜公薨。后三日，殡于寺中。宾州人李宝善地理，谓纯夫子冲曰：'寺当风水之冲。'指寺北山一穴曰：'此可殡，不唯安稳，岁余必得归。'遂卜之，改殡。是年飓风作，屋瓦皆飞，大木尽拔，独北山殡所不动。次年归葬，如其言。后有自岭外来者云：'土人至今庙祀公于北山。'"

《舆地纪胜》卷 116《化州古迹》之《范龙学太史墓》曰："内翰讳范祖禹，按晁氏所记公元符初徙于化，末几以疾不起，闻宾人李宝善地理谕公之子冲，使窆之南山，且预言当获归葬。已而果验。冢在郡南二里，而于南山寺未经寇毁。墓左有碑，乃崇宁五年所立，大书龙学范公墓揭于碑额。"

《（万历）高州府志》卷 8："化州南山之阳，范祖禹之墓在焉。欧阳太守铎诗：'断瓦残砖记昔时，寒烟欲净见新祠。一封疏撼朝阳殿，三府名书党锢碑。洛下师生朝野恨，江南冠履鬼神知。奸谀谩说权生死，铁汉还从领外归。'"

《大明一统志》卷 81《陵墓》"范祖禹墓"条："在化州城南二里，墓左有祠，本朝永乐中建。"

《（道光）广东通志》卷 150《建置略》"范祖禹墓"条："化州支银二两六钱一分二厘同上。按：以上祀典均系动支经费，其不动支经费而地方官例应致祭者，详坛庙门，不复载。"

《瓿甄洞稿》卷 24《谒范学士墓》（宋龙图学士范祖禹，绍圣初以撰本朝实录及谏禁中事被谴，贬置化州，寻卒，葬石龙山南）："出郭平堤晓雾重，停车宿莽吊遗踪。林间断碣题金马，冢上孤云卧石龙。彤管细书今未泯，青蒲直谏古难容。蛮荒寸土千秋骨，谁拟行藏似蔡邕。"

　　《苏文忠公全集》卷 50 收录苏轼《与范元长》共十三封信，表示哀痛并安慰范冲及其家人。

元符三年庚辰（1100）

五月二十三日，追复为朝奉大夫。（《宋大诏令集》卷 222 政事七十五·襃恤下）

是月，苏轼与范冲简，叙归途不能越境往吊其父范祖禹苦衷。允为范祖禹撰墓志铭。

　　《苏文忠公全集》卷 50《与范元长（八）》："某深欲一见左右，赴合浦，不惜数舍之迂，但再三思虑，不敢尔，必深查。"

　　《苏文忠公全集》卷 50《与范元长（九）》云"到雷获所留书"。盖冲先至雷，候轼不到，留书去。同卷《与范元长（一三）》："早收拾事迹，编次著撰，相见日以见授也。"

　　《苏轼诗集合注》卷 16《答范淳甫》注："又坡于天下未尝志墓，独铭五人，皆世全德。特于淳甫，慨然不俟其请而心许之，其意可见。"

九月，苏轼过容南，与范冲简，约会于梧州。十七日，苏轼抵达梧州。

　　《苏文忠公全集》卷 50《与范元长（一一）》"某日夜前去，十六七间可到梧。若少留，一见尤幸。"

政和八年戊戌（1118）

六月七日，追复徽猷阁待制。（《宋会要辑稿·职官》七六之六二）

高宗建炎二年戊申（1128）

追复为龙图阁学士。（《琬琰集》下集卷 19《范直讲范祖禹传》）

宁宗嘉泰四年甲子（1204）

八月十四日，赐谥"正献"。

　　《两朝纲目备要》卷 8:"(八月)甲辰,赐范祖禹谥曰'正献'。"

　　《水心先生文集》卷 18《著作佐郎钱君墓志铭》:"(钱敬直)至左奉常乞为范公范祖禹谥正献。有内侍得旨赐谥者拒弗为谥,人始知君能于事有短长其间矣。"

　　《十驾斋养新录》卷 7《范祖禹谥》:"范祖禹谥正献,见于《魏鹤山集》及《困学纪闻》,而《宋史》不载。据《两朝纲目备要》在宁宗时。"

附录二　　范祖禹著作诸家著录序跋题识①

一、《唐鉴》

1.《郡斋读书志校证》卷七《史评类》

《唐鉴》，二十卷。按范祖禹自序、《进书表》、《上太皇太后表》、《书录解题》卷四编年类、《宋志》卷二别史类俱作十二卷，故孙星衍《平津馆鉴藏记·书籍补遗》云："晁氏《读书志》作廿卷，疑十二卷之误。"今本多作二十四卷，则当吕祖谦作注后所分。袁本《前志》卷二下史评类第八。

右皇朝范祖禹醇夫撰。醇夫，沈录何校本作"淳夫"，下同。按《宋史》卷337《范祖禹传》云："祖禹字淳甫，一字梦得。"醇夫为温公《通鉴》局编修官十五年，分掌唐史，以其所自得，著成此书。取武后临朝二十一年系之中宗，其言曰："此《春秋》'公在乾侯'之义也。虽得罪于君子，亦所不辞。"观此，则知醇夫之从公决非苟同者。凡三百六篇。

2.《直斋书录解题》卷四《编年类》

《唐鉴》，十二卷。按：《文献通考》作二十卷。

翰林学士成都范祖禹淳父撰。祖禹与修《通鉴》，分主唐史。元祐初上此书，考其治乱兴废之由，为三百六篇。

3.《玉海》卷四九《元祐唐鉴》

著作佐郎范祖禹与司马光修《资治通鉴》，分职唐史，采得失之迹，善恶之郊，上起高祖，下终昭宣，凡三十六篇，为十二卷，名曰《唐鉴》，元祐元年进。《晁氏志》：范祖禹醇夫著此书，取武后临朝二十一年系之中宗，其言曰：此《春秋》"公在乾侯"之义也，虽得罪于君子亦所不辞。观此则知醇夫之从温公决非苟同者。唐沈既济经学该明，召拜史馆修撰。初，吴兢撰国史，为《则

---

① 按：本节仅收录主要书目著录及序跋款识，其余转相抄录者则一概略去。

天本纪》，次高宗下，既济奏议请省《天后纪》，合《中宗纪》，每岁首必书孝和在所以统之曰："皇帝在房陵，太后行某事，改某制。纪称中宗而事述太后，名不失正，礼不违常。夫正名所以尊王室，书法所以观后嗣。"议不行。

4.《文献通考》卷二百

《唐鉴》，二十卷。

晁氏曰："皇朝范祖禹醇夫撰。醇夫为温公《通鉴》书局编修官十五年，分掌唐史，以其所自得著成此书。取武后临朝二十一年系之中宗，其言曰：'此《春秋》"公在乾侯"之义也，虽得罪君子，有所不辞。'观此则知醇夫之从公决非苟同者，凡三百六篇。"

《朱子语录》曰："'范太史《唐鉴》第一联论守臣节处不圆，要做一书补之，不曾做得。范氏此文字草草之甚，其人资质浑厚，说得都如此平正，只是疏多不入理。终守臣节处，于此亦须有些处置，岂可便如此休了？如此议论，岂不为英雄所笑？'又曰：'《唐鉴》有疏处，孙之翰《唐论》精细，说得利害如身亲历之，但理不及《唐鉴》耳。'又曰：'《唐鉴》多说得散开无收杀，如姚崇论择十道使患未得人，他自说得意，不知范氏何故却贬其说。'又曰：'《唐鉴》白马之祸，欧公论不及此。'又曰：'《唐鉴》有缓而不精确处，如言租庸调及杨炎二税之法，说得都无收杀，只云在于得人，不在乎法。有这般苟且处，他是见熙宁间详于制度，故有激而言，只那有激便不平直。'"

陈氏曰："元祐初上此书。"

5.《宋史》卷二百三《艺文志二》

范祖禹《唐鉴》，十二卷。

6.《平津馆鉴藏书籍记》

《东莱先生音注〈唐鉴〉》，廿四卷，题承议郎行秘书省著作郎骑都尉赐绯鱼袋臣范祖禹撰，朝奉郎行秘书省著作佐郎兼国史院编修官兼权礼部郎官臣吕祖谦注。前有范祖禹《唐鉴序》，元祐元年《进唐鉴表》，又同时《上太皇太后表》，唐传世、纪年图二，明宏治十年白昂《重刊唐鉴》序。范氏原书本十二卷，晁氏《读书志》作廿卷，疑十二之误，此本作廿四卷，又不知分于何时。

黑口，板每叶十八行行十八字，收藏有"黄复之印"白文方印、习夫氏自文方印、"张隽之印"朱白文方印、"一字文通"白文方印。

7.《钦定四库全书总目》卷八八《史评类》

《唐鉴》，二十四卷。副都御史黄登贤家藏本。

（宋）范祖禹撰，吕祖谦注。祖禹字淳父，华阳人，嘉祐八年进士。历官龙图阁学士、出知陕州，事迹附载《宋史·范镇传》。祖谦有《古周易》，已著录。初，治平中，司马光奉诏修《通鉴》，范祖禹为编修官，分掌唐史，以其所自得者著成此书。上自高祖，下迄昭、宣，摄取大纲，系以论断，为卷十二。元祐初，表上于朝。结衔称著作佐郎，盖进书时所居官也。后祖谦为作注，乃分为二十四卷。蔡绦《铁围山丛谈》曰："祖禹子温游大相国寺，诸贵珰见之，皆指目曰：'此《唐鉴》之子'。盖不知范祖禹为谁，独习闻有《唐鉴》也。"则是书为当世所重可知矣。张端义《贵耳集》亦记高宗与讲官言："读《资治通鉴》，知司马光有宰相度量；读《唐鉴》，知范祖禹有台谏手段。"惟《朱子语录》谓其议论弱，又有不相应处。然《通鉴》以武后纪年，祖禹独用沈既济之说，取武后临朝二十一年，系之中宗，自谓"此《春秋》'公在乾侯'之义"，且曰虽得罪君子，亦所不辞。后朱子作《通鉴纲目》，书"帝在房州"，实仍其例。王懋竑《白田杂著》卷六亦曰："范淳父《唐鉴》，言有治人无治法。朱子尝鄙其论，以为苟简，而晚年作《社仓记》则亟称之，以为不易之论，而自述前言之误。盖其经历既多，故前后所言有不同者，读者宜详考焉，未可执其一说以为定也。"然则朱子《语录》之所载，未可据以断此书矣。

8.《郑堂读书记》卷35《史评类》

《唐鉴》，二十四卷。明刊本。

（宋）范祖禹撰，吕祖谦注。祖禹，字淳父，华阳人，嘉祐八年进士，官至龙图阁学士，知陕州事。祖谦，字伯恭，金华人，隆兴元年进士，官至直秘阁著作郎、国史院编修。《四库全书》著录、《书录解题》编年类、《宋志》并淳父自序及《进表》《又上太皇太后表》俱作十二卷，此本作二十四卷者，盖伯恭作注后，每卷各分为二卷也。《读书志》《通考》俱作二十卷，不可考矣。初司马氏修《通鉴》，淳父分职唐史，得以考其兴废治乱，因别自作是书，已俱采入《通鉴》，然《通鉴》以武后纪年，此则以嗣圣纪年，黜武氏之号，以为母后乱政之戒。自谓窃取《春秋》之义，其实本唐沈既济之说也。后朱文公作《纲目》亦因之。夫虚引嗣圣年号，自二年讫二十一年，至神龙反正而止，且于每年书"帝在房州""帝在东宫"，是当时无一人尊之为帝者，而阅数百年后之儒生反得而帝之矣。善乎钱竹汀（大昕）之论《春秋》也，曰："彼中宗者，以嫡嗣而承大统，不能防闲其母，使国祚移于外家，此唐之罪人也。论《春秋》义，当在贬斥之例。后之论世者，无故而虚加以尊号者二十年，以为《春秋》之例如此，是诬经也。"竹汀之论如是，益知是书中宗一篇，不足以为师法矣。伯恭所注，颇极浅陋，盖为初学之计，只此已足。

9.《金华丛书》第八函

《唐鉴》，二十四卷，附《考异》一卷。

《重刻〈唐鉴〉音注序》

古来音注之家经为多，史次之，如裴骃、司马贞、张守节之于《史记》，颜师古、章怀太子之于两《汉书》，研覆详明，折衷至当，尚矣。□后则胡三省《资治通鉴音注》，足与古人方驾。而求其简要不烦、洞达治体，则吕成公所著范学士《唐鉴音注》尤万世君人者之金镜焉。按《唐鉴》十二卷，学士官编修时与司马温公修《通鉴》，奉诏而作，学士分掌唐史，上自高祖，下逮昭宗，尝于编次之余，稽成败之迹，契其宏纲，系以论断。元祐初表进于朝，上嘉纳之。宋高宗尝与侍臣言曰："读《资治通鉴》，知司马光有宰相度量；读《唐鉴》，知范祖禹有台谏手段。"其推重如此，惟《朱子语录》谓其议论近弱，且病其有治人无治法。晚年作《社仓记》则亟称之，以为不易之论，而自毁前言之误。盖朱子亦深佩之。成公不好议论，不立门户，先之以音义，继之以注释，其间是非褒贬，无不以学士为准。注成分为二十四卷，较原帙增其半。我朝嘉庆间睿庙昭示群臣曰："范祖禹所著《唐鉴》一书，胪叙一代事迹，考镜得失，其立论颇有裨于治道。"因命馆臣仿其体例，辑为《明鉴》，盖以取鉴前代，亦即殷鉴夏、周鉴殷之意也。顾安得成公其人起而音注之，俾与《唐鉴》并传不朽，以为万世君人者之金镜哉。同治十年冬十月同郡后学胡凤丹月樵甫谨序。

10.《书目答问二种》卷二《史评第十四》

《唐鉴》，二十四卷。（宋）范祖禹（撰），吕祖谦注。明刻本，成都局本，〔武昌局本〕。【补】杭州局本，《金华丛书》本附考异一卷。

11.《影印善本书目录：1911—1984》

《唐鉴》，十二卷，（宋）范祖禹撰，一九八〇年上海古籍出版社影印上海图书馆藏宋刻本（线装）。

12.《摛藻堂四库全书荟要》史部

《唐鉴》，二十四卷，（宋）范祖禹撰。六册。

13.《现存宋人著述总录》

（1）《东莱先生音注〈唐鉴〉》，二十四卷，范祖禹撰，吕祖谦注。宋刻元修本，刘启瑞校并跋；清刻本，傅增湘校并跋。

（2）《唐鉴》，二十四卷，附音注考异一卷，《金华丛书》（同治光绪本、民国补刊本）史部。一九五八年商务印书馆用《国学基本丛书》本纸型重印本。

（3）《唐鉴》，二十四卷，一九八〇年上海古籍出版社影印本（线装）。

14.《中国古籍善本总目》史部史评类

（1）《唐鉴》，十二卷。（宋）范祖禹撰。宋刻本。十一行二十三字，白口，四周双边，双鱼尾，四周双边左右双边不等。现藏上海图书馆。

（2）《东莱先生音注〈唐鉴〉》，二十四卷。（宋）范祖禹撰，吕祖谦注。宋刻元修本，刘启瑞校并跋。十一行十九字小字双行二十四字，白口，左右双边。现藏国家图书馆。

（3）《东莱先生音注〈唐鉴〉》，二十四卷。（宋）范祖禹撰，吕祖谦注。明弘治十年吕镗刻本，九行十八字，小字双行行十八字，黑口，双边。现藏国家图书馆、上海图书馆、复旦大学图书馆。

（4）《东莱先生音注〈唐鉴〉》，二十四卷。（宋）范祖禹撰，吕祖谦注。明弘治十年吕镗刻本，清周锡瓒批校，九行十八字，小字双行，同上下，黑口，四周双边。现藏湖南省图书馆。

（5）《东莱先生音注〈唐鉴〉》，二十四卷。（宋）范祖禹撰，吕祖谦注。明弘治刻本，十一行，十八、十九字不等。小字双行，字数同，细黑口，左右双边。现藏天一阁文物保管所，重庆市图书馆。

（6）《东莱先生音注〈唐鉴〉》，二十四卷。（宋）范祖禹撰，吕祖谦注。明刻本，九行十八字，大黑口，左右双边。现藏首都图书馆、北京大学图书馆、北京师范学院图书馆、中国科学院图书馆、复旦大学图书馆、天津市人民图书馆、内蒙古社会科学院图书馆、辽宁省图书馆、辽宁大学图书馆、吉林市图书馆、徐州师范学院图书馆、杭州大学图书馆、浙江博物馆图书馆、安徽省博物馆图书馆、江西省萍乡市图书馆、江西省历史博物馆图书馆、福建省图书馆图书馆、河南省图书馆、新乡市图书馆、湖北省图书馆、湖北方襄阳地区图书馆。

（7）《东莱先生音注〈唐鉴〉》，二十四卷。（宋）范祖禹撰，吕祖谦注。明刻本，清朱彝尊批。九行十八字，小字十八字，黑口，四周双边。现藏甘肃省图书馆。

（8）《东莱先生音注〈唐鉴〉》，二十四卷。（宋）范祖禹撰，吕祖谦注。清刻本，傅增湘校并跋。现藏国家图书馆。

（9）《东莱先生音注大唐文鉴》，二十四卷。（宋）范祖禹撰，吕祖谦注。明刻本，清丁丙跋。半页十行行二十一字，小字双行行二十字。范祖禹进书表大黑口。正文版心上刻"大唐文鉴"，加大黑口，四周双边。现藏南京图书馆。

15.《中国丛书综录》

（1）《唐鉴》，二十四卷。（宋）范祖禹撰。《四库全书》史部史评类，《摘藻堂四库全书会要》史部。

（2）《唐鉴》，二十四卷，附音注考异一卷。（宋）范祖禹撰，（宋）吕祖谦注，音注考异（清）胡凤丹撰。《金华丛书》（同治光绪本、民国补刊本）史部。《丛书集成初编》史地类。

（3）《东莱先生音注〈唐鉴〉》，二十四卷，附音注考异一卷。（宋）范祖禹撰，（宋）吕祖谦注，音注考异（清）胡凤丹撰。西京《清麓丛书（续编）》。

16.《影印岫庐现藏罕传善本丛刊》

重刊《唐鉴》序

宋太史范公文集唐之兴废治乱所由，编为《唐鉴》一十二卷，上自高祖武德元年，下迄昭宣帝天祐四年，凡二百九十年之间，其君之贤否，臣之邪正，事之得失，罔不具载。又自析以义理，断以至公。元祐初上于其君，将所谓夏鉴于商、商鉴于周，不远而易见也。若隋以穷兵暴敛，苛政虐民，天怨于上，人怨于下，遂至大坏。唐高祖取之，以宽易暴，天下之民弃危就安，五年而底平，再传而太宗贞观之治几及三代，此其所由兴也。迨武氏弑中宗，遂篡国，唐运几绝。睿宗日微，幸而玄宗以兵取之，开元政绩拟于贞观，终有天宝之乱，惜哉！若肃、代、德、顺诸君俱无可称。至宪宗中兴，元和政治足有可观。穆、敬、文、武、宣、懿、僖、昭之世，君子少而小人多，是以或内变或外侮，藩镇日强，王室日弱，诚可鉴其失也。然其祖宗以来，如用房、杜、姚、宋、韩、张、颜、陆诸君子，则足以诩赞大猷，弼成治化，可为善人之劝。奈何而有卢、李、杨、宇、训、注、仇、田奸邪之徒，欺君误国，蠹政虐民，使人心日离，国祚日短，此又恶者之戒。唐之是非得失，已昭昭于一鉴之中。东莱吕先生复为之音释，则又皎如天日矣。呜呼，天理民彝，万古不易，《唐鉴》之明善恶，不爽固足以为宋之鉴也。继宋而后者凡千百世，皆有鉴以照之，可不慎哉！可不惧哉！吾邑令吕君得此书，千秋官徐君朝文欲以肃诸梓，邑之大学生杨伯川富而好礼，乃捐赀以成之，置于家塾，传之四方，垂诸永久，其有补于世道多矣。故序。

大明弘治十年岁次丁巳夏六月朔旦。

赐进士光禄大夫柱国太子太保刑部尚书前督察院右都御史侍经筵官毗陵白昂序。

重刊《唐鉴》序

史之名尚矣，后世以史称之曰"鉴"者，所以衰集夫古之治乱兴亡之迹，妍媸美恶之形，如鉴之照物，莫得而逃，所谓彼暗则此明、繇今以逮古。宋范太史作《唐鉴》十二卷，加以论断，吕东莱先生为之音注，厘为二十四卷。上自隋末，下至五代，考摭详尽，往往为人所传诵。近世无间焉。予来为武进，初考之京，同年徐秋官朝文尝手校是编，出以示予，欲为刻梓以传，于是乃属郡士朱悉易重为校勘，"温""媪"既分，"鲁""鱼"是正。复介缮书者，用楷法入版而镌之，不三数旬，则范吕二先生之用心得以暴白于册序矣。予不敏，故书其岁月，以置卷首云。

大明弘治十年岁次丁巳夏六月既望。

赐进士第文林郎直隶常州府知武进县事鼓城吕镗序。

17.《清麓丛书续编》第六函《范太史〈唐鉴〉》

重刊《唐鉴》序

泾阳柏子余既刻真西山《大学衍义》，又取范氏《唐鉴》锓于家塾，复属余序其所以以弁于首。余惟二书虽不同，而其有裨于治道则一也。《衍义》以《大学》为准而证之于史，以辩其得失；《唐鉴》以唐史为案而衡之以经，以断其是非。自秦汉以来以至于唐，治日益下，而帝王之法、圣贤之论不复闻于斯世，此所以治世少而乱日多也。苟非知道之君子折衷以帝王圣贤之心术事为则，夫假仁假义亦可与三代并论，而颠倒悖谬之举或肆行无禁，世亦默然不觉其非。天理渐灭，人欲横流，学之不明，亦可慨已。范氏于唐一代，摘取其事迹而论列之，一则曰《诗》《书》云云，再则曰孔孟云云，善恶邪正必裁以圣贤帝王之道，其为后世法戒，固已昭然显著，较之前代班、范之书远过数倍，而于《衍义》一书同为大有裨于治道者也。昔宋元祐中客有见伊川者，几案间无他书，惟印行《唐鉴》一部，先生曰："近方见此书，三代以后无此议论。"而紫阳朱子咏唐诗曰："云何欧阳子，秉笔迷至公，唐经乱周纪，凡例孰此容。侃侃范太史，受说伊川翁，春秋二三策，万古开群蒙。"国朝大儒张杨园先生又曰："《唐鉴》，读史之门户。"呜呼，其亦可知此书矣，夫其亦不可不读此书矣。夫光绪庚寅嘉平月三原贺瑞麟识。

《〈唐鉴〉音注考异》

按此原本错讹甚多，乃考御儿吕氏、金华胡月樵、解梁书院诸本及《通鉴》、《朱子纲目》、《史》、《汉》、新旧《唐书》多所改正，脱者补之，衍者削之，及雕版雠校犹有当补削者，不便空白，故加围以识而补者，并书以从简。乃诸本仍多同异，滋致人惑，故并记录于此云。光绪庚寅杨凤昭谨记。按：以下具体考异内容略。

二、《范太史文集》

1.《文定集》卷十《题范太史集》

太史范公家所藏书有曰《翰林词草》者，自元祐六年七月止绍圣改元，其间往往公手笔改定。然公元祐四年十一月始为翰林学士，不知前此者谁所作也。恐或有故，今皆存之。《乐语》则得于成都宇文氏所编次《纶言集》中，亦附于卷末。

2.《重校鹤山先生大全文集》卷五三《范正献公文集序》

国朝自祖宗以来，嵩高丰水之积，暨干数世，风气开达，人物钟萃，至昭陵之盛，希圣绍道之学，济时经国之才，皆为时用，其砥柱熙宁、羽仪元祐者，亦基于斯时，于时成都三范出焉。蜀公荣公，植立光显，既各以别集垂世。太史正献公后出，而生长闻是，气质凤成，婿于吕正献公，客干司马文正公。且当熙丰之际，洛中诸贤大抵家食，而公以书局留洛，几十有五年，观摩丽习，所资所以成德者非一，矧如富文忠、程正公亲炙之，吕原明、刘道元诸公则共学焉。今之人以科举之文哗世希宠，幸而有获，则计日月以为功，十五年间欲为何等官职。而公也惟大本先立，淹邃所不暇，计兹其志为何。始令龙水，见诸咏歌固已芳润简策；洛师以后，短篇大句，盖就醇深；逮泰陵践阼，崇庆垂帘，公始见用于时。首以《唐鉴》上之两宫，隋事正求，又二百四十余疏，大要务学以保王躬，格心以植治本，遴贤以求天命，正始以绝乱萌。其气明理夷，曰星垂而江汉流也。语切情真，疾痛号而家人谋也。然而献替太数，邪正太辨，而公之祸始矣。夫开之以宇宙清明之气，培之以父祖诗书之泽，沦之以师友道义之渊，其成材之难若此，而仅仅自见于九年之间。就九年而言，则四年以后皆祸几之伏也。后世自党论之兴，君子小人番休迭上，故常以其半用天下，然而君子难进而鲜能，又小人易入而不可摇。君子守道，必得时而后动；小人放利，宁毙国而不戚。故君子制治之时少，而小人养乱之时多。君子凤讲豫虑而不得人行，小人侥幸尝试而必如欲。公之文集，玉山汪公应辰既尝板行于某所矣。今公之诸孙子长守潼川，又以刻诸郡斋而属叙，所以识诸篇端，傥庶几世道之补云。

3.《直斋书录解题》卷一七《别集类中》

《范太史集》，五十五卷。翰林学士成都范祖禹淳甫撰。

4.《文献通考》卷二三六《经籍六三》

《范太史集》，五十五卷。

陈氏曰："翰林学士成都范祖禹淳夫撰。"

《朱子语录》曰："范淳夫文字纯粹，下一个字便是合当下一个字，东坡所以服他，东坡轻文字，不将为事微，时只胡乱写去。"曰："四六语佳莫如范淳夫。"

5.《宋史》卷二〇八《艺文志》

《范祖禹集》，五十五卷。

6.《钦定四库全书总目》卷一五三

《范太史集》，五十五卷。浙江汪启椒家藏本。

（宋）范祖禹撰。祖禹有《唐鉴》已著录。其文集世有两本。一本仅十八卷，乃明程敏政从秘阁借阅，因为摘录刊行，非其完本。此本五十五卷，与《宋史·艺文志》卷目相符，盖犹当时旧帙也。祖禹平生论谏不下数十万言。其在迩英守经据正，号讲官第一。史称其开陈治道、区别邪正、辨释事宜，平易明白，洞见底蕴，故《本传》载所上疏至十五六篇，而集中章奏尤多。类皆深经术、练达事务，深有裨于献纳。惟其中论合祭天地一事，祖禹谓分祭之礼，自汉以来不能举行。又谓一年再郊，此必不能，且夏至之日，尤未易行。同时苏轼等据《周礼》以分祭为是，而祖禹与顾临坚持之，后卒从祖禹之议。盖其君习于宴安，而议者遂为迁就之论，诚不免于贤者之过。然其大端伉直、持论切当，要自无愧于醇儒，固不以一瑕掩也。当时以贾谊、陆贽比之，良亦庶几云。

7.《铁琴铜剑楼藏书目录》卷二十

《范太史集》，五十五卷。旧钞本。

（宋）范祖禹撰，无序跋。凡诗三卷，表、状、札子九卷，奏议十四卷，进故事一卷，翰林词草六卷，启、状一卷，赋、论、策问一卷，记、序、铭、书、传一卷，青词、祭告文、哀词、诔文一卷，墓志、神道碑铭七卷，皇族墓志铭八卷，皇族追封记、石记一卷（按：卷五三至卷五四，共二卷），手记一卷。手记皆书元祐间一时名人，盖记其所知者以待荐剡也。是集世有两本，明程篁墩从秘阁钞得，摘录刊行，仅十八卷，此为足本，与陈氏《书录》《宋史·艺文志》合。卷首有"乐意轩吴氏藏书"朱记。

8.《藏园订补郘亭知见传本书目》卷一三《别集类》

《范太史集》，五十五卷。（宋）范祖禹撰，五十五卷。明刊小字本。旧钞本十八卷。

【补】清初写本，十三行二十三字，五阑格。钤昌龄藏印。余藏。《四库》本已印入《四库全书珍本初集》中。清写本，钱辛盦手校。

【补】《范太史集》，十八卷。（宋）范祖禹撰。清汪文柏摛藻堂精写本，汪文柏手校，钤"摛藻堂""休宁汪氏""平阳季子""柯亭校正"诸印。庐址抱经楼遗书。此十八卷本为程敏政自秘阁摘录刊行，因而流传，非完本也。然源出秘阁，亦足为校勘之资。

9.《善本书室藏书志》卷二七

《太史范公文集》，五十五卷。

（宋）范祖禹撰。公文章剀切明畅，集中所上《丧服疏》《进德爱身疏》《保护圣躬疏》言甚切直，其忠君爱国之念，溢于言表。所著表、状中内有五卷是代文潞公、富韩公、韩康公所作，言词明畅，朱子云："四六语佳莫如范淳夫。"其推重如此焉。考陈录皆作五十五卷，与此本合。

10.《仪顾堂题跋》卷一一《范太史集跋》

《太史范公文集》，五十五卷，（宋）范祖禹撰。张立人手抄本，每页二十六行，每行二十三字，凡遇"仁宗""英宗""神宗""明肃""慈圣文母太皇太后""皇帝"及"二圣""累朝""陛下"字皆空一格，"煦"字注"哲宗旧名"（按：仅《文集》卷11《贺皇子哲宗旧名进封延安郡王表》一例，采用缺字避讳法），"佶"字注"徽宗御名"（按：仅《文集》卷12《贺皇子徽宗庙讳授镇宁军节度使封宁国公表》一例，亦采用缺字避讳法，注"徽宗庙讳"而非"徽宗御名"），盖从宋本传录者。卷一至卷三诗，卷四至卷六表、状、札子，卷七至卷十二表、状，附笏记，卷十三至卷二十六奏议，卷二十〔七进故事，卷二十八〕至三十三翰林词草，附乐语，卷三十四启、状，卷三十五赋、论、策问，卷三十六序、记、铭、书、传，卷三十七青词、祭告文、哀词、谏文，卷三十八至四十四墓志、神道碑铭，卷四十五至五十三（按：应为卷五十二）皇族墓志，卷五十四皇族石记（按：卷五十三至卷五十四是皇族追封记、石记），卷五十五手记。手记者，记当时人材，或但记姓名，或略叙其官秩，或评论其行谊，盖当时夹袋之储以备推荐者，为文集创格。是集宋以后未见刊本，立人名位，何义门门人，字学"褚河南"（按：唐代大书法家褚遂良封河南郡公，世称"褚河南"），精圆透逸，酷似义门，自始至终数十万言，无一字讹夺，尤为难得，诚善本也。

11.《嘉业堂藏书志》卷四

《范太史文集钞》，十八卷，旧钞本。

（宋）范祖禹撰。范祖禹字淳甫，一字梦得，蜀人，范镇之从孙，元祐中为给谏讲读官，入翰林为学士，坐党论贬死，《宋史》附《范镇传》。全集五十五卷，现在尚存。此本一十八卷，乃明程敏政从秘阁借阅摘录刊行，摘藻堂复从之钞出，钞校均精，然非完本也。收藏有"摘藻堂图书记"朱文、"平阳季氏之章"白文两方印，"休宁汪季青藏书记"朱文大方印，"汪氏柯庭校正图书记"白文长方印。（缪稿）

12.《北京图书馆善本书目》卷六

《太史范公文集》，五十五卷，清抄本三种。

13.《中国丛书综录》

《范太史集》，五十五卷。（宋）范祖禹撰。《四库全书》集部别集类。《四库全书珍本初集》集部别集类。

三、《帝学》

1.《直斋书录解题》卷九《儒家类》

《帝学》，八卷。按：《文献通考》作十卷。侍讲成都范祖禹淳父元祐中编集，上自三皇五帝，迄于本朝神宗，凡圣学事实皆具焉。

2.《郡斋读书志校正》卷十《儒家类》

《帝学》，十卷。按：是书《书录解题》卷九，《宋志》史钞类、儒家类以及后代书目与传本俱作八卷，疑此卷数有误。又，袁本解题颇简略，俱录于下："右皇朝范祖禹编。纂自古贤君迨祖宗务学事迹为一编，以劝讲。"诸衢本、《经籍考》卷三十七同原本。袁本前志卷三上儒家类第二十三。

右皇朝范祖禹淳夫纂自古贤君迨于祖宗务学事迹为一篇，顾校本无"皇朝"二字。以劝讲。淳夫元祐时在讲筵八年。诘旦当讲，前一夕，正衣冠，俨然如在上前，命子弟侍坐，先按讲其说。原本"按"误作"接"，据卧云本、《宛委》本、《经籍考》改。平时语若不出诸口，及当讲，开列古义，古义，卧云本《经籍考》作"古议"，《宛委》本作"古谊"。仍参之时事，以为劝诫。顾校本"之"下有"以"字，又无"以为劝诫"四字。其音琅然，闻者兴起。东坡尝曰："淳夫讲书，言简义明，粲然成文章，为今讲官第一。"

3.《宋史》卷二百三《艺文志二》

《帝学》，八卷。

4.《文献通考》卷二百十

《帝学》，十卷。

晁氏曰："皇朝范祖禹淳夫纂自古贤君迨于祖宗务学事迹为一篇以劝讲。淳夫元祐时在讲筵八年，诘旦当讲，前一夕，正衣冠，俨然如在上前，命弟子侍坐，先按讲其说。平时语著不出诸口，及当讲，开列古议，仍参之时事，以为劝诫。其音琅然，闻者兴起。东坡常曰：'淳夫讲书言简义明，粲然成文章，为今讲官第一。'"

陈氏曰：其所"编集，上自三皇五帝，迄于本朝神宗，凡圣学事实皆具焉"。

5.《蜀中广记》卷九二

《帝学编》

范祖禹醇夫纂自古贤君迄于宋代祖宗务学事迹为一篇以劝讲。淳夫元祐时在讲筵八年，诘旦当讲，前一夕，正衣冠，俨然如在上前，命子弟侍坐，先按讲其说，平时语若不出口，及当讲，开列古义，仍参之时事，以为劝诫。其音琅然，闻者兴起。东坡常曰：淳夫讲书言简义明、灿然成文章，为今讲官第一。

6.《钦定四库全书总目》卷九一《儒家类》

《帝学》，八卷。内府藏本。（宋）范祖禹撰。祖禹有《唐鉴》，已著录。是书元祐初祖禹在经筵时所进，皆纂辑自古贤君迨宋祖宗典学事迹。由伏羲迄宋神宗，每条后间附论断。自上古至汉唐二卷，自宋太祖至神宗六卷。于宋诸帝叙述独详，盖亦本法祖之意以为启迪也。祖禹初侍哲宗经幄，因夏暑罢讲，即上书论今日之学与不学，系他日治乱，而力陈宜以进学为急。又历举人主正心修身之要，言甚切至。史称其在迩英时守经据正，献纳尤多。又称其长于劝讲，平生论陈数十万言。其开陈治道、区别邪正，辨释事宜平易明白、洞见底蕴，虽贾谊、陆贽不是过。今观此书，言简义明，敷陈剀切，实不愧史臣所言。虽哲宗惑于党论，不能尽用范祖禹之说，终致更张初政，国是混淆。而范祖禹忠爱之忱，惓惓以防微杜渐为念，观于是书，千载犹将见之矣。

7.《现存宋人著述总录》子部·儒学类

范祖禹《帝学》，八卷。清省园刻本（北京、山东师范大学）。清钞本，清翁曾源校并跋（南京）。《四库全书》子部·儒家类。

8.《中国丛书综录》

《帝学》，八卷。（宋）范祖禹撰。《四库全书》子部儒家类。《摛藻堂四库全书荟要》子部。

四、《古文孝经说》

1.《郡斋读书志校正》卷三《孝经类》

《范淳夫古文孝经说》，一卷。袁本无"范淳夫"三字，《经籍考》卷十二同原本。袁本前志卷一下孝经类第五。右皇朝范祖禹撰。袁本作"范祖禹梦得撰"，沈录何校本何焯校语云："梦得即淳夫旧字。"元祐中侍经幄时所上。卧云本、《经籍考》

"经幄"作"经筵"。

2.《遂初堂书目》论语类

范太史《古文孝经解》。

3.《直斋书录解题》卷三《孝经类》

《古文孝经说》,一卷。

翰林学士成都范祖禹淳甫撰,元祐二年经筵所进。

4.《文献通考》卷一八五

《范淳夫古文孝经说》,一卷。

晁氏曰:元祐中侍经筵时所上。

5.《宋史》卷二百二《艺文一》

范祖禹《古文孝经说》,一卷。

6.《经义考》卷二二五

范氏祖禹《古文孝经说》。

《宋志》:"一卷。"存。

晁公武曰:元祐中侍经筵时上。

祖禹进呈,《序》曰:"《古文孝经》二十二章,与《尚书》同出于孔氏壁中,历世诸儒疑眩莫能明,故不列于学官。今文十八章,自唐明皇为之注,遂行于世。二者虽大同而小异,然得其真者古文也。臣今窃以古为据而申之以训说,虽不足以明先生之道,庶几有万一之补焉。臣谨上。"又《札子》(按:即儒藏整理本《太史范公文集》卷14《进〈古文孝经说〉札子》)曰:"臣伏睹《国史》,章献明肃太后尝命侍读宋绶择前代文字可以资孝养、补政冶者,以备仁宗观览。臣职劝读,虽不足以跂望前人之仿佛,然区区忠益,敢不尽愚?窃以圣人之行,莫先于孝,书莫先于《孝经》。《孝经》有古文,有今文,今文即唐明皇所注十八章,古文凡二十二章,由汉以来,惟孔安国、马融为之传,自余诸儒多疑之,故学者罕习。仁宗朝,司马光在馆阁,为《古文指解》一卷,表上之。臣窃考二书，虽不同者无几，然古文实得其正。故尝妄以所见，又为之说，非敢好异尚同，庶因圣言少关省览。伏惟陛下方以孝治天下，此乃群经之首，万行之宗。倘留圣心，则天下幸甚。其《古文孝经说》，谨缮写为一册上进。"

真德秀曰："自唐玄宗御注《孝经》出，世不复知有古文，文正司马公作为《指解》，太史范公复为之《说》，于是学者始得见此经旧文。"

杨士奇曰："宋元祐中秘书省著作郎兼侍读范祖禹淳夫经筵所进，刊板在成都。"

7.《通志堂经解》孝经类

《孝经注解》，一卷。唐元（按："元"当作"玄"，避清圣祖玄烨讳）宗，宋司马光、范祖禹。此合明皇注、司马氏指解、范氏说为一书也。丁杰云明皇所注者今文，司马氏、范氏所解说者古文，如何合为一书。何焯曰李中麓本。

8.《钦定四库全书总目》卷三二《孝经类》

《古文孝经指解》，按：文渊阁《库书》作《孝经指解》。一卷。内府藏本。

不著编辑者名氏。以宋司马光、范祖禹之说各为一书。案宋《中兴艺文志》曰：自唐明皇时，议者排毁古文，以《闺门》一章为鄙俗，而顾问遂废。至司马光始取古文为《指解》。又范祖禹《进孝经说札子》曰："仁宗朝，司马光在馆阁为《古文指解》表上之。臣妄以所见，又为之说。"《书录解题》载光书、祖禹书各一卷。此本殆以二书相因而作，故合编也。王应麟《玉海》载光书进于至和元年，时为殿中丞直秘阁，与祖禹说小异。然光集所载进表称"尝撰《古文孝经指解》，皇祐中献于仁宗皇帝。窃虑岁久不存，今缮写为一卷上进"云云。则祖禹所说者初进之本，应麟所说者重进之本耳。《孝经》今文、古文，自《隋志》所载王劭、刘炫以来，即纷纷聚讼，此句后，浙本有"至唐刘知幾主古文，司马贞主今文，其彼此驳议，《唐会要》具载其词"一段。至今说经之家亦多递相左右。然所争者，不过字句之间。观光从古文，而句下乃备载唐玄宗今文之注，使二本南辕北辙，可移今文之注以注古文乎？宋黄震《日钞》有曰："按《孝经》一尔，古文、今文特所传微有不同。如首章今文云'仲尼居，曾子侍'，古文则云'仲尼闲居，曾子侍坐'；今文云'子曰：先王有至德要道'，古文则曰'子曰：参，先王有至德要道'；今文云'夫孝，德之本也，教之所由生也'，古文则曰'夫孝，德之本，教文所由生'。文之或增或减，不过如此，于大义固无不同。至于分章之多寡，今文《三才章》'其政不严而治'，与'先王见教之可以化民'通为一章，古文则分为二章；今文《圣治章》第九'其所因者，本也'，与'父子之道天性'通为一章，古文则分为二章，'不爱其亲而爱他人者'，古文又分为一章。章句之分合，率不过如此，于大义亦无不同。古文又云'闺门之内具礼矣乎，严父严兄，妻子臣妾，犹百姓徒役也。'此二十二字，今文全无之，而古文自为一章，与前之分章者三，共增为二十二。所异者又不过如此，非今文与古文各为一书也。"其说可谓持平。光所解及范祖禹所说，读者观其宏旨，以求天经地义之源，足矣其今文、古文之争，直谓贤者之过可也。胡火广《拾遗录》尝讥范祖禹所说以光注"言之不通也"句误为经文，今证以朱子《刊误》，火广说信然，然亦非大义所系。今姑仍原本录之，而附载火广说，以纠其失焉。

　　按：注《孝经》者，驳今文而遵古文，自此书始；五六百年门户相持，则自朱子用此书作《刊误》始，皆逐其末而遗其本也。今特全录黄震之言，发其大凡，以著诉争之无谓。余一切纷纷之说，后不复载，亦不复辨焉。

　　9.《四川通志》卷一八三

　　（清）常明、杨芳灿等纂修《古文孝经说》一卷。

　　杨士奇曰："宋元祐中秘书省著作郎兼侍读范祖禹淳夫经筵所进，刊板在成都。"范祖禹《进呈序》曰："《古文孝经》二十二章，与《尚书》同出于孔氏壁中，历世诸儒疑眩莫能明，故不列于学官。今文十八章，自唐明皇为之注，遂行于世。二者虽大同而小异，然得其真者古文也。臣今窃以古为据而申之以训说，虽不足以明先生之道，庶几有万一之补焉。臣谨上。"又《札子》曰："臣伏睹国史，章献明肃太后尝命侍读宋台受择前代文字可以资孝养、补政治者以备仁宗观览。臣职劝读，虽不足以跂望前人之仿佛，然区区忠益，敢不尽愚？窃以圣人之行莫先于孝，书莫先于《孝经》。《孝经》有古文有今文，今文部唐明皇所注十八章，古文凡二十二章，由汉以来惟孔安国、马融为之传，自余诸儒多疑之，故学者罕习。仁宗朝，司马光在馆阁为《古文指解》一卷表上之，臣窃考二书虽不同者无几，然古文实得其正。故尝妄以所见又为之说，非敢好异尚同，庶因圣言少关省览。伏惟陛下方以孝治天下，此乃群经之首，万行之宗。倘留圣心，则天下幸甚。其《古文孝经说》谨缮写为一册上进。"

10.《中国丛书综录》

《孝经》，一卷。（宋）司马光指解，（宋）范祖禹说。通志堂经解（康熙本、同治本）·孝经。

《古文孝经指解》，一卷。（宋）司马光撰，（宋）范祖禹说。《四库全书》经部孝经类。

五、《仁皇训典》

1.《直斋书录解题》卷五《典故类》

《仁皇训典》，六卷，翰林侍讲范祖禹撰。元祐八年经筵所上。凡三百十七条，大略亦用"宝训"体。

2.《玉海》卷四九《元祐仁皇训典》

书目六卷，凡三百一十七事。国史修撰范祖禹采仁宗圣政数百事编录成书，名《仁宗训典》，元祐七年进，凡六卷。范祖禹作《序》云："祖宗以圣继圣，其治尚仁，而仁宗得其粹焉。古者以为书以劝诫人君，唐吴兢作《贞观政要》，仁宗命史臣编《三朝宝训》，神宗亦论次两朝事。陛下又命臣以神宗之训上继五朝以备迩英进讲。臣窃惟仁宗言为谟训，动为典则，实守成之规矩，致治之准绳。谨录天禧以来迄于嘉祐五十五年之事，凡三百十有七篇，为六卷，名曰《仁宗训典》。首上性至孝，次却伞扇卜庙门，次录囚徒，终于仁民爱物，此书惟记述仁政大略，学问之事为别录具于《帝学》篇，元祐七年十一月癸巳上。"一本云元祐七年十一月辛亥乞撰录成书，八年正月十九日进，《续资治通鉴长编》同，《序》亦云八年正月上，建炎四年七月己巳，诏范冲上之并《帝学》。

3.《文献通考》卷二百一

《仁皇训典》，六卷。

陈氏曰："翰林侍讲范祖禹撰，元祐八年经筵所上，凡三百十七条，大略亦用'宝训'体。"

4.《宋史》卷二百三《艺文二》

范祖禹《仁皇训典》，六卷。

六、《五臣解孟子》

1.《郡斋读书志校证》卷十《儒家类》

《五臣解孟子》，十四卷。袁本前志卷三上儒家类第五。右皇朝范祖禹、孔武仲、吴安诗、丰稷、吕希哲元祐中同在经筵所进讲义（按：范祖禹自述"五臣"与晁氏不同，分别为司马康、吴安诗、范祖禹、赵彦若、范百禄，见儒藏整理本《太史范公文集》卷 19《编〈孟子节解〉札子》），贯穿史籍，袁本作"贯穿史传，辞旨精赡"，而无"籍"下十八字。颜校本"穿"作"串"。虽文辞微涉丰缛，然观者诚知劝讲自有体也。颜校本作"观者以当得劝讲之体云。"

2.《四川通志》卷一八三

《孟子节解》，十四卷。

范祖禹、司马康等撰。范祖禹进札子（按：即《太史范公文集》卷 19《编〈孟子节解〉札子》）曰：臣等准入内供奉官徐湜传宣奉圣旨令讲读官编修《孟子节解》一十四卷进呈，臣司马康、吴安诗、范祖禹、赵彦若、范百禄。

七、《无逸说命解》

1.《郡斋读书志校证》卷一《书类》

《颜吴范司马无逸说命解》，三卷。按：《玉海》卷三十七引《中兴书目》有《无逸讲义》一卷，云："元祐五年二月壬寅，讲《无逸》终篇，侍讲司马康、吴安诗、范祖禹等录进《讲义》一卷。"《宋志》卷一有吴安诗等《无逸说命解》二卷，又有司马光等

《无逸讲义》一卷，此"光"当"康"之误。袁本前志卷一上书类第十四。

　　右皇朝吴安诗、范祖禹、司马康元祐中侍讲筵，颜复说书崇政殿日所迖讲说也。

　　2.《玉海》卷三七《元祐无逸讲义》

　　《书目》：元祐五年二月壬寅，讲《无逸》终篇，侍讲司马康、吴安诗、范祖禹等录进讲义一卷。

　　《晁氏志》：元祐中，颜复、吴安诗、范祖禹、司马康《无逸说命解》三卷。

　　3.《文献通考》卷一七七《经籍四》

　　《颜吴范司马无逸说命解》，三卷。

　　晁氏曰：皇朝吴安时、范祖禹、司马康元祐中侍讲筵，颜复说书崇政殿日所进讲说也。

　　4.《四川通志》卷一八三

　　《说命讲义》，三卷。

　　《玉海》：范祖禹同崇政殿说书颜复进札子曰："臣等近讲《尚书·说命》，窃以为君治天下国家，钦天稽古，修身务学，任贤立政，至德（按："德"，《范太史集》作"言"）要道，备在此书。诚能法之，可为尧舜。昔太宗皇帝尝曰：'《尚书》主言治世之道，《说命》最备'，特诏孙奭讲此三篇。伏（按：据《范太史集》补）望陛下详览深思，必有启迪圣学之益。臣等虽罄竭谀闻，讲解于前，谨辄记录所言，缮写成册，以备寻绎，或赐顾问，庶几少助聪明之万一，其《说命讲义》三册，谨具上进。"

　　《无逸讲义》，一卷。

　　范祖禹等撰《中兴书目》，元祐五年二月讲《无逸》终篇，侍讲司马康、吴安诗、范祖禹等录进讲义一卷。范祖禹进札子曰："臣今年七月准入内供奉官李偁传圣旨今日迩英阁讲过《无逸》义会详备录进，臣今写录进呈。"按：此处所录《札子》与《范太史文集》卷19《进无逸讲义札子》内容有异，谨录如下："臣近于迩英合面奏，乞候讲《尚书》毕，录《无逸》全篇讲义上进，以备圣学温寻。臣等今编写成一册，谨具进呈。"

八、《范氏论语说》

1.《郡斋读书志校证》卷四《论语类》

范氏《论语说》，十卷。袁本前志卷一下论语类第六。

右皇朝范祖禹醇夫撰。按：《宋史》卷337本传，醇夫作淳甫。亦元祐中所进，数称引刘敞、程颐之说云。

2.《玉海》卷四一《论语说》

范祖禹醇夫说。元祐中所进，数引刘敞、程颐之说。

3.《文献通考》卷一八四《经籍十一》

范醇夫《论语说》，十卷。

晁氏曰："元祐中所进，数称引刘敞、程颐之说。"

4.《宋史》卷二百二《艺文一》

范祖禹《论语说》，二十卷。

5.《经义考》卷二一四

范氏祖禹《论语说》。

《宋志》：二十卷。《通考》《玉海》十卷。佚。

晁公武曰："元祐中所进，数称引刘敞、程颐之说。"

《伊洛渊源录》、淳夫《家传》《遗事》载其言行之懿甚详，然不云其尝受学于二程先生之门，独鲜于绰《传信录》记伊川事而以门人称之，又其所著《论语说》《唐鉴》，议论多资于程氏。

6.《四川通志》卷一八三

《论语说》，二十卷。《宋志》二十卷。《通考》《玉海》俱作十卷。

范祖禹撰。晁公武曰：醇夫《论语说》，"元祐中所进，数称引刘敞、程颐之说。"

九、《家人卦解义》

《经义考》卷六九

范氏祖禹《家人卦解义》，一篇，存。

祖禹《进札子》（按：即儒藏整理本《太史范公文集》卷23《进〈家人卦解义〉札子》）曰："臣近以权住经筵，久不进讲，陛下今月一日已御迩英，又先降圣旨，过端午未住讲读，此见陛下好学之至也。而臣自五日以后，北郊奉祀（按：儒藏整理本《太史范公文集》作"祠"），末获入侍，伏睹中宫初建，将行嘉礼，实为正始之道、王化之基，恭惟本朝祖宗家法自三代以还，盖未之有，由汉以下，皆不及也。今陛下纳后以承天地，以奉祖宗，内尽孝养，外美风化，将以为万世法。臣（按：据儒藏整理本《太史范公文集》补）愚窃为陛下重之。谨按《周易·家人》之卦，乃圣人所以定天下之端本，臣辄不自揆，敢撰集所闻先圣先贤之言，为《解义》一篇，谨录上进，以代奏事，伏望圣慈少赐省览。"

十、《诗解》

1.《遂初堂书目》诗类

范太史《诗解》。

2.《宋史》卷二百二《艺文一》

范祖禹《诗解》，一卷。

3.《经义考》卷一百四

范氏祖禹《诗解》。《宋志》："一卷。"未见。

十一、《三经要语》

《玉海》卷四一《三经要语》

范祖禹言：臣谨节《尚书》《论语》《孝经》要切之语，训戒之言，得二百一十九事，以备圣札。所冀乎书之目、睹之心，存之以助圣德之万一，名曰《三经要语》。

十二、《中庸论》

1.《经义考》卷一五一

范氏祖禹《中庸论》，一卷，存。凡五篇，载《集》中（按：见儒藏整理本《太史范公文集》卷35）。

2.《四川通志》卷一八三

《中庸解》，一卷。范祖禹撰。

十三、《史院问目》

《遂初堂书目》本朝杂史类

范太史《史院问目》。

十四、《范氏家祭礼》

1.《直斋书录解题》卷六《礼注类》

《范氏家祭礼》，一卷，范祖禹淳甫撰。

2.《文献通考》卷一八八《经籍十五》

《范氏家祭礼》，一卷。

陈氏曰："范祖禹淳甫撰。"

3.《宋史》卷二百四《艺文三》

范祖禹《祭仪》，一卷。

4.《四川通志》卷一百三

《范氏家祭仪》，一卷。（宋）范祖禹撰。

十五、《神宗实录》（参修）

1.《直斋书录解题》卷四

《神宗实录》，朱墨本二百卷。按：《宋史·艺文志》作三百卷。

元祐中，兵部侍郎青社赵彦若元考、著作郎成都范祖禹淳甫、豫章黄庭坚鲁直撰。绍圣中，中书舍人莆田蔡卞元度、长乐林希子中等重修。其朱书系新修，黄字系删去，墨字系旧文，其增改删易处又有签贴，前史官由是得罪。亠，王安石之壻，大抵以安石《日录》为主。陈瓘所谓尊私史而压宗庙者也。

2.《郡斋读书志校证》卷六《实录类》

《神宗朱墨史》，二百卷。袁本题作《神宗实录》二百卷，解题亦稍异，俱录如下："右皇朝吕大防等撰。起藩邸，止元丰八年三月，凡十九年。绍圣中，言者谓：'元祐间，吕大防提举《实录》，范祖禹等编修，刊落事迹，变乱美实，外应奸人诋诬之说。'命蔡卞改修。其后奏书，以旧录为本，用墨书，添入者用朱书，其删去者用黄抹。已而将旧录焚毁。宣和中，或得其本于禁中，遂传于民间，号《朱墨史》云。"袁本前志、后志未收。

右皇朝元祐元年，诏修《神宗实录》，邓温伯、陆佃修撰，林希、曾肇检讨，原本所据底本"曾"下有"巩"字，黄丕烈据瞿钞本、《经籍考》删。按：顾校本亦无"巩"字。蔡确提举。确罢，司马光代。光薨，吕公著代。公著薨，大防代。六年奏御。赵彦若、范祖禹、黄庭坚后亦与编修，书成赏劳，皆迁官一等。绍圣中，谏官翟思言："元祐间，吕大防提举《实录》，祖禹、庭坚等编修，刊落事迹，变乱美实，卧云本、瞿钞本、《经籍考》作"美恶"。外应奸人诋诬之辞。"命曾布重行修定。其后奏书，以旧录为本，用墨书，添入者用朱书，其删去者用黄抹。已而将旧录焚毁。宣和中，或得其本于禁中，遂传于民间，号《朱墨史》云。

3.《玉海》卷四八《元祐神宗实录》

元祐元年二月六日乙丑诏修，闰二月命司马光提举，邓温伯、陆佃并修撰。十月，又以吕公著提举，黄庭坚、范祖禹检讨。四年，左仆射吕大防提举。六年三月四日癸亥，书成进呈，上东乡两拜，然后开编，大防于帘前进读，诏止读，令进。七日，赐宴于实录院。丙子，大防等迁秩。

4.《文献通考》卷一九四《经籍二十一》

《神宗朱墨史》，二百卷。

晁氏曰：元祐元年诏修《神宗实录》，邓温伯、陆佃修撰，林希曾肇检讨，蔡确提举。确罢，司马光代，薨，吕公著代，公著薨，大防代。六年，奏御。赵彦若、范祖禹、黄庭坚后亦与编修，书成劳赏，皆迁官一等。绍圣中，谏官翟思言元祐间吕大防提举实录，范祖禹、庭坚等编修，刊落事迹，变乱美恶，外应奸人诋诬之说，命曾布重行修定。其后奏书以旧录为本，用墨书，添入者用朱书，其删去者用黄抹，已而将旧录焚毁。宣和中，或得其本于禁中，遂传于民间，号《朱墨史》云。

陈氏曰：绍圣中蔡卞、林希等重修，前史官由是得罪，其书大抵以安石《日录》为主，陈瓘所谓尊私史而压宗庙者也。

十六、《神宗皇帝御笔文字》（参修）

案诸家书目不见记载，儒藏整理本《太史范公文集》卷 6 录有范祖禹所上《进〈神宗皇帝御笔文字〉表》。祖禹自注此表上于元祐六年十月四日，从此《表》可知，《神宗皇帝御笔文字》共有"十卷，《目录》一卷，计十一册"。此外，范祖禹亦曾参与《神宗皇帝真笔》的修撰，并得到朝廷赏赐（见《太史范公文集》卷 6《辞赐茶合状（一）（二）》）。《续资治通鉴长编》卷 480 "元祐八年正月丙午"条对此均有记载："门下省奏《神宗皇帝御笔文字》编修成书，已同进呈。今中书、尚书两省复定日进呈《神宗皇帝真笔》，而门下省不与理当，三省同进。御批并中书省改日进呈，速关与逐省照会施行。"据《宋代蜀人著作存佚录》考证，此书已经亡佚。

后　　记

　　《范祖禹生平与史著研究》是对我十年前一段求学经历的见证。时至今日，我已经参加工作十年整了，当再次阅读当年的文章时，又勾起许多的回忆。尽管世易时移，但对于恩师、挚友的感谢，对于文献整理与研究的热忱，却始终如一。

　　十六年前，我在西北大学历史学基地班学习，选择研究生专业时，我不顾同学的劝阻，毅然决然选择了在一般人看来既枯燥又艰深的历史文献学，追随秦汉史研究专家黄留珠教授研习《张家山汉简〈二年律令〉》。十二年前，在学院组织的一次学术讲座上，有幸聆听了陕西师范大学历史文献学专家贾二强教授的精彩讲座，精神为之一振！讲座中场休息，我鼓起勇气对贾老师说："贾老师，您今天的讲座对我的启发非常大，我想报考您的博士。"那时，是我与贾老师第一次见面，听我说完，老师只是淡淡地说："那你好好复习。"这也难怪，本来就与老师不熟悉，再加上因为一场讲座就直言决定报考博士生，现在想来确实有些冒冒失失，但这也足以反映我当时的激动心情。贾老师在历史文献学领域声望高，慕名想拜于其门下者甚多，我知道，要想成为他的弟子，必须付出加倍的努力。终于，经过刻苦复习、精心备考，2005 年 9 月，我如愿以偿，成为贾老师门下的一名博士研究生。

　　对于硕士阶段学习秦汉历史文献的我而言，要转向唐宋文献研究，的确有一定的难度。所幸在入学之初，贾老师以项目带学生，鼓励我参加"《儒藏》工程"子项目《范太史文集》的校点。在整理过程中，贾老师指导我如何选择版本，如何写校勘记等专业知识。在此基础上，老师又建议我对《文集》的作者范祖禹进行较为系统深入的研究。这就是本文的写作背景。撰写论文期间，贾老师提供了一切方便，并时常询问进展情况，甚至在 2008 年过年期间还在为我批改论文，从文章结构到每一个误字、标点，贾老师都仔细地进行审查。

2018 年，当我告诉贾老师这篇论文将要出版时，老师非常高兴，叮嘱我再仔细斟酌行文，并欣然答应为我撰写序言。从读博到工作期间，每每遇到不懂的问题，贾老师都会耐心指导。对于老师的这份恩情，我时刻铭记在心。大恩不言谢，继续奋战在古籍整理研究的岗位上，力争做出更多更好的成绩，才是对恩师最大的回报。

其实，在这里似乎应该在表述上称其为"书"，之所以称为"文"，一则是自愧学识有限，不敢以著"书"自居；二则是想以原始的称谓，表示对博士阶段的一种怀念和追忆。这篇论文尘封了十年，终于可以从网络上走下来，以纸质的形式呈现在学界面前，再次接受检验。

供职单位陕西省社会科学院以"陕西人文社会科学文库"的形式，资助了部分出版经费，是促使本文出版的重要动力。

宋史专家李裕民先生对我的指导，在这里要表示深深的感谢。我曾多次登门拜访，先生也总是很准时地在家等我。每次都要谈将近四个小时，不仅谈论文，先生还非常关心我的工作及生活情况，鼓励我好好做人，好好做事。在本文即将付梓之际，谨向先生致以崇高的敬意和无尽的感激。

王双怀老师在论文结构方面曾给予我极好的修改建议，拜根兴、杜文玉和薛平栓、陈峰诸位老师也对本文的进一步修改提出了中肯的建议，在此一并表示感谢。

师姐陈一梅为我的论文发表及工作操了不少心，行文至此，我不禁潸然泪下，因为早在几年前，陈师姐就因病去世了！那一年，她才 42 岁！想起她当年鼓励我考博，在我毕业艰难找工作之际，又全力以赴，牵线搭桥，她待我情同姐妹，其中情谊，难以言表！时常思念，痛到极处，心瞬间纠成了疙瘩！这部书的出版，也凝聚了她的殷切期望。谨以此书，怀念陈师姐！

好友刘康乐对书稿进行了认真的校对，从框架结构、行文措辞到封面设计等方面，提出了很多中肯的建议。同城而居，守望互助，学术之路，勉励共进。

师弟范鹏伟供职于科学出版社，在本书出版的每个环节，都精益求精，对于其勤勉认真的工作精神，在此表示敬佩与由衷的感谢。

父母、兄长及爱人在生活方面对我无微不至的呵护，在工作上勉励、支持，是我得以顺利完成学业并安心工作的重要保障。家人的爱，是我生活、工作的原动力，此生有亲缘，倍加珍惜。

记得当年为博士论文写后记时，我这样写道："最后，还要感谢我自己，因为我一直很努力。"答辩时，与会老师被我这句话逗得笑了，当然，是一种善意的笑，因为他们参加答辩无数，第一次见到感谢自己的。而我是认真的，为自己的坚持，为自己的努力，为了那些那熬夜奋笔疾书的时光，为了那些受了委屈独自饮泣面对的日子。所以，这一次，在文章的结尾，我还是要说一句："谢谢我自己！"

是为记。

高叶青

2018 年 6 月 6 日

书于青静轩